Mô

Les Arènes,
17-19, rue Visconti, 75006 Paris
Tél. : 01 42 17 47 80
arenes@arenes.fr
www.arenes.fr

Le livre de maître Mô

Jean-Yves Moyart

Les Arènes

À Marianne, sans laquelle ce livre n'existerait pas.
Et rien d'autre non plus.

PRÉFACE À CETTE ÉDITION

Attention, ce livre n'est pas un livre de souvenirs d'avocat.

Ce livre vous collera à la peau comme la robe de Maître Mô collait à son dos trempé de sueur. Avant, pendant, après votre lecture. Comme lui, avant, pendant et après ces audiences qu'il raconte. Ou plutôt ces histoires qu'il raconte. Jean-Yves Moyart, alias «Maître Mô», avocat au barreau de Lille, aimait raconter des histoires. Pas pour s'endormir mais pour nous réveiller, parce qu'elles racontaient véritablement la vie des gens qu'il avait accepté de défendre, des «réprouvés», ainsi qu'il aimait les appeler, et dont il disait que souvent seul leur avocat pouvait et devait les aimer, réellement, jusqu'à ce que sa tâche soit achevée. Avocat vient de *ad vocatus*, «celui qu'on appelle à l'aide». On peut appeler à l'aide pour défendre son honneur, pour défendre son argent, pour défendre ses biens. Lui, ce qu'il aimait par-dessus tout, c'était défendre ceux qui jouaient leur vie, littéralement. Juste avant qu'ils ne s'effondrent, dans un ultime geste, ils tendaient la main vers cet avocat et lui confiaient tout afin qu'il les défende. Et non seulement Maître Mô le faisait, mais il le faisait avec talent. Et non seulement il le faisait avec talent, mais il donnait tout lui aussi, par un parallélisme des formes qu'il ne pouvait concevoir autrement qu'absolu. Puis, quand il avait fini, il s'asseyait devant son ordinateur, durant ces nuits d'insomnie quotidienne, dans la double lueur bleutée de l'écran et de la cigarette, il racontait l'histoire. Brute. Sans faux-semblant. Sans fausse pudeur. Sans fioritures ni glamour ni ego. Comme l'est trop souvent la justice: aveugle et froide, alors qu'il l'entraînait à être clairvoyante et chaude. Pendant que ses trois enfants, qu'il chérissait plus que tout au monde, et qu'il avait appelés sur les réseaux «Petit Mô», «Mômette» et «Mônuscule», dormaient du sommeil de l'innocence, lui racontait des coupables et des innocents, des histoires de boue, de fange, de saleté, mais aussi de pépites, de passion, de lueur, d'humanité. On ne sort pas indemne de l'exercice de ce métier d'avocat en donnant autant de soi. On néglige parfois l'essentiel pour un idéal qu'on ne cesse de poursuivre. Mais tel était Maître Mô, entier, rigolard, fêtard, pudique, bruyant, iconoclaste, inattendu, généreux, bretteur, attentif, bienveillant, loyal, disponible, essoufflé – trop sans doute pour surmonter sa seconde moitié de siècle au même rythme. Et comme il n'avait pas l'intention de courir moins vite et d'aller moins haut, il est mort au sommet, en mouvement, comme un premier de cordée qu'il était pour ses milliers de lecteurs, lui qui était entré dans la carrière de pénaleux en se prenant les pieds (pointure 45) dans les longs pans cachés de sa robe d'avocat, celle qu'il appelait le «parachute», pestant contre ce drapé encombrant. Avec son blog et son compte Twitter, il a été l'un des pionniers à rendre l'exercice de la justice des hommes accessible aux hommes qui ne la connaissaient que mal ou pas, ou pire: caricaturée. Il a rapproché des professionnels parfois hostiles les uns envers les autres en leur permettant de découvrir par le dialogue leurs sujétions respectives. Avec ses histoires, il a donné envie, profondément envie à des étudiants en droit de s'accrocher à leurs études, à certains de devenir avocats ou magistrats, à d'autres d'être indulgents par l'exercice de la raison vis-à-vis de tel ou tel jeté en pâture médiatique, ou encore de s'attacher à davantage de respect, d'écoute et de compréhension dans leur pratique quotidienne. Et surtout de comprendre l'homme ou la femme derrière l'histoire, afin que le récit leur rende ce qu'ils n'avaient jamais cessé d'être et qu'eux-mêmes croyaient ne plus être : nos frères et sœurs en humanité.

Le 20 février 2021, une voix, une si belle voix, chaude et enveloppante, s'est tue. Il reste ses mots, ses maux, ses Mô. On a vu et entendu, ce jour-là, « le bruit que fait un réseau social qui pleure », selon le très beau et juste mot de Julien Delarue, son confrère et ami lillois. Ce bruit perdure encore. À travers ce livre auquel il était si attaché et dont il était si fier, lui le petit avocat d'un barreau de province, comme il se définissait souvent en souriant, puisse sa voix continuer à retentir. Longtemps.

Et comme il disait à la fin d'une longue audience, triste ou heureux, ainsi que chaque vendredi soir, fatigué ou épuisé : « Allez, coupette ! »

@judge_marie
@Maitre_Eolas
@EricMorain

étudiants en droit de s'accrocher à leurs études, à certains de devenir avocats ou magistrats ; à d'autres d'être indulgents par l'exercice de la raison [illegible] Il les [illegible] en peintre [illegible], ou encore de [illegible] de l'aspect [illegible] et de [illegible] dans leur [illegible] Et surtout de [illegible] l'homme ou la femme derrière l'histoire, [illegible] que le récit leur révèle ce qu'ils n'avaient jamais [illegible] eux-mêmes [illegible] ne plus [illegible] humaine.

Le 20 février 20[illegible] une voix, une belle voix chaude et enveloppante [illegible] il est [illegible] On a vu, entendu [illegible] que fait un [illegible] social qui [illegible] le très beau et [illegible] Delarue [illegible] encore. À travers ce livre [illegible] attaché et il va l'aimer [illegible] d'un écrivain de province comme il se [illegible] souvent [illegible] sourire [illegible] continuera [illegible] longtemps.

Et comme il disait à la fin d'une longue audience, trop [illegible] heures, [illegible] que [illegible] fatigue ou [illegible]

@[illegible]_marie
@[illegible]
@[illegible]

AVANT-PROPOS

Les histoires relatées dans ce livre ne sont pas le fruit de mon imagination. Elles ont été puisées dans l'exercice de mon métier.

Pour certaines, largement médiatisées ou révélées presque en totalité lors d'audiences publiques, je suis resté très proche de la réalité. Pour d'autres, je m'en suis éloigné, tout en veillant à conserver sa logique et sa cohérence.

Bien entendu, j'ai respecté le secret professionnel, fondamental, de l'avocat. Attaché à préserver l'anonymat de ceux que j'évoque, j'ai systématiquement changé les noms des protagonistes, sauf ceux de *Présumé innocent*, trop connus en Nouvelle-Calédonie pour que cela me paraisse nécessaire.

À plusieurs reprises, j'ai tenté de me mettre dans la peau des personnages, leur prêtant des pensées qu'ils n'ont pas exprimées. L'exercice relève dès lors de la pure fiction.

Ces chroniques sont donc des récits, subjectifs, de faits réinventés dans le souci de ne blesser personne, ce que j'espère profondément avoir su éviter.

MISÉRABLE

ELLE EST ASSISE SUR SON BANC, AVEC LES NEUF AUTRES DÉTENUS qui comparaissent ce jour-là devant la cour d'appel, prostrée, le regard vide et la bouche ouverte, son vêtement de pluie jaune vif trop grand pour elle boutonné jusqu'au cou, tache de couleur dans l'océan de bleu des gendarmes des escortes, qui attire immédiatement le regard ; elle est beaucoup trop frêle, beaucoup trop jeune, beaucoup trop « absente », beaucoup trop menottée, on se dit d'emblée qu'elle ne devrait pas être ici.

L'avocat d'une autre affaire s'assied à côté de « son » gendarme de droite, sur les petits bancs de cette petite cour, et lui fait un sourire auquel elle ne répond pas, le regardant sans comprendre, et comme sans le voir : il s'aperçoit tout de suite que cette fille, qui serait jolie si une lumière quelconque mettait son visage en mouvement, n'est pas « normale », comme on dit… Mais si c'est vrai, que fait-elle là ?

Cette présidente n'est pas réputée pour être tendre. Toutefois, quand cette jeune femme s'avance, minuscule entre ses deux gardes, son ciré jaune trop grand boutonné jusqu'en haut malgré la chaleur moite répandue dans la salle pleine, un pantalon bleu dégueulasse et trop large lui pendant de la taille, elle ne peut se retenir de la regarder approcher de la barre en fronçant les sourcils.

Elle attrape son dossier tandis qu'on la démenotte, et son visage s'éclaire : ça y est, elle se souvient de quelle histoire il s'agit, et cette même présidente ne peut s'empêcher de dire aux deux autres juges, pas assez bas pour que je ne l'entende pas : « Tiens, ce dossier-là, tu vois, il faudrait que notre ministre soit dans la salle... »

On va vite comprendre pourquoi.

Odile a tenté de voler une paire de chaussettes dans un grand magasin, d'une valeur de neuf euros cinquante.

Comme à chaque fois, elle s'est fait prendre par les services de sécurité, à la sortie.

Elle est passée en comparution immédiate, ce qui signifie qu'on l'a jugée tout de suite après sa garde à vue, non pas bien sûr qu'il y ait eu urgence ou que le délit soit grave, mais parce qu'elle a quatorze mentions, toutes similaires, vols et tentatives, sur son casier judiciaire, et qu'elle était en état de récidive légale, et comment !

Parce qu'on fabrique au kilomètre des lois honteuses, qu'il se trouve parfois des magistrats pour oser les appliquer à des cas manifestement hors sujet, elle a été condamnée, ayant d'ailleurs refusé tout avocat, et elle n'en a pas plus ici, devant la cour...

Je n'ose pas l'écrire.

Odile, comparaissant en état de récidive légale pour la tentative d'un vol de chaussettes valant neuf euros cinquante, restituées lors de son interpellation, a été condamnée à la peine (plancher) de deux années d'emprisonnement dont une assortie d'un sursis avec mise à l'épreuve comportant obligation de soins, notamment, le tout avec mandat de dépôt. Ce qui veut aussi, et d'abord, dire un an ferme, peine immédiatement exécutée – deux semaines se sont écoulées depuis la commission de ce délit inadmissible. La dernière fois qu'Odile a été libre, elle franchissait la sortie « sans achats » d'un supermarché avec une paire de chaussettes cachée dans son ciré trop grand.

Oui, la ministre aurait dû être là et assister à cette audience, farcie de peines plancher dont celle-ci était l'apothéose. Nos brillants députés aussi, qui votent ce genre de choses ; ceux des magistrats que je connais qui pensent qu'être un gardien de l'application de la loi, c'est se contenter de l'appliquer sans nuances ; ceux de mes confrères qui, dès qu'elle est juridiquement applicable, baissent les bras ; et tous ceux, dans l'opinion publique, cette espèce de grande putain, qui osent soutenir ce type de décision uniquement sécuritaire ou censée l'être, sans réfléchir un instant à qui on va l'appliquer, et qui changeraient immédiatement d'avis si cette petite fille en ciré jaune trop grand était leur enfant ou leur sœur…

Jugez-en, car voici, exhaustivement et sur la base des notes prises pendant cette audience ordinaire de la cour des Miracles, le « dialogue », si l'on peut appeler ça ainsi, qui s'est ensuivi entre les membres de la cour et cette gamine qui jamais, jamais, n'aurait dû se retrouver là, dialogue commencé après que la présidente eut rappelé les faits précités, dialogue écouté par l'ensemble des personnes présentes, les autres détenus y compris, dans un silence de plomb, dans un silence de honte pure d'être là et d'avoir à contempler ça, d'avoir à entendre Odile user d'un ton désespérément monocorde pour se raconter un tout petit peu :

« Bon… Alors, madame, dites-nous pourquoi vous avez fait appel.

– …

– Hum… Je suppose que c'est la peine ? Vous la trouvez trop lourde ?

– Ben c'est surtout que depuis mes 16 ans j'ai des problèmes…

– Ah… Bon, racontez-nous, quels problèmes ?

– Ben c'est ma tête… Enfin, je vole… Depuis mes 16 ans. C'est quand mon père il est mort…

– Oui… Mais quel rapport ?

– …

– Ah, oui, je vais vous aider un peu, il y a l'enquête sociale au dossier… Bon, c'est vrai qu'apparemment vous n'avez pas eu une vie facile, il vous battait, votre papa… Vous avez été placée chez votre grand-mère… Mais vous avez quel âge, au fait ?

– Elle est morte aussi et j'ai été dans la rue et j'ai 22 ans, mais c'est les voix…

– Euh… Les voix ? Quelles voix ?

– C'est depuis la rue, c'est des voix comme quoi mon père il dit que je vais voler donc je vole et alors après je les entends quand même encore… »

[Aparté entre la présidente et les assesseurs : « Ah oui, elle est handicapée effectivement, on a ça au dossier… »]

« En fait, je vois là que vous avez effectivement des problèmes psychiatriques, vous avez été reconnue handicapée par la Cotorep, c'est ça ? À combien de pour cent ?

– La Cotorep ou la Cotorep je sais pas à combien, c'est l'éducatrice qui a fait les papiers il y a longtemps…

– Hum, bon… Enfin, d'accord, mais, madame, ce ne sont quand même pas vos voix qui vous demandent de voler des chaussettes, si ?

– Mais non mais elles disent de voler pas des chaussettes n'importe quoi parce que "les mauvaises filles elles vont en prison" et alors moi j'y vais j'ai des problèmes j'ai des problèmes j'ai des problèmes je vous l'ai dit que j'ai des problèmes est-ce que vous pouvez faire la fiche pour que j'aie la télé gratuite parce que là je l'ai pas et c'est dur ils... »

[La présidente, la coupant :]

« Du calme, madame, du calme, non, la fiche je ne peux pas, il faut demander à la prison, ici, on est là pour décider si vous restez ou pas en détention et combien de temps, vous voyez... Qu'est-ce qu'on peut faire de vous, si vous recommencez à chaque fois ? Je vois que c'est loin d'être votre première incarcération et... »

[Odile, la coupant :]

« J'ai été trois fois et là je vole pas.

– Ben oui, je ne vous le fais pas dire... Vous vous rendez compte ? Pour une paire de chaussettes ?

– ... »

[Unique question d'un assesseur :]

« Et là, madame, vous êtes suivie ? Vous prenez des médicaments peut-être ?

– Ben oui, Subutex et...

– Ah, du Subutex ? Vous avez aussi des problèmes avec la drogue ? De la drogue dure, de l'héroïne ?

– Je tape l'héroïne, monsieur.

– Oui, ça n'arrange sûrement pas les voix, ça... Depuis longtemps ?

– Je tape l'héroïne depuis mes 14 ans, monsieur. Mais là j'ai des médicaments. J'ai pas les crampes, j'ai pas mal... »

[La présidente, après un long silence :]

« Bon, si personne n'a plus de questions... Nous allons réfléchir à ce qu'on va faire de vous, la décision sera prise dans une semaine. »

Odile garde la bouche ouverte, les gendarmes lui remettent ses menottes et le trio bâtard quitte la salle dans un silence de mort, tout le monde la regarde, les yeux sont brillants, les sourires pathétiques et crispés, Odile à mon avis ne nous voit pas, je jurerais qu'un des garçons de l'escorte a envie de chialer. Moi, oui.

Par-delà toute l'émotion, toute la misère de cette gamine, je ne ressens pas de pitié, pas de compassion, ce ne sont pas les bons termes : juste une incommensurable honte pour nous tous, celle d'être là et de faire partie d'un système qui permet ça, celle même de ne pas m'être levé pour dire que je la défendais, pour pouvoir hurler un bon coup ce que probablement, pour une fois, les membres de la cour pensent eux aussi : « Qu'est-ce qu'elle fout là ? »

Les vigiles du magasin pouvaient la laisser partir.

Le parquet pouvait ne pas la poursuivre, ou au moins ordonner avant une mesure d'expertise psychiatrique, au minimum.

Le tribunal et la cour pouvaient, et devaient, lui commettre un avocat d'office, qui pouvait et devait la sortir de là.

Ils pouvaient, la cour le peut encore et j'ai eu l'impression qu'elle le ferait, appliquer certes la peine plancher, puisque c'est la loi, mais l'aménager entièrement en autre chose, n'importe quoi, sauf de la prison.

Ils pouvaient encore, c'est aussi la loi, refuser de la juger et la déclarer pénalement irresponsable, même sans expertise : de toute façon, ordonner un avant dire droit[1], à cette même fin.

Ils pouvaient, même en la condamnant, même à du ferme, ne pas décerner mandat, la laisser libre, tenter

1. Décision rendue préalablement au jugement de fond, ordonnant une mesure d'investigation complémentaire dont le résultat influera sur la décision finale.

encore, même si cela avait déjà été fait, de l'obliger à se soigner, à accepter de l'aide, à trouver un logement social et, pourquoi pas, un travail aménagé…

Le législateur pouvait refuser de voter une loi inique dont cette application n'est malheureusement qu'un exemple, triste à crever.

Ou à l'inverse, se dépêcher de décréter l'urgence de la loi pénitentiaire tant attendue et ointe de toutes les bonnes promesses du monde, dont l'examen a encore une fois été repoussé…

Qui prévoit paraît-il entre autres, enfin, pour que ÇA SERVE ENFIN À QUELQUE CHOSE, de vrais moyens pour de vrais soins psychiatriques et psychologiques en détention…

Et aussi, paraît-il, que les détenus aient un accès, que l'on imagine limité, mais un accès quand même, à Internet…

Odile, quel que soit ton véritable prénom, si tu obtiens un jour le droit de lire ceci et que tu te reconnais dans ce ciré immense et ce joli visage abîmé, ou si un jour tu es véritablement libre, dehors, dans un appartement qu'on t'aidera à gérer, avec une dame qui t'apprendra à utiliser ton argent parce que tu gagneras ta vie dans un CAT[1] où on te guidera dans un métier, et où deux fois par semaine, puis une, puis mensuellement, puis plus jamais, un médecin fera progressivement taire tes voix et se fermer ta bouche, Odile, tandis qu'un autre diminuera au même rythme tes doses de produits de substitution et t'écartera définitivement des aiguilles, Odile, sœurette, si un jour tu réapprends tout simplement à sourire…

Je t'embrasse tendrement.

1. Centre d'aide par le travail.

AD VOCATUS

COMPACTÉ AVEC UNE TRENTAINE D'AUTRES ÉLÈVES AVOCATS ET LEURS familles dans la belle salle du parlement de Flandres, à Douai, je me tenais debout dans une robe d'avocat flambant neuve, offerte par ma grand-mère qui pleurait dans la salle (elle a toujours cru que je devenais procureur pour poursuivre les agresseurs de vieilles dames...), et disais à mon tour, ganté de blanc, «Je le jure!», après lecture générale de notre magnifique serment: je devenais avocat.

Dans les heures qui suivirent, j'eus droit à ma première permanence pénale, ma première audience correctionnelle, ma première plaidoirie.

Ce jour-là comparaissaient deux garçons soupçonnés d'avoir volé à l'arraché le sac d'une dame âgée, devant la gare de Lille. Tout était allé très vite, par définition, et la dame avait juste eu le temps d'apercevoir deux jeunes Maghrébins s'enfuyant avec son sac à main Vuitton, auquel elle s'était accrochée quelques secondes, mais qu'elle avait dû lâcher devant les secousses frénétiques que lui imprimait le plus grand de ses agresseurs, qui l'avaient tout de même fait chuter lourdement (sans autre conséquence, heureusement, qu'un mal aux fesses anodin).

Les policiers, toujours présents à la gare, avaient fendu la foule, relevé cette dame qui hurlait, obtenu une description très précise des malandrins («Deux jeunes Arabes, un plus grand, les yeux noirs méchants!»), avisé les cent cinquante personnes se trouvant dans le périmètre, repéré deux jeunes gars pouvant correspondre à ce signalement et qui, « à notre vue, détournent les yeux et tentent de partir en marchant comme si de rien n'était ». Ils avaient interpellé celui des deux qui avait couru le moins vite, à plus forte raison parce qu'il ne leur était pas inconnu.

Tout le monde fut emmené au poste. Là, il s'avéra que le gamin avait un casier long comme un jour sans pain, était formellement reconnu par la victime, niait totalement les faits et se trouvait en possession de la somme de cent cinquante francs, qui correspondait à peu près à celle contenue dans le beau sac à main.

Un détail, surtout, le confondait définitivement : cette dame avait indiqué aux policiers qu'elle rangeait ses billets dans son porte-monnaie d'une façon particulière, les y pliant toujours une fois dans la largeur, puis deux dans la longueur (plus tard, j'ai appris que les vendeurs de stups font la même chose, si ça se trouve c'était Mme Escobar, je n'ai jamais su !) ; or, les policiers ont tenu à préciser que les billets de cinquante francs saisis sur notre lascar présentaient bien une trace de pli verticale et deux horizontales.

L'affaire étant ainsi faite, notre camarade « présumé coupable », comme on dit aujourd'hui illégalement, et la victime se retrouvèrent devant le tribunal correctionnel le lendemain, en vertu d'une procédure qu'on appelait à l'époque « de flagrant délit ». L'étudiant attardé que j'étais encore la veille eut l'insigne honneur de se voir commis d'office. Un grand flandrin mort de trouille et ruisselant dans sa robe noire toute neuve…

J'avais lu le dossier, qui entrait dans la catégorie, bien connue des avocats de permanence, dite des « dossiers pourris ». Je rencontrai donc mon client dans les geôles du palais. Farid appartenait quant à lui à la catégorie, bien connue des avocats de permanence, dite des « clients chiants et ingérables ». Il hurlait déjà quand je suis arrivé : « Relâchez-moi, j'ai rien fait, justice de merde, je veux voir l'avocat. » Dès qu'il me découvrit, il redoubla d'efforts, ajoutant désormais à ses saillies spirituelles de très sonores « Hé, je veux pas un gamin, c'est un bébé, putain je veux un a-vo-cat ! », menaçant de tout casser, de se détruire par le feu et de manger ses compagnons de cellule, dans un ordre indéterminé mais peu propice à apaiser les magistrats qui l'entendaient vociférer depuis la salle d'audience, juste au-dessus.

Il me sembla que mon devoir était de lui dire qu'il ferait mieux de se calmer et de mesurer ses propos, que j'entendais ses protestations d'innocence, mais qu'elles passeraient aussi bien en mode « voix normale ». Qu'en tout état de cause des éléments un peu accablants pesaient sur lui dans cette affaire, notamment la reconnaissance de la victime et les plis des billets.

J'essayais, mais n'obtenais à chaque tentative qu'un tonitruant « Vas-y, dégage, bouffon ! » ou « Va changer ta couche ! », formules qui, je l'avoue, me désarçonnaient un peu.

Je le laissai donc à sa réfaction du monde judiciaire sous forme d'épandage massif de déjections variées, et remontai vers la salle d'audience, escorté des sourires entendus des flics d'audience mais drapé dans ma robe immaculée, mon innocence, et ma dignité toute fraîche.

Il niait, et le faisait avec force : je plaiderais la relaxe, c'est tout !

La question du « comment » me vint néanmoins en me présentant, comme il est d'usage, au tribunal, dans l'arrière-salle, où le président, un homme particulièrement gentil et humain, me souhaita chaleureusement la bienvenue, puis, entendant les braillements de Farid depuis les geôles, «bien du plaisir».

Je regagnai la salle d'audience qui, pour ma plus grande trouille, commençait à se remplir. Deux types hirsutes, assis au premier rang du public, arborant de grands sourires mais également en voie de clochardisation avancée, d'après ce qu'on pouvait voir de leurs habits, leurs cheveux et leurs joues mal rasées, me firent signe de m'approcher et… me souhaitèrent à leur tour la bienvenue. Il s'agissait en fait des chroniqueurs judiciaires des deux quotidiens lillois. Ils m'apprirent qu'ils suivaient l'affaire, que le «coup des billets», c'était rigolo… J'eus soudain une idée lumineuse: je leur demandai s'ils n'avaient pas un billet de cinquante francs, que je leur rendrais bien sûr après l'audience.

Malgré leur expérience des avocats, peut-être parce que je n'en étais pas encore tout à fait un, ils me crurent et accédèrent à ma demande. Je leur assenai alors un théâtral et très sérieux «Vous êtes témoins» puis, les deux mains bien visibles, pliai devant eux ce billet-test exactement comme la victime avait décrit les siens, avant de le ranger, tel quel, dans ma poche arrière de pantalon (un costume Auchan, si je me souviens bien, c'était le début…).

J'eus à peine le temps de leur adresser un clin d'œil mystérieux et complice que l'audience commençait. Mon Farid, menotté, entrait en scène. Pour les besoins de sa comparution, mais peut-être aussi par épuisement vocal, il l'avait enfin mise en veilleuse.

À l'époque, nos salles d'audience n'avaient pas encore vu pousser dans leur noblesse architecturale ces immondes verrues que l'on appelle «box vitrés», sécurisés et vous coupant de votre client, dans lesquels on amène désormais les détenus, histoire d'aider encore à la spontanéité de leurs déclarations. Là, Farid parlait debout, à quatre mètres de ses juges, droit devant eux, au milieu de la salle, et quand il ne parlait pas s'asseyait sur un banc juste derrière.

Ignorant les usages et la tête encore farcie des grands principes de notre métier tels qu'enseignés à l'École, c'est sur ce banc, juste à côté de lui, que je m'assis pour écouter le président. À côté, car l'avocat c'est l'*ad vocatus*, celui qui se tient à portée de voix de son client pour l'entendre et le défendre. J'avais donc négligé les bancs capitonnés, construits tout exprès pour les avocats un peu plus loin dans la salle, à droite et à gauche, et me tenais près de lui sur le banc d'infamie, en bois très simple, un dossier à la main contenant mes notes soigneusement rangées, attendant avec terreur qu'on me donne la parole.

Il convient de préciser que ce banc est très bas, dominant le sol de quarante centimètres, pas plus. Et que notre robe, longue au minimum jusqu'à mi-mollet, présente cette particularité amusante et historique de ne pas avoir un simple ourlet, mais de comporter une sorte de queue-de-pie, une traîne, repliée à l'intérieur et accrochée grâce à un système de suspentes – un simple parachute, donc, mais à l'envers – qui lui donne son beau drapé. À l'intérieur se promènent du tissu et des bouts de fil dans tous les sens. Lorsqu'on est assis, l'ensemble pendouille en une flaque sur le sol. Et lorsqu'on est assis très bas, cette même flaque vient tomber sur les chaussures (Éram, c'était le début…) en plis successifs. Ultime précision : je chausse du 45.

J'écoutai religieusement mon client nier et le tribunal l'accabler, ma consœur de la partie civile dire tout le mal qu'elle pensait des deux agresseurs et l'étendue du traumatisme de sa cliente (effectivement très marquée, celle-ci avait, quelques instants plus tôt, «reconnu formellement» un autre homme, présent dans la salle pour une autre affaire, lorsque le président l'avait interrogée), puis les réquisitions du procureur, dix mois ferme. Enfin, le moment fatidique arriva. Ayant remercié le procureur, le président annonça avec un sourire, selon un usage affreusement stressant mais totalement perdu aujourd'hui, ce qui est bien dommage: «Le tribunal va maintenant entendre la défense, et se réjouit d'entendre pour la première fois Maître Mô. Maître, vous avez la parole.»

Les avocats connaissent l'état dans lequel on est à ce moment précis, et qui perdure toujours peu ou prou, notamment devant une cour d'assises: un long tunnel blanc et la bouche sèche…

Cette «annonce», de même que les dénégations farouches et contre nature de Farid, avait éveillé la curiosité de la salle, dès lors silencieuse et attentive.

Je dis «Merci, monsieur le président…» d'une voix que je voulais assurée, et me levai de mon banc comme monté sur ressorts, avec une rapidité proportionnelle à ma trouille.

L'un de mes grands pieds se prit alors dans l'une des suspentes de ma robe, et ma précipitation fit le reste. Mon mouvement vers l'avant fut immédiatement contrecarré avec force par le poids de ma jambe tirant ma robe vers l'arrière. J'eus le temps de me redresser de tout mon long avant que cette énergie invisible m'envoie littéralement valser vers la salle, au-dessus du banc, tandis que mes bras moulinaient désespérément vers le plafond, lâchant au passage mon dossier dont les feuilles explosèrent littéralement en tous sens, une partie au tribunal, une partie je ne sais où, une feuille sur les genoux de Farid toujours assis là, et qui n'en croyait pas ses yeux.

Je me retrouvai allongé sur le dos, les jambes au-dessus du banc, les bras en croix, un genou douloureux, et l'orgueil à jamais réduit à néant, tandis que tout le monde sans exception – public, greffiers, escortes, magistrats – riait à gorge déployée, un de ces fous rires de salle inextinguibles et absolument horribles à vivre... quand on en est l'objet.

La robe déchirée, mon dossier éparpillé, un genou en vrac, je me relevai péniblement pendant qu'autour on finissait par se calmer – Farid n'avait pas ri, il lisait la feuille de notes qui lui était tombée dessus. Je lui en serai reconnaissant à vie.

Le président reprit le premier son sérieux, me demanda gentiment si ça allait, et me rendit une parole que j'avais moi-même fait tomber par terre avec ce petit mot: «J'espère que ce n'est pas la défense de monsieur qui s'écroule...»

J'eus une réaction relativement digne, me semble-t-il, compte tenu du contexte. Je répondis: «Non, et je demande à votre tribunal de ne pas tenir compte de ce premier argument!», avec un sourire un tout petit peu pincé.

Là-dessus, je plaidai. Et le coup du billet fonctionna.

À un moment donné, faisant allègrement fi de toutes les règles possibles et imaginables relatives à l'administration de la preuve, j'expliquai qu'après avoir emprunté tout à l'heure un billet «à nos amis journalistes ici présents», je l'avais plié dans ma poche, d'où il n'était plus ressorti. Je me tournai vers eux, ils acquiescèrent gravement; je dis que j'allais sortir ce billet à l'instant et que s'il comportait la moindre trace de pliure – qui ne marque pas ni ne peut marquer un billet usagé, froissé maintes fois en tous sens – je voulais bien que l'on condamne Farid, mais que si rien n'y apparaissait…

Quand je dépliai mon billet, il n'y avait rien dessus, aucune marque, ce que le tribunal put constater en le prenant en main.

J'ignore si ce fut déterminant, parce qu'il n'y avait pas que cela, mais aussi le manque de cohérence de la victime, et le fait que le sac s'était volatilisé. Toujours est-il que quand je revins deux heures plus tard (en claudiquant, mais pas autant que mon ego) écouter le délibéré, j'entendis cette récompense merveilleuse qui pour un avocat pénaliste – quelles que soient les circonstances, la preuve – est un sommet de joie pure, et justifie tous ses efforts, toutes ses émotions : Farid était relaxé, au bénéfice du doute.

J'eus un beau « papier » dans la presse locale le lendemain, que j'ai conservé et relis parfois avec attendrissement.

J'ai gardé de cette affaire une extrême défiance vis-à-vis de l'arrière de ma robe, mais une foi infrangible dans ce que la défense peut apporter. En restant debout, notamment…

PRÉSUMÉ INNOCENT

SUR UN ROCHER SITUÉ FACE À L'ÎLE DES PINS, EN NOUVELLE-CALÉDONIE, on a retrouvé en 2002 le corps d'une jeune touriste japonaise, sans doute tuée à coups de pierres, et qu'on avait tenté de brûler avant de l'abandonner là.

Deux hommes, deux frères, Ambroise-Didyme et Antoine, ont été accusés du crime, et renvoyés en 2006 devant la cour d'assises de Nouméa, laquelle a décidé de l'acquittement de l'un, conformément d'ailleurs aux réquisitions de l'avocat général, et reconnu le second coupable, en le condamnant à la peine de quinze ans de réclusion criminelle.

Cette affaire va être à nouveau jugée par la cour d'assises d'appel de Nouméa, Antoine ayant interjeté appel, et le parquet ayant interjeté appel incident, y compris contre l'acquittement.

Elle est extraordinaire parce qu'elle regroupe tous les éléments d'un crime sordide, mais aussi d'un crime inexpliqué à ce jour, et plus encore, tous les éléments propices à la possibilité d'une erreur judiciaire.

Une erreur judiciaire, la vraie. Pas d'histoire de procédure ou de droit ici : un homme se dit innocent et il n'existe strictement aucune preuve, au sens pénal du terme, contre lui, mais un faisceau incroyablement dense d'indices de culpabilité, ou de non-culpabilité selon l'analyse que l'on effectue de chaque élément, pas loin d'un millier selon moi. Un tas de portes n'ont été qu'entrebâillées. Aucune, qu'on le veuille ou non, n'a été définitivement refermée.

Deux hommes, que tout peut sembler accuser, mais dont rien ne prouve, au sens juridique du terme, qu'ils sont coupables – et l'un d'eux a été jugé innocent. Deux hommes qui n'ont cessé de nier leur implication dans ce crime.

Voici d'abord ce que l'on sait.

L'île des Pins est un des hauts lieux touristiques de Nouvelle-Calédonie, facilement accessible de Nouméa par avion ou par bateau. Elle comprend notamment la baie de Kanuméra, laquelle appartient à la tribu de Comagna, divisée en quatre «clans» (ce n'est pas le terme commun, mais bien le terme utilisé) qui en possèdent chacun certaines terres: les clans Konhu, Kouathé, Kaateu et Apikaoua. Il existe entre eux une foule de liens divers, des enjeux de possession, de conflits anciens ou récents, mais aussi de traditions, d'amitiés, sans compter les liens familiaux omniprésents, le «cousin de» ayant épousé la «fille de»…

La famille Konhu comprend notamment deux frères, Antoine et son aîné Ambroise-Didyme, qui revendiquent depuis longtemps pour leur famille la possession du rocher de Kanuméra, aussi bien par des voies légales que *de facto*. Il est en principe interdit aux touristes – nombreux sont ceux qui séjournent à l'île des Pins – ou à quiconque d'y monter sans autorisation de leur part, ce qu'ils acceptent parfois moyennant quelques sous, faisant alors visiter le rocher eux-mêmes. Ils ont tenté autrefois d'y établir une sorte d'espace traditionnel, naturel et artistique, le village des Arts, un projet avorté. Vu par les forces de l'ordre, cela ressemblait plutôt à un groupe de jeunes désœuvrés qui, sous l'influence d'Ambroise-Didyme, y buvaient ou s'y droguaient. D'après les Kuniés (ce terme désigne les habitants de souche de l'île des Pins, laquelle se nomme Kunié en mélanésien), l'endroit est un peu sacré.

De nombreux incidents ont émaillé la vie des deux frères, du fait de cette possession revendiquée. Ils ont eu notamment maille à partir avec des touristes, japonais y compris, injuriés ou poursuivis à coups de pierres. Cependant, il semble que les choses s'étaient calmées depuis quelque temps, les deux frères ayant été arrêtés et condamnés plusieurs fois à de la prison, à moins, plus simplement, qu'ils n'aient mûri. Malgré tout, le rocher demeure « leur » rocher, et il ne viendrait à personne l'idée d'y monter sans leur accord ni d'inciter le moindre touriste à le faire – même les guides touristiques japonais le déconseillent formellement à leurs lecteurs.

En dehors de cela, rien de notable, à l'époque, dans la vie des deux frères : ils vivent dans deux maisons côte à côte sur la baie, leurs parents et une partie de la famille en occupent une troisième ; ils travaillent aux champs, pêchent à l'occasion, Antoine fume du cannabis et boit régulièrement, mais c'est le cas de bon nombre de personnes concernées par cette affaire. Ils ont leurs ex-copines et leurs copines tout court, parfois des enfants de celles qui ont précédé, avec lesquels ils entretiennent des relations normales.

Le 1er mai 2002, c'était l'anniversaire d'Antoine, qui l'a fêté comme il se doit et devait être passablement éméché. Des témoins indiqueront qu'il aurait dit « chercher une femme », il répondra qu'il ne s'en souvient pas mais que si c'est vrai, il a lancé cela comme il aurait parlé de chercher de l'alcool ou un joint, pour célébrer l'anniversaire, en quelque sorte, une manière de plaisanterie de grande gueule avinée.

C'est dans ce contexte que, le lendemain, une disparition va survenir.

Le jeudi 2 mai 2002, sur l'île des Pins, l'avion d'Aircal en provenance de Nouméa se pose tôt le matin, avec à son bord Mika Kusama, une jeune et jolie étudiante japonaise qui aime voyager seule comme c'est le cas ce jour-là, a déjà séjourné en France métropolitaine, et parle un peu le français, ce qui n'est pas fréquent.

Elle arrive d'Ouvéa et il est prévu qu'elle regagne Nouméa le samedi 4 mai pour reprendre le dimanche 5 un vol à destination du Japon.

Mika Kusama est accueillie et conduite vers 9 heures au relais Le Kuberka par le chauffeur qui assure la navette entre l'aéroport et le gîte. Après avoir rempli les formalités d'usage, elle s'installe dans sa chambre, commande un sandwich pour le repas du midi, des escargots pour le repas du soir, prévu à 19 heures, et gagne la plage de Kuto. Vers midi, toujours seule, elle revient au gîte où elle prend son sandwich au bord de la piscine, arrosé de deux bières.

En début d'après-midi, elle s'enquiert auprès de la gérante du chemin de la plage de Kanuméra et repart à pied.

On ne la reverra plus au relais Le Kuberka.

En revanche, le même jour, sur la même route, des personnes travaillant au gîte passent en camionnette et la remarquent en compagnie d'un Blanc, avec lequel elle marche en riant.

Le soir, la gérante constate son absence au dîner, ce qui l'inquiète aussitôt : manifestement, les touristes japonais sont connus pour être très ponctuels et précis. Elle contacte sans succès les autres gîtes et restaurants à proximité, mais personne n'a vu Mika.

Le vendredi 3 mai au matin, comme la jeune touriste n'est toujours pas rentrée, la gérante signale son absence à la gendarmerie, placée sous l'autorité du maire et grand chef Hilarion Vendégou, premier magistrat de la commune, lequel est alors en déplacement à Nouméa.

Le samedi 4 mai, les gendarmes visitent la chambre de la disparue et font en sorte qu'elle soit immédiatement libérée : les affaires personnelles et les papiers de Mika sont saisis et placés sous scellés, dont trois paquets et deux mégots de cigarettes de la même marque.

Le dimanche 5 mai, des recherches terrestres sont lancées, la disparue ne s'étant pas présentée à l'aéroport pour y prendre le vol prévu.

L'hélicoptère des gendarmes survole l'île. Un gradé et deux de ses hommes gravissent le rocher de Kanuméra et fouillent à pied les trois sentiers qui y serpentent, passant à deux mètres de l'endroit où le corps de la jeune femme ne sera découvert que le lendemain. Les conditions météorologiques et le fait qu'il ait été partiellement couvert de feuillage constituent peut-être une explication… Mais il se pourrait également que le corps n'ait pas encore été déposé à cet endroit !

Quoi qu'il en soit, le lundi 6 mai, des recherches plus importantes encore sont lancées sous la direction du grand chef, qui mobilise des habitants de l'île, essentiellement du clan Kouathé, sans la brigade de gendarmerie. En toute fin de matinée, un membre du clan trouve le corps en partie calciné de Mika Kusama à proximité immédiate du sentier longeant sur la gauche le rocher de Kanuméra.

Prévenus, les gendarmes arrivent moins d'une heure plus tard. Ils procèdent à des prélèvements scientifiques jusqu'au soir, puis repartent sans sécuriser le site ni en interdire l'accès.

Le lendemain matin, un ratissage de la zone révèle l'existence d'un trou étroit, profond de trois mètres quatre-vingts, à cinquante mètres du lieu de découverte du corps, d'où des objets personnels de Mika Kusama sont extraits : un drap de bain, un sac bleu, une poche en plastique, une cannette de bière, deux mégots de la même marque que les cigarettes trouvées dans sa chambre, ainsi qu'un appareil photo.

De nombreux Kuniés défilent sur le site pour s'y recueillir et rendre hommage à la jeune fille. À aucun moment, la scène présumée du crime ne sera protégée du public. Elle sera analysée en plusieurs fois sur quatre jours sans jamais avoir été gardée par la gendarmerie, qui constatera de multiples traces de passage.

On a trouvé le corps sur « leur » rocher, en face de chez eux : le mardi 7 mai à midi, les deux frères Konhu sont arrêtés, avec force moyens, puisqu'une dizaine de gardes mobiles encerclent leur propriété. Antoine tente de s'enfuir mais il est immédiatement interpellé. Entendus en garde à vue, son frère et lui nient toute implication dans le crime. Ils seront présentés deux jours plus tard au magistrat instructeur de Nouméa et placés le jeudi 9 mai en détention provisoire.

Aussitôt, des membres du clan Kouathé entreprennent de détruire les vestiges du village des Arts : différents farés et statues, ainsi que l'escalier d'accès. Il est même question, selon la famille Konhu, de détruire leurs habitations sur la baie de Kanuméra. La gendarmerie empêchera finalement que l'escalier soit totalement démoli.

Le vendredi 10 mai, les enquêteurs reviennent une fois de plus sur le rocher pour y effectuer un nouveau ratissage. Ils précisent eux-mêmes que les lieux ont été visités et piétinés. Des fleurs ont été déposées à l'emplacement où gisait le cadavre et alentour, «des gens sont montés sur le rocher après notre passage». Or, deux pierres ensanglantées sont cette fois découvertes, toutes proches de l'endroit où le corps a été retrouvé.

Dès l'édition du samedi 11 mai, *Les Nouvelles calédoniennes* soulignent que «Antoine et Ambroise Konhu continuent à nier les faits». Il semble bien en tout cas que dès le départ, quel que soit le regard que l'on porte sur les faits eux-mêmes, ils aient constitué, tant pour l'opinion publique que pour les enquêteurs, des coupables idéaux.

Au terme d'une instruction dense mais incomplète, une ordonnance de renvoi des deux frères devant la cour d'assises de Nouméa est prise en décembre 2004. Incomplète, en effet, puisque le président de la cour, fait suffisamment rare pour être signalé, va ordonner avant jugement, et comme il peut le faire discrétionnairement, de multiples mesures d'informations complémentaires, soit à la demande des avocats ou du parquet général, soit même spontanément – ce qui explique que le procès ne se tiendra finalement qu'en 2006.

Au stade de l'information judiciaire, et en étant le plus objectif possible, voici les éléments qui ont été recueillis.

L'autopsie du corps de la malheureuse victime révélera qu'il a principalement été brûlé en haut et à gauche, et que des coups nombreux lui ont été infligés, ayant entraîné des fractures de côtes des deux côtés, ainsi qu'à la face, largement écrasée à droite.

La mort, supposée rapide, est intervenue du fait de l'écrasement facial, combiné à l'asphyxie devant avoir résulté des coups aux côtes.

Des lésions évoqueront au médecin légiste l'intervention d'un animal, sans qu'on sache si elle est certaine ni si elle a eu lieu *ante* ou *post mortem*.

Enfin, dans son rapport d'autopsie réalisée le 7 mai 2002 (bien qu'ordonnée officiellement le 8, comprenne qui pourra), le médecin légiste indique que «le corps a pu séjourner environ trois jours en atmosphère humide et chaude», au vu des phénomènes de décomposition avancée qu'il a constatés.

Le moins que l'on puisse conclure de tout cela, et c'est un point fondamental, est qu'il manque au dossier des précisions majeures, notamment sur les instruments probables du crime, l'endroit du crime, le moment du crime. Et il n'y en aura jamais aucune autre: pas d'analyse entomologique, pas d'analyse des traces. De façon incroyable, et pour ce que j'en sais, l'existence même d'un crime demeure, aujourd'hui encore, non prouvée.

Selon l'autopsie, en effet, et si les mots ont un sens, l'on ignore si le corps a séjourné depuis le 4 mai à l'endroit de sa découverte, ou plus, ou moins. On ne sait pas s'il a été déplacé ou encore s'il a pu séjourner, fût-ce brièvement, dans l'eau, ni même si les lésions constatées auraient pu être compatibles, comme cela le semble à première vue, avec un accident, une chute sur des rochers, par exemple…

En revanche, autant le dire tout de suite, de très nombreuses expertises ADN vont être effectuées, immédiatement et plus tard, à partir des objets et prélèvements issus de la victime comme à partir de ceux recueillis auprès des frères Konhu: rien, aucune interaction.

Ceci a une importance capitale : sur les deux pierres ensanglantées et comportant des cheveux, on trouvera l'ADN de la défunte, mais aucun autre. On ne trouvera pas non plus la moindre trace d'essuyage. Soit ces pierres ont été les armes du crime, et l'on n'en sait rien, soit on les a ensuite mises en contact avec la tête de la malheureuse pour faire croire aux armes du crime : deux manipulations impossibles sans utiliser de gants. Or nous ne savons même pas aujourd'hui si les accusés en possédaient.

Un témoin a vu de la fumée près du rocher de Kanuméra et senti une odeur de chair brûlée le 2 mai, entre 17 et 18 heures, odeur ayant selon un second témoin persisté jusqu'à au moins 3 heures du matin, le 3 mai. C'est important, bien sûr, mais peut sembler assez étrange, qu'il s'agisse de la précision de date ou de la précision tout court. Or ces témoignages, apparemment, n'alertent personne, alors que les premières fouilles autour du rocher n'ont encore rien donné ! Par ailleurs, ils indiqueraient seulement que quelqu'un tentait alors de brûler à cet endroit le corps de la victime, mais certainement pas qu'elle venait d'y être tuée, ni comment ni par qui.

Ainsi, dans cette affaire, tout est sujet à discussion, chaque indice ou chaque témoignage peut se trouver interprété – et en matière d'indices, les carences dans leur étude sont à chaque fois patentes.

Dès le début de l'instruction, les explications données par chacun des deux frères sur leurs emplois du temps respectifs le jour de la disparition varient. Ambroise-Didyme dit d'abord être resté à son domicile le 2 mai, après avoir tondu le matin chez son frère Abo ; comme Abo dément, Ambroise indique alors qu'il a confondu avec le lendemain et déclare désormais avoir travaillé aux champs, puis être revenu en fin d'après-midi, avant de repartir pour une beuverie avec un ami.

Selon les auditions de sa propre famille, mère, fils, frère, aucun d'eux ne l'a croisé l'après-midi de ce jour-là. Il donne donc d'autres explications. Des témoins sont entendus, très nombreux, l'ayant vu ou pas chez lui, ou à proximité, aux «bonnes» heures ou pas, avec ou sans son frère Antoine, lequel n'a pas été vu avec son ami ce soir-là, où effectivement une fête avait bien lieu…

Seulement voilà: les deux frères, comme énormément de témoins, diront aussi, c'est une constante, mélanger facilement les jours. Ils vivent à leur rythme, matinées et après-midi se suivent en se ressemblant fort. De plus, ils sont entendus le 7 mai, cinq jours après les faits. Comment ne pas s'interroger sur ces cinq jours de liberté dont ils ont bénéficié? Comment croire que s'ils étaient coupables, ils n'en auraient pas profité pour se mettre d'accord sur un alibi précis? On nous dit sans rire qu'ils mentent, alors que manifestement, en prenant à témoin leur propre mère, il me semble évident qu'ils se trompent, ce qui, on en conviendra, n'a pas le même sens…

En tout cas, il est établi qu'Ambroise Konhu a quitté son domicile un peu avant 17 heures pour se rendre chez Éric Kouathé, son ami, prévoyant d'aller avec lui à une beuverie dont il a prétendu qu'elle lui avait été signalée par son frère Antoine, lequel en revenait. Son emploi du temps est connu pour le reste de la journée: différents témoins, tous interrogés très *a posteriori*, établiront à peu près sa soirée. Il est rentré chez lui se changer un peu après 18 heures, avant de repartir. D'après ceux qu'il a croisés, il était soucieux, un peu mutique, pas comme d'habitude… Il a rejoint des amis à la soirée, qui l'ont trouvé nerveux, perturbé, au point que l'une a pensé : « Il a fait une connerie, celui-là… » Or de la fumée a été aperçue… à 17 h 45 !

De son côté, Antoine Konhu a lui aussi clairement varié sur son emploi du temps du 2 mai. Il a successivement indiqué avoir passé l'après-midi d'abord chez lui, puis à Vao, à une dizaine de kilomètres du lieu du crime, chez un ami. Celui-ci, qui d'ailleurs le fréquente peu, est certain de ne pas l'avoir vu ce jour-là, ce que corrobore sa compagne. Antoine a finalement déclaré n'avoir pas bougé de son domicile le jour de la disparition.

À l'époque de l'instruction, plusieurs témoins disaient l'avoir vu à proximité du rocher au début de l'après-midi du 2 mai. Depuis, d'autres affirment l'avoir aperçu ailleurs. En tout cas, personne ne l'a plus revu après 15 h 30. Oui, mais… Il existe d'autres témoins qui le voient à environ trois quarts d'heure de la baie de Kanuméra, sur la route de Vao, avec ses chiens, et ce, aux alentours de 15 h 30-16 heures. Pire, comme indiqué plus haut, trois témoins déclarent l'avoir entendu dire, quelques jours plus tôt, qu'il recherchait une femme. Surtout, d'après un quatrième, il se trouvait le matin du 2 mai en compagnie d'Antoine, et ils avaient rencontré Mika Kusama devant un hôtel !

Cet élément, majeur en apparence, a constamment été démenti par Antoine, et prêterait presque à sourire, dans un autre contexte. En effet, lors de l'instruction, ce témoin a indiqué que cette rencontre l'avait marqué parce que la touriste parlait français et était gentille, ce qui pour lui n'est apparemment pas habituel. Puis il a prétendu avoir poursuivi son chemin et s'être aperçu, deux cents mètres plus loin, qu'Antoine Konhu n'était plus là… À croire que l'on peut « perdre » un ami en cours de route sans s'en apercevoir ! L'un des suppléments d'information ordonnés par la cour m'a heureusement rassuré sur ce point : la famille de cette personne a confirmé avoir été informée de la rencontre avec une touriste, mais pas de la présence d'Antoine, mentionnée seulement après la découverte du corps. En outre, au cours de la procédure, il s'avérera que le témoin en question souffrait de troubles psychiatriques récurrents.

Voilà, brièvement résumés, les différents témoignages et les principaux éléments matériels de cette affaire. Comme chacun sait, lorsque l'on veut juger un criminel, il faut prendre en considération les éléments de personnalité. Et à nouveau, dans le cas d'Antoine, le moins que l'on puisse dire est qu'il y a matière à discussion…

L'ordonnance de mise en accusation, acte lu publiquement, je le rappelle, à l'ouverture du procès d'assises, en dit ceci :

« Frère cadet d'Ambroise, il est né le 1er mai 1965 à l'île des Pins, a été élevé dans la même famille. Il a été scolarisé jusqu'en classe de 6e à l'île des Pins avant de poursuivre ses études sur la Grande Terre, d'abord au collège Sainte-Marie à Païta puis, après son renvoi de cet établissement, à Saint-Joseph-de-Cluny à Nouméa où il a obtenu son BEPC.

Devant redoubler sa 3e, selon lui, malgré sa réussite à cet examen, il n'effectuait que deux mois de scolarité supplémentaires avant de retourner à l'île des Pins.

Il n'a pas été appelé sous les drapeaux du fait d'une condamnation pour un viol commis peu avant sa majorité.

À sa sortie de prison, à 20 ans, il fait de la pêche et des travaux agricoles avec son frère Ambroise, et participe aux activités et exactions de la bande du rocher, s'adonnant comme ses compagnons à l'alcool, au cannabis et au datura.

Il lui est connu quatre liaisons féminines, la plus ancienne avec une jeune femme avec qui il a eu une fille. Il a ensuite vécu de 1985 ou 1986 à 1990 avec une autre femme, qui s'est séparée de lui à cause de son infidélité. À l'époque des faits, il n'avait plus de relations féminines depuis plusieurs années.

À l'île des Pins, il était craint comme son frère Ambroise-Didyme et décrit par certains comme "barjot".

Selon ses dires, il aurait été sept fois en détention, ce qui aurait nui à la stabilité de ses relations féminines.

Les experts qui l'ont examiné n'ont relevé chez lui ni déficience intellectuelle ni maladie mentale, mais une organisation psychopathique de sa personnalité créant un réel état de dangerosité sociale et criminologique.

Moyennement accessible à une sanction pénale, il n'était atteint au moment des faits d'aucun trouble ayant altéré son discernement ni entravé le contrôle de ses actes.

Son casier judiciaire porte trace d'une condamnation prononcée le 12 décembre 1984 par la cour d'assises des mineurs à trois ans d'emprisonnement pour viol sur mineure de moins de 15 ans. »

Sans vouloir commenter ce qui précède – l'audience, elle, le permettra –, je tiens en revanche à souligner combien ces références à la personnalité constituent, très souvent, une sorte de résumé de vie passé au double crible de toute trace de délinquance antérieure et d'éventuels éléments psychologiques ou psychiatriques négatifs… Tout, comme ici, y est noir. La vie d'un homme de 43 ans y est résumée, en gros, à ses actes asociaux éventuels : c'est peut-être un peu court…

Quoi qu'il en soit, deux points, ici, retiennent essentiellement l'attention : une première condamnation, jeune, pour viol, et une personnalité dotée d'une organisation psychopathique, voilà deux clous parfaits pour un cercueil… Sauf qu'une fois de plus, dans cette affaire, strictement rien n'est acquis.

Trois experts locaux l'ont examiné et relèvent des traits de caractère psychopathiques, effectivement, mais dans des expertises étonnantes où l'on prend position sur les faits et ses chances d'y être impliqué, et un casier judiciaire. Le raisonnement n'est fondé ni sur des analyses ni sur des tests, mais sur le fait que quand on vit comme lui, qu'on est instable de cœur et qu'on commet des actes de délinquance, on est organisé psychopathiquement !

Un quatrième expert, inscrit sur la liste nationale des experts près la Cour de cassation, l'a examiné aussi, avec les mêmes données. Lui a bien vu qu'il avait eu un parcours de délinquance, certes, mais il a exclu formellement toute référence à quelque pathologie que ce soit, même une simple désorganisation de la personnalité !

Le plus beau, si je puis dire, est que ce précédent de viol, viol ou tentative, serait le mobile suppose-t-on du meurtre de Mika Kusama. La jeune femme concernée a été entendue, aussi bien dans le cadre d'un supplément d'information qu'à l'audience. Les relations étaient à l'époque consenties, librement, entre deux gamins, mais les parents l'avaient su, d'où plainte et procès. Le voilà, le précédent du psychopathe…

Vu d'où je suis, Antoine ressemble fort à un gars d'à peu près mon âge, travaillant manuellement près des siens, ayant connu différents incidents pénaux, d'ailleurs relativement anciens, consécutifs à des algarades avec les touristes, et ayant manifesté un penchant pour le cannabis et l'alcool. En dehors de ça, il a connu une vie à peu près normale, des succès amoureux, la paternité, d'ailleurs assumée et suivie, des amis…

Il y a eu d'autres pistes, ne serait-ce que celle de ce témoin, impliquant Antoine sur le tard. De son propre aveu, ce serait l'une des dernières personnes à avoir vu vivante Mika Kusama… Mais il semble que son emploi du temps ait pu, lui, être vérifié.

Il y a eu bien d'autres pistes, oui, qui à mes yeux n'ont pas été correctement empruntées, sans parler de les vérifier sérieusement afin de les écarter de façon certaine… Ou pas.

Celle de l'accident, par exemple, jamais évoquée. Un accident « récupéré » ensuite par quelqu'un souhaitant nuire aux Konhu, déposant après coup le corps et les objets découverts sur le rocher, ce qui expliquerait énormément de choses, notamment les découvertes successives tardives et l'absence d'empreintes.

Celle des militaires présents à l'époque, dont il est dit qu'on a tout vérifié à leur propos : j'ai les traces des vérifications effectuées sur d'autres touristes potentiellement suspects (l'homme blanc vu avec la victime), mais aucune, sauf une vérification vraiment sommaire, par listings, des emplois du temps desdits militaires.

Celle, infiniment plus troublante et mystérieuse, d'une autre personne parfaitement identifiée, qui pouvait correspondre à l'individu vu « main dans la main » sur la route avec Mika, semblant s'amuser avec elle, au début de l'après-midi du 2 mai. Quatre témoins attestent qu'il a eu une série de comportements étranges le jour de la disparition. Lui nie avoir été présent sur l'île avant le 4 mai, ce que ses relevés de compte bancaire confirment… apparemment, car il se trouve qu'il était susceptible de savoir les modifier. Interrogé quatre ans plus tard, il fournira des réponses parfois surprenantes.

Ou encore celle d'une personne ayant entendu un jeune, ce soir-là, lui raconter qu'il avait été menacé par quelqu'un qui lui aurait dit de déguerpir de la baie car «il se passait quelque chose sur le rocher».

Et sans oublier celle d'une autre personne connaissant bien l'endroit, mais qui elle, en outre, serait au courant des précautions à prendre si l'on commet un crime, par exemple ne laisser aucune trace, avoir un alibi en béton armé, et ne pas laisser le corps «chez soi»...

Au-delà de tout, du droit, de la présomption d'innocence, du faisceau d'indices, de l'absence de preuves, du dossier, des témoins, de ce qu'on veut et de ce qu'on voudra, il y a deux choses que je n'arrive absolument pas à comprendre.

Si Antoine était coupable, pourquoi aurait-il laissé le corps de la victime sur «son» rocher, en attente d'être découvert là, ce «là» constituant le seul lien avec le nom de Konhu et étant entouré d'eau? Et pourquoi ne pas avoir réfléchi, pendant cinq jours, à un alibi correct, qui tienne avec ou sans témoins, dont il n'aurait pas varié d'un pouce?

Je n'ai quant à moi qu'une réponse simplement plausible à ces deux questions.

Au stade de l'instruction, la thèse de l'accusation va être la suivante: Mika Kusama a été tuée le 2 mai dans l'après-midi, elle a été conduite, vivante, sur le rocher pour le visiter, elle y est morte et ce sont les frères Konhu qui l'ont tuée.

Les constatations sur lesquelles elle se fonde sont les suivantes:

L'inexistence alléguée de témoins susceptibles de les mettre hors de cause pendant le laps de temps compris entre 15 h 30 et 16 h 45 le 2 mai, jour de la disparition (et peut-être du décès) de la victime, alors qu'ils se trouvaient tous les deux dans la zone géographique concernée.

Leur surveillance constante du lieu auquel nul ne pouvait accéder sans leur autorisation, les agressions précédentes dissuadant tant Kuniés que touristes, les risques de se faire surprendre pour qui aurait osé monter sur le rocher et y allumer un feu.

La connaissance précise de la topographie du rocher, nécessaire pour y cacher un corps et des objets.

La tentative de fuite d'Antoine lorsque les gendarmes sont venus l'arrêter.

Le comportement inhabituel d'Ambroise-Didyme le 2 mai, en fin d'après-midi.

L'absence de participation des Konhu aux recherches de la touriste disparue et, surtout, leur inhabituelle absence de réaction lorsque ces recherches ont été effectuées sur le rocher, zone habituellement «interdite», même aux gendarmes.

Les expertises psychiatriques et psychologiques concordantes, les présentant comme des personnalités de type psychopathique et d'une dangerosité certaine.

Leur passé judiciaire enfin, constitué d'agressions sexuelles et physiques qui leur ont valu plusieurs incarcérations.

Or, l'objectivité commande de dire que ces affirmations sont soit inexactes, soit non probantes, quelle que soit par ailleurs la conviction qu'on en a eue ou qu'on en aura.

Après de nouvelles investigations préalables et un transport sur les lieux, la cour d'assises de Nouméa a déclaré Antoine coupable, et innocenté Ambroise-Didyme.

La cour d'assises d'appel de Nouméa va tout reprendre, tout analyser, tout peser, entendre, je crois, plus de cent témoins, et juger à nouveau ces deux hommes.

Ce sera un magnifique moment de justice.

Les deux confrères qui m'ont fait venir ont consacré à l'affaire trois années de travail acharné. Le dossier, qu'ils connaissent par cœur, est d'un volume effrayant. Ils ont vécu la condamnation comme une claque, une mise à néant de leur travail passionné. En arrivant, je trouve un nouveau dossier coté témoin par témoin, avec pour chaque audition des notes incroyablement fiables me disant qui a dit quoi et quand, qui a dit l'inverse, et comment conforter les déclarations de ce témoin, ou les invalider : à l'audience, nous disposerons ainsi de trois tomes bien pesés chacun…

Impressionné par la somme et la qualité du travail qu'ils ont fourni, je suis en même temps légèrement stressé. Me voici présent en tant qu'élément nouveau et en terre plus qu'étrangère ; je ne connais ni les lieux, ni aucune des personnes concernées, qu'il s'agisse des témoins, des accusés eux-mêmes, des confrères et des magistrats. Même la salle, je ne l'ai jamais pratiquée. Je constate vite qu'elle est climatisée, merci, dieu des Plaideurs, que les greffières y sont aussi sympas et drôles qu'ailleurs, elles qui voient tout ; que l'huissier audiencier est un vieux de la vieille, ici comme ailleurs, avec qui il fait bon échanger la petite phrase qui tue lors des suspensions, ici comme ailleurs – mais cependant, la peur de n'être pas moi-même demeure…

Autre motif de stress, Jean-Jacques Deswarte, l'avocat qui m'a demandé de venir, est un ami et un type admirable qui fait l'honneur de notre profession : le décevoir serait une trahison supplémentaire.

À cela s'ajoutent le décalage horaire, la séparation d'avec ma femme chérie et mes deux marmots adorés, et l'incroyable tension qui règne sur ce dossier, dont je découvrirai rapidement qu'elle ne vient pas que du dossier lui-même.

Deux semaines de travail invraisemblable commencent, en ce sens que lorsqu'on ne travaille pas, on travaille encore. On se lève tôt, on en parle, on va au palais, on en parle, la journée s'écoule au rythme des témoignages et on se bat, sur tout, tout le temps : de mémoire, il y a eu quatre-vingt-quatre témoins entendus, six experts, huit policiers : à chaque audition, l'avocat de la partie civile est debout avec six questions ; l'avocat général est debout avec trois questions ; nous sommes tous trois debout avec (six + trois = neuf) x trois = vingt-sept questions. Sans parler des incidents d'audience, sortes de petites « piques » inutiles qui alourdissent encore la chose, surtout pour Jean-Jacques Deswarte, directement mis en cause mais qui se comporte véritablement en héros.

On sort du palais après ces audiences exténuantes, et on en parle ; on fait la route inverse pour rentrer, on en parle, et on en parle encore toute la soirée ; on en rêve, forcément, on se lève tôt, on en reparle…

À ce rythme, tout tourne à l'obsession, même si on parvient souvent à rire entre deux poussées d'angoisse.

Arrive le dernier jour, celui où tout le monde est soulagé qu'il n'y ait plus de témoins. La première avocate plaide, après avoir écouté les – longues – histoires contées par nos deux adversaires. Marie-Laure Fauche, tel est son nom, est la première à plaider, elle nous fait la faveur de débroussailler sérieusement le terrain, de l'enquête aux constatations médico-légales, des inexactitudes aux omissions, des présupposés aux préjugements.

En repartant ce soir-là, Jean-Jacques et moi convenons de nous lever vers 2 heures, et d'écrire nos plaidoiries en nous répartissant plus ou moins les choses qui doivent encore être dites. Je garde un souvenir précis de cette nuit que nous avons passée chacun dans une pièce différente, à travailler une dernière fois, en nous échangeant les procès-verbaux de différentes auditions, en demandant à l'autre s'il parlerait de ci ou de ça, compulsivement et les stylos en sueur, le tout en caleçon, à voix censément basse, et en nous faisant des cafés toutes les demi-heures…

Départ à 7 heures, silence dans la voiture, tension, encore, fatigue pour l'instant contenue, direction, une dernière fois, la salle d'assises qui s'avérera bien sûr comble.

Jean-Jacques plaide deux heures trente, magnifiquement, avec fougue et émotion. Il dit à lui seul toute l'injustice de cette affaire, et se rassied la voix cassée…

Pause. Je sors fumer une cigarette. Il était prévu que si mon confrère était très long, l'audience serait suspendue pour le déjeuner et que je plaiderais l'après-midi, ce qui ne me réjouissait pas. Les avocats connaissent bien ces suspensions de midi, détestables, où votre peur a le temps de vous rattraper, où vous ne mangez rien, où vous ne dites pas un mot de crainte de tout mélanger et où vous êtes déjà tout à vos futurs propos. Mais finalement, je vais pouvoir plaider dès ce matin, dans dix minutes.

Ce n'est pas le moment de venir m'expliquer la vie, mais un élève avocat qui me connaît et est en stage à Nouméa vient me saluer en me demandant si ça va. Comme je peux difficilement l'étrangler de mes mains entre deux bouffées puis sauter dessus à pieds joints, je lui réponds que ça ira mieux dans quelques instants, que ce salopard de Jean-Jacques a tellement bien plaidé que je dois réorganiser mes pensées encore une fois, tant j'ai l'impression de n'avoir plus rien à dire.

Ma plaidoirie va durer deux heures. Attente debout, seul et complètement fermé, dans une salle pleine et avec en tête l'enjeu qui à ce moment-là apparaît comme une montagne colossale. Démarrage laborieux, syndrome du fumeur dit « de la langue collée dans la bouche sèche », ça passe au bout de quelques minutes mais pendant ce laps de temps, il faut parvenir à articuler quand même. Outre le « tronc commun » du dossier, j'ai deux derniers points à développer : les témoins, si controversés, de l'emploi du temps d'Antoine pour l'après-midi, ses « alibis » et une thèse alternative, celle de F. K., magnifique coupable potentiel, ce que je m'emploie à démontrer.

Je finis, sincèrement ému, la voix éraillée à mon tour, avec une citation de Zola et en parlant de la fille d'Antoine, que les jurés ont vue à la barre, adorable gamine de 16 ans qui veut faire du droit. Je demande qu'on lui montre ce qu'est le droit, ce qu'est la justice, en acquittant son père.

En me rasseyant, la gorge serrée et les yeux piquants, j'ai le plaisir de constater que des jurés sont comme moi, et que même Marie-Laure a les yeux brillants…

J'écoute avec mes confrères l'avertissement aux jurés et les formules cabalistiques de toute fin d'audience, puis nous sortons, des gens nous félicitent, nos clients aussi, mais nous sommes en pleine « retombée », nous savons, même si nous sommes forcément contents d'avoir fait notre boulot, qu'un ultime et dernier stress commence, l'attente du verdict. Nous partons déjeuner à trois, loin de tout ça, avec la grande fille juriste de Jean-Jacques, un soutien moral n'étant pas de trop. Comme dans toutes les cours d'assises, l'huissier possède l'un de nos numéros de portable, il nous appellera.

Un point fait l'unanimité dans nos discussions : en tout cas, les jurés ont été d'une rare attention tout au long des plaidoiries, constamment…

Nous nous armons intellectuellement pour une attente qui peut être longue, elle avait duré, me semble-t-il, sept heures en première instance. Nous essayons de nous parler de nos interventions respectives, mais c'est un exercice délicat à ce stade. Ne pas trop espérer. Soudain semblables à trois vieilles superstitieuses en diable, nous mangeons sans appétit et buvons peu, en plein soleil, attablés à une terrasse proche du palais, vers lequel nous envoyons tout ce qui nous reste d'ondes positives.

Personne n'oserait émettre le moindre pronostic, et nous nous efforçons tant bien que mal de nous dire que, quoi qu'il arrive, nous avons fait notre travail, à peu près… Jean-Jacques, involontairement, me plonge dans de nouvelles affres en me faisant remarquer que j'ai oublié de parler d'un témoin lorsque j'ai développé la thèse du faux coupable, ce qui est vrai. Je suis consterné, « pas grave, ça a été largement évoqué dans les débats », me disent en chœur mes deux camarades. Oui mais n'empêche, me voilà un peu coupable si d'aventure…

Une heure est passée, la fatigue, extrême, nous tombe dessus avec la chaleur. La jeune fille qui nous sert est originaire de l'île des Pins, elle nous a reconnus et « croise les doigts » pour nous, elle était au palais de justice ce matin, elle nous félicite.

Le téléphone de Jean-Jacques sonne au bout d'une heure, j'en recrache ma gorgée de vin blanc : c'est un client, je remplis à nouveau mon verre…

Nous sourions parfois à l'évocation de telle ou telle scène, et nous parlons de nos expériences de ces moments affreux où plus rien ne vous appartient et où, sous peine de blessure profonde, il faut absolument parvenir à penser qu'on a à peu près tout dit. Nous tombons d'accord, en tout cas, sur deux points : si le délibéré dure trop longtemps, c'est mauvais ; et si en rentrant, tout à l'heure, la cour et les jurés ne nous regardent pas, c'est très mauvais.

Le même téléphone sonne une nouvelle fois, et cette fois c'est la bonne, l'huissier nous appelle. Nous regardons tous nos montres, une heure trente de délibéré. Aucun de nous n'ose formuler à voix haute ce qu'il pense à cet instant, « c'est bon signe ». Nous sommes soudain terrorisés, terriblement et irrémédiablement superstitieux.

Nous regagnons la voiture en courant presque, et le tribunal sans échanger un mot. La salle est à nouveau bondée, toutes les places assises sont occupées et des personnes se tiennent debout le long de tous les murs. Elle est pourtant totalement silencieuse…

Nous reprenons nos robes, je serre la main d'Antoine en murmurant « cette fois, on y est », et nous nous asseyons pour la dernière fois sur notre banc, en silence. Devant nous, greffière et huissier, avec lesquels nous « causons » d'habitude aux suspensions, ne se retournent pas et regardent devant eux.

Nous demeurons ainsi dix minutes, dix très longues minutes de silence, pendant lesquelles chacun pense compulsivement, en regardant dans le vide. Je pleure presque à la pensée omniprésente que ça ne *peut* pas être une condamnation, pas après tout ce travail, pas dans ce dossier pourri, pas cet homme-là… La sonnerie retentit et nous fait sursauter : « La cour ! »

Debout, Jean-Jacques et moi échangeons un regard affolé : les jurés ont les yeux baissés ou braqués vers la foule. Aucun, même ceux qui sont les plus proches de nous, avec lesquels nous avons souvent échangé des sourires ces dernières semaines, ne tourne la tête d'un millimètre vers nous…

Nous nous rasseyons, et le président tient à faire une annonce informelle avant le prononcé de la décision : « J'avertis que je ne tolérerai aucune manifestation publique à l'énoncé du verdict, quel qu'il soit. » À cet instant, je me dis que c'est foutu, cette annonce ne me semble pas avoir de sens, autrement…

« Messieurs, levez-vous. » Nos clients sont debout dans leur box, leurs trois avocats se lèvent aussi, en bas devant eux, c'est la tradition aux assises, une façon d'assumer jusqu'au bout, le dernier rempart… Le silence est total, je me force à lever la tête et à regarder le président lire la décision.

« À la première question : "L'accusé Ambroise-Didyme Konhu a-t-il volontairement donné la mort à Mika Kusama ?", la cour et le jury ont répondu : "Non." »

Toujours le silence : Didyme avait été acquitté à nouveau, rien n'est jamais certain mais l'on pouvait raisonnablement penser qu'il en serait ainsi ; une pause, pendant que le cerveau fonctionne maintenant comme une sorte de vis sans fin, sans air, plus aucun air…

« À la seconde question : "L'accusé Antoine Konhu a-t-il volontairement donné la mort à Mika Kusama ?", la cour et le jury ont répondu : "Non." »

Je n'entends plus rien, pas même le prononcé des acquittements. Je fonds en larmes, toute la tension accumulée retombe, je me tourne vers Jean-Jacques et Marie-Laure, on se regarde, tous trois en pleurs, on sourit et on se prend dans les bras. La salle bruisse, elle commence à comprendre, sans doute aussi en nous voyant, mais c'est en entendant le mot « acquittement » qu'elle explose en une sorte d'ovation, tout le monde pleure pendant que nous embrassons nos clients et que les jurés, maintenant, nous regardent et nous sourient.

De loin, je dis « merci » à l'une des jurées, elle me fait un clin d'œil. Ici et là, ça pleure de plus belle, déjà les journalistes sont à côté de nous. Je vois le président traverser la salle et partir, les gens du comité de soutien, en larmes eux aussi, se congratuler, je vois la famille et les Kuniés sourire à n'en plus finir.

Adossé au box des accusés, je savoure totalement ce moment, regardant la salle, les jurés, mes deux vaillants confrères, les magistrats, nos clients, la presse, je stocke et fais durer, putain de merde, mes amis, ma femme et mes enfants, Jean-Jacques, mon frère d'armes qui m'a permis de vivre *ça*, JE SUIS AVOCAT… Je souris en pleurant, comme un benêt, comme tout le monde…

Nous donnerons ensuite, très émus, les interviews de rigueur ; très retenus, aussi, parce que sur le banc des victimes, les parents de Mika sont effondrés, évidemment.

Antoine dit à quel point la justice l'avait trahi depuis sept ans, à quel point il n'y croyait plus… puis nous rangeons une dernière fois les tonnes de papier du dossier, les cartes, et quittons la salle que je regarde une dernière fois depuis la porte, du plafond jusqu'au sol. Je ne l'oublierai pas plus que le reste. Jamais.

Il y aura une fête kunié et la coutume devant le palais, puis une fête tout court, avant l'avion que je reprendrai dès le lendemain, et entre les deux le (premier!) verre bu en tête à tête avec Jean-Jacques, chez lui, avant que les autres nous rejoignent. Mais je viens de graver dans ma mémoire ce moment incroyable du prononcé du verdict, là-bas, debout devant le banc de la défense, cette sorte d'incroyable déferlement de joie pure.

Pour l'instant, je suis encore un peu debout devant ce banc, à entendre, non, à *recevoir* cette belle décision.

À tirer les leçons de ce travail de mes confrères, de la tenue de cette audience, de ce que j'ai bien ou mal fait, à ce même banc.

À comprendre mes faiblesses et mes forces, retenir qu'ils n'ont, ni les uns ni les autres, jamais renoncé ni baissé les bras, retenir que pendant tout le cheminement vers cette dernière journée, Jean-Jacques a été soutenu par les siens, retenir la force incroyable que procure le fait de savoir que ce qu'on fait ou qu'on dit est juste, simplement juste.

Et à me demander, à vrai dire, au sujet de ce banc… comment je peux, définitivement, y rester. Debout dessus.

ACCIDENT

AU TOUT DÉBUT DE MA CARRIÈRE, J'AI TRAVAILLÉ DANS UN CABINET qui avait notamment comme cliente une chaîne très connue de magasins. À ce titre, l'un des avocats associés, qui dirigeait le cabinet, a été saisi d'une affaire, puis me l'a confiée. J'étais très jeune, inexpérimenté, et peu armé pour affronter les émotions intenses qui, parfois, naissent au cours d'une audience.

L'un des cadres supérieurs de la société était revenu en pleine nuit d'un voyage d'affaires dans un pays de l'Est. Son avion avait atterri à Bruxelles vers 2 heures du matin. Il lui restait ensuite une heure trente environ de trajet pour rejoindre son domicile à Lille, où il travaillait également, et il avait réservé une grosse berline de location à cette fin.

Ni lui, ni personne n'a jamais su ce qui s'était exactement passé. Il roulait sur l'autoroute belge, à la vitesse légale de 120 km/h, ainsi que l'établira l'enquête, et sans avoir bu une goutte d'alcool, lorsqu'il a brutalement perdu le contrôle de son véhicule, sans raison apparente. Dans son souvenir, la voiture a soudain brutalement dévié de sa trajectoire rectiligne, et foncé vers le muret en béton séparant les voies de l'autoroute sans qu'il puisse la redresser.

Il a percuté la séparation, mal conçue puisqu'elle n'a pas arrêté le véhicule. Passé au travers dans un choc d'une rare violence, il a déboulé soudain de l'autre côté, à contresens, au moment et à l'endroit précis où une jeune femme bruxelloise arrivait en face, au volant, pour son malheur, d'une petite voiture : les deux engins se sont percutés frontalement, de plein fouet.

Lorsque les secours ont dégagé mon client de ce qui avait été une berline de luxe dont il ne restait qu'un tas de tôle compressée, ils ont constaté à leur grand étonnement qu'il n'avait rien, pas une griffure. Ils ne pouvaient en revanche strictement rien faire pour la jeune fille, tuée sur le coup, et dont le corps était broyé dans les débris de sa voiture.

L'homme, en état de choc, se tenait là, debout, enveloppé dans la couverture de survie dont l'avaient par principe drapé les secours. Il ne pouvait détacher son regard des restes des deux voitures encastrées ni de la forme ensanglantée de la conductrice dont il venait de causer la mort.

L'enquête a été longue et fouillée, mais les causes précises de l'accident n'ont jamais pu être établies. Mon conducteur, profondément marqué, y a participé activement. Il avait la conviction de ne pas s'être endormi, l'une des explications qui, bien sûr, venaient le plus facilement à l'esprit ; l'on sentait qu'il ne l'aurait pas nié, il était beaucoup trop bouleversé pour cela, mais simplement, il était certain que ce n'était pas arrivé. D'ailleurs, il n'éprouvait pas de réelle fatigue, ayant dormi dans l'avion et un peu avant le vol. Quant à la chaussée sur laquelle il roulait, elle était sèche, exempte de taches d'huile. Aucun obstacle ne lui avait fait donner un coup de volant mal maîtrisé.

L'examen des restes du véhicule ne donnait rien, pour ce qu'il pouvait établir : aucune source possible de défaillance n'était détectée, la voiture de grande marque était récente, les deux pneus restant sur les quatre étaient neufs. Un doute subsistait sur ceux du train avant, qui avaient tous deux éclaté dans le choc, à moins que l'un l'ait fait juste avant. Impossible de se prononcer là-dessus. Mon client confirmait n'avoir rien constaté d'anormal pendant le début de son parcours ni entendu le moindre bruit suspect avant l'accident. Les traces examinées établissaient une tentative de freinage, une vitesse normale. L'unique témoin de la scène, qui roulait derrière lui et avait appelé les secours, confirmait que rien n'avait attiré son attention jusqu'à ce qu'il voie la voiture dévier brutalement, fracasser le muret de séparation et aller s'encastrer de l'autre côté, le tout en l'espace de deux secondes.

L'homme n'était sous l'emprise d'aucun médicament, d'aucune autre substance lors de l'accident. Âgé de 45 ans, marié et père de deux enfants, il avait un passé sans tache, casier judiciaire vierge et bonus d'assurance maximum. Tous ses proches et collègues de travail le décrivaient comme un homme particulièrement sérieux et intègre.

La jeune fille, Johanna, avait 24 ans, était étudiante. Fille unique d'un couple de commerçants bruxellois, elle vivait encore chez ses parents, pour peu de temps puisqu'elle devait se marier deux semaines plus tard. Elle rentrait cette nuit-là d'une soirée entre copines, au cours de laquelle elle n'avait rien bu.

Celui que j'allais assister lors du procès pour homicide involontaire, qui devait se tenir devant une juridiction flamande (un confrère me servirait d'interprète à la fois pour la langue elle-même et pour les nuances de procédure entre nos deux pays), ne parvenait pas à se remettre d'avoir causé l'accident, et la mort de cette jeune femme.

Il avait d'abord cessé de travailler, puis avait voulu reprendre son activité, mais n'était plus tout à fait le même. La culpabilité qui le rongeait le rendait silencieux et grave en permanence. Il avait fini par accepter un suivi psychologique, sans grand succès.

Tout de suite après le drame, il avait tenu à adresser aux parents de la victime une lettre poignante, dans laquelle il expliquait, si faire se pouvait, à quel point ses regrets étaient profonds et sincères, à quel point il aurait voulu ne jamais se trouver là à cet instant.

Mon correspondant flamand avait beau être charmant, je n'étais jamais parvenu à savoir si finalement il avait bien traduit et transmis cette lettre aux avocats de la famille : il m'avait dit redouter qu'on la prenne pour une tentative de bien se présenter, éternel débat entre le prévenu monstre froid qui ne s'adresse pas aux victimes et celui qui, en le faisant, passera peut-être pour un vil calculateur… En tout cas, aucune réponse ne nous était jamais parvenue.

Le temps avait passé, et notre client attendait maintenant l'audience avec beaucoup d'anxiété. Il ne redoutait ni la sanction dont on pouvait supposer qu'elle serait clémente, s'il y en avait une, ni les affres des arguties juridiques débattues entre ses avocats et ceux des parties civiles, qu'il laissait se poursuivre sans rien y comprendre ni s'y intéresser. Ce qu'il éprouvait, c'était la peur, terrible car empreinte d'une culpabilité qui ne pourrait jamais disparaître, de la confrontation physique qui aurait nécessairement lieu à l'audience avec la famille de la défunte. Il ignorait totalement comment il allait pouvoir affronter leurs regards et leurs mots.

Pendant nos rendez-vous successifs, notamment la préparation de l'audience, nos rapports ont toujours été courtois, mais jamais nous n'avons réellement approfondi cette curieuse relation qui unit, le temps d'une affaire, d'une période de vie, un avocat et son client, et qui dans l'idéal doit être si profonde. Avec le recul, je pense que j'étais trop jeune à l'époque pour parvenir à le « rejoindre » réellement, et que ce serait sans doute plus facile maintenant. Il existait un décalage entre nos préoccupations respectives et c'était à moi de le combler, ce que je n'ai pas appréhendé alors. La mienne était la défense, forcément technique, de ses intérêts objectifs, et la relaxe, l'absence de faute avérée, le doute, que sais-je... Mais la sienne était d'une tout autre importance, d'une tout autre ampleur. Il se moquait totalement d'être condamné ou pas : lui, ce qu'il espérait par-dessus tout, c'était de pouvoir récupérer son âme – tout en sachant douloureusement que c'était impossible.

Le jour de l'audience, je n'en menais pas large, parce que nous étions en terre flamande, et que je ne comprenais rien sans mon confrère local à mes côtés, mais surtout parce que ces affaires – les homicides involontaires, sur la route ou lors d'accidents du travail, notamment – sont toujours particulièrement éprouvantes à soutenir en défense. L'argumentation est à la fois relativement déshumanisée, personne ne mettant en cause l'absence de volonté de donner la mort, et technique, les débats portant le plus souvent sur l'existence de fautes, avérées ou pas, puis de leur causalité vis-à-vis du drame et sur d'éventuelles chaînes de responsabilités ou d'exonération. Vous la soutenez devant les proches d'une personne qui n'est plus là pour expliquer. Plongés dans la douleur de son absence, ils ne comprennent pas, comment le pourraient-ils, qu'on semble discuter les responsabilités...

Dans ces audiences, le droit heurte l'humain, presque obligatoirement.

C'était un petit tribunal, une salle d'audience classique et ancienne, aux rangées de sièges en bois alignées de part et d'autre d'une vaste travée centrale. Elle commençait à se remplir des personnes concernées par toutes les affaires du même type, audience spéciale du jour, de mes confrères belges, qui s'agitaient entre eux, s'échangeant pièces et conclusions tardives, et de leurs clients respectifs, le tout dans un brouhaha d'autant plus confus pour moi qu'il était en flamand.

Ne connaissant personne, je me tenais debout dans l'allée centrale, attendant mon client, ainsi que de pouvoir, avec mon correspondant local qui s'affairait et discutait comme les autres, me présenter aux membres du tribunal et à mes contradicteurs.

Costume sombre et visage tendu à l'extrême, mon client est entré. Il est venu me saluer, livide et crispé, se tenant droit au prix d'efforts qu'on devinait intenses. J'ai essayé de le rassurer comme je le pouvais, à voix basse, bientôt rejoint par mon confrère flamand, qui a entrepris de réexpliquer le déroulement de l'audience...

C'est alors que cela s'est produit. Les parents de la jeune victime et son fiancé, présents dans la salle eux aussi, se tenaient près de leur avocat. Celui-ci venait de leur désigner son confrère de la défense, et partant notre client, puisque personne ne s'était jamais vu auparavant.

Au moment même où les juges du tribunal entraient dans la salle, dans notre dos, mon correspondant a dit «attention» en regardant la travée qui s'ouvrait devant nous, tout en plaçant par réflexe sa main sur le bras de notre client.

Une dame, grande et fine, habillée de noir, aux cheveux grisonnants, avec un beau visage aux traits crispés, aux yeux rougis, s'était levée, là-bas, et s'avançait seule, un petit cadre à la main, vers le trio que nous formions.

D'instinct, mon confrère et moi nous sommes placés, protecteurs, de part et d'autre de notre client, qui, raidi à l'extrême, lui faisait maintenant face.

Elle s'est arrêtée juste devant lui, et lui a parlé d'une voix tremblante mais claire, les yeux plantés dans les siens :

« Monsieur… Monsieur, je suis la maman de Johanna, la jeune fille qui… Je voulais vous dire… Monsieur, je voulais vous dire que, quoi qu'il arrive aujourd'hui… Ce n'est pas votre faute. »

Elle a pris dans les siennes les mains de l'homme, anéanti, qui avait tué sa fille, et poursuivi, tandis que mes larmes montaient et que d'autres ruisselaient enfin sur le visage de celui que je défendais :

« Nous avons, ma famille et moi, vu tout le dossier. Nous avons lu votre lettre. Nous sommes croyants. L'accident… Ce n'est pas votre faute, ça pouvait arriver n'importe comment. Ça devait sans doute arriver cette nuit-là, et vous êtes impliqué. Mais nous avons discuté, beaucoup, et nous ne voulons pas qu'une deuxième vie soit brisée : vous n'y êtes pour rien. C'est le hasard, le destin… On voit bien, votre visage… Notre Johanna n'aurait pas voulu que… »

Elle aussi pleurait à présent, et n'a pas pu continuer. Elle a enlacé l'homme, qui, tête penchée sur son épaule, bouleversé, a seulement pu balbutier : « Merci. »

Après ce qui m'a semblé un très long moment, probablement quelques secondes, dans un silence ému de toute la salle, ils se sont désunis, et la mère a tendu le cadre qu'elle tenait toujours : « J'ai apporté une photo de notre fille. Je ne sais pas si… Mais si vous voulez… »

Il a seulement répondu : « Je voudrais… Mais je ne peux pas… Je suis désolé… »

Elle a conservé son pâle sourire : « Oui, je comprends… Nous avions hésité, peu importe… Souvenez-vous toujours, en tout cas : ce n'est pas votre faute. Vous… Vous avez notre pardon. »

Et elle est repartie à sa place, doucement, s'asseoir à côté de son mari et de leurs proches, en se disant, je l'espère de tout cœur, qu'elle venait de sauver une vie, un homme, et sa famille à lui…

Le procès a eu lieu, quelques heures plus tard. Mais ça n'avait vraiment plus aucune importance.

MONSIEUR BERTRAND

CET INSTITUTEUR D'À PEU PRÈS 50 ANS, AU VISAGE MARQUÉ SOUS des cheveux mal peignés, manifeste un désespoir assez profond lorsque je le rencontre pour la première fois : il est convoqué devant un juge d'instruction pour mise en examen, parce qu'il a commis, il y a de nombreuses années, des attouchements sur plusieurs enfants qui étaient dans ses classes.

M. Bertrand m'explique, les yeux baissés, les mains tremblantes, qu'il l'a effectivement fait, et son désespoir est sincère, non pas parce que ses ennuis judiciaires vont commencer, mais parce qu'il est conscient d'avoir causé du mal aux gosses, et en éprouve un véritable remords.

Je sais que ça ressemble à un argument d'avocat, mais peu importe, dans son cas, c'est vrai. Je n'ai jamais vu quelqu'un d'aussi malheureux d'avoir fait ce qu'il a fait – il est d'ailleurs persuadé qu'il va aller en prison, et ne s'en soucie pas, il est presque demandeur d'une sentence lourde et immédiate.

Je le calme et l'apaise comme je peux, je lui précise ce qu'est une instruction, et les critères de la détention provisoire, en lui indiquant que s'il n'a pas immédiatement été présenté à un juge d'instruction après sa garde à vue, mais seulement convoqué plus tard, c'est qu'il est probable qu'on n'envisage pas de le détenir, compte tenu, je suppose, de l'ancienneté des faits, et de ses garanties de représentation – de ses aveux sincères, aussi…

En réalité, il s'est surtout permis des «gestes déplacés», jamais directement sur la peau des enfants. Je lui explique que cela aussi jouera, qu'il arrive malheureusement que l'on voie bien pire, et que, très probablement, le préjudice subi par les victimes sera moindre.

Nous irons ensemble à son audition. Effectivement, il sera placé sous contrôle judiciaire, astreint notamment à un suivi psychologique et psychiatrique qu'il a de toute façon déjà engagé.

Il a été suspendu par l'Éducation nationale, avec un salaire réduit – vous en serez choqué ou pas, de ce maintien d'un salaire, mais c'est ainsi, et sa vie va s'organiser à nouveau, dans une grande fragilité : il trouvera un emploi de distributeur de journaux gratuits, sera extrêmement demandeur vis-à-vis de ses psychologue et psychiatre, qu'il rencontre au moins une fois par semaine chacun. Vivant seul, après avoir été marié il y a longtemps et divorcé depuis plusieurs années, M. Bertrand n'entretient plus du tout de relations avec ses filles, qui demeurent loin. Il a un ami, peut-être deux, et pas d'autre famille.

Il prendra avec moi beaucoup plus de rendez-vous que n'en nécessitent en principe nos rapports. Je le verrai douze fois en l'espace d'un an, parfois pour préparer ensemble une audition, ou lire le dossier, ou encore à la suite d'une notification du magistrat instructeur – notamment les rapports d'expertises psychologiques de ses anciens élèves et victimes, aujourd'hui devenus grands, et qui pour la plupart ne conservent que peu ou pas de souvenirs précis de ses gestes, et n'ont, heureusement, pratiquement pas de séquelles, en tout cas apparentes, ce qui le réconfortera beaucoup.

Il nous arrive de nous rencontrer seulement pour parler, ou plus exactement, pour qu'il me parle. De sa culpabilité, dont je vois bien qu'elle est dévorante et l'obnubile totalement. À chaque fois, je lui redis tout l'espoir qu'il faut garder quant à une nouvelle vie après le procès, qu'il a fait ce qu'il fallait vis-à-vis des enfants, et qu'il doit être fier d'assumer au moins ses actes, dans un domaine où ce n'est pas souvent le cas, qu'il fait encore ce qu'il faut en se soignant, intensément, c'est-à-dire en travaillant à découvrir ce qui a déconné, pourquoi il a eu ces gestes, pourquoi il a oublié ou dévoyé à ces moments-là l'amour sincère qu'il portait par ailleurs à ses élèves…

Je vois bien, et ce sera confirmé par les rapports des expertises ordonnées par ailleurs, qu'il est rongé de remords, au sens réel de l'expression, et qu'il a plongé dans une dépression dont je mesure les pics et les gouffres au fil de nos entretiens. Comme souvent, ces suivis seront pour lui l'occasion de revenir sur un passé douloureux et pénible, lui aussi ayant été agressé sexuellement dans son enfance, et de fouiller dans les rapports anormaux qu'il a eus et a encore avec ses parents, aujourd'hui décédés. Son père ne lui inspirait que crainte et froideur, sa mère était la prunelle de ses yeux, et son décès l'a laissé comme un nourrisson sans lait… Traumatismes divers, blessures enfouies, liens à nouer, comptes à régler, le chemin est long, qui requiert un volontarisme à l'épreuve de tout, et la vraie volonté de «réparer», dans la position où on se trouve, et comme on peut.

J'aborderai une fois ma crainte qu'il n'attente à ses jours, et il réfutera catégoriquement cette idée: en agissant ainsi, il priverait les victimes de leur procès, au cours duquel il veut leur demander pardon, ainsi qu'à leurs familles. Il tient à se présenter devant le tribunal, non avec des excuses, mais avec des explications, pour que ses victimes les entendent et qu'elles sachent, définitivement, qu'elles n'y étaient pour rien, que toute la culpabilité, la seule qu'il faille avoir, est pour lui, et pourquoi.

Au cabinet, il arrive qu'on se moque gentiment de lui : mes collaboratrices le surnomment « le saule », parce qu'il pleure beaucoup, M. Bertrand, au téléphone et quand il vient, ainsi qu'en audition chez le juge, qui doit lui-même parfois le rassurer un peu.

À la fin de l'une de ces auditions, la dernière, une sorte de « récapitulatif » portant aussi bien sur les faits que sur les éléments de contexte et de personnalité recueillis depuis l'ouverture de l'information judiciaire, il va pleurer beaucoup, M. Bertrand : une enquête de personnalité avait été ordonnée, le rapport est revenu au dossier tout récemment et ne m'a pas été notifié, de sorte que nous n'avons pas connaissance de son contenu.

Pour éviter une nouvelle convocation, je demande au magistrat de suspendre quelques minutes, le temps pour mon client et moi de le lire, acceptant ensuite qu'il puisse être interrogé sur ces éléments.

Il s'agit, somme toute, d'un document relativement annexe, sauf qu'au détour de quatre lignes, nous découvrons ensemble, dans le couloir de l'instruction, que ses filles, entendues par l'enquêtrice, ont à cette occasion révélé non seulement qu'elles auraient elles-mêmes été victimes d'attouchements, mais aussi, bien plus grave, de viols de la part de leur père lorsqu'elles étaient petites, et qu'elles ont déposé plainte à son encontre, là où elles habitent…

Il est au désespoir en découvrant leurs accusations, qu'il niera quelques instants plus tard devant le magistrat, lequel n'est pas saisi de ces faits : c'est la lecture de ce rapport qui lui a révélé qu'une autre enquête était apparemment en cours.

M. Bertrand assure n'avoir jamais rien fait à ses filles, il me le répétera pendant plus de deux heures après l'audition, totalement anéanti.

Je lui indique que ce ne sont pour l'instant que des déclarations dans un document, que rien ne prouve qu'elles soient réelles, ni même que plainte il y ait réellement…

Par un de ces mystères propres au parquet et que je ne comprendrai jamais (peut-être a-t-on voulu ici permettre au premier juge de clôturer son affaire pour la faire juger plus vite que la seconde, admettons), un autre juge du même ressort sera saisi de ces nouveaux faits supposés. Au moment même où nous sera délivré l'avis de fin d'information[1] dans la première affaire, M. Bertrand recevra une nouvelle convocation pour mise en examen, cette fois de nature criminelle. Nous nous y rendrons ensemble et là, M. Bertrand contestera totalement les faits. Comme précédemment, le parquet et le deuxième juge d'instruction ne souhaiteront pas son incarcération, mais un nouveau contrôle judiciaire.

D'un côté, il y a les accusations, assez circonstanciées mais un peu imprécises, de ses filles, jamais formulées auparavant puisqu'elles sont intervenues à l'occasion

1. Avis obligatoirement adressé aux parties à la fin de l'instruction par le juge qui estime celle-ci terminée, laissant un délai à chacun pour former de nouvelles demandes d'actes s'il l'estime nécessaire, ainsi que des observations – pour le parquet, les réquisitions demandant au juge de renvoyer la personne devant la juridiction de jugement, le plus souvent ; pour la défense, un mémoire lui demandant l'inverse en faisant valoir, par exemple, qu'il n'existe pas assez de charges. C'est au vu de ces ultimes documents que le juge rendra une ordonnance finale en vue d'un jugement ou d'un non-lieu.

des questions qu'on leur posait dans un cadre où elles apprenaient que leur père avait commis des agressions sexuelles sur des enfants, sur fond de divorce puis d'éloignement géographique et de séparation conflictuelle; de l'autre, les dénégations de M. Bertrand, mais en quelque sorte «abîmées» par la douleur générale qui affleure constamment chez cet homme – et, bien sûr, les faits reconnus commis sur ses anciens élèves, de même nature, même s'ils ne sont pas de même ampleur. Cette dernière circonstance sera à charge ou à décharge, selon le point de vue qu'on en aura.

Voilà, en résumé, avec quoi nous nous débattrons, avec cet homme éminemment fragile, quoi qu'il ait fait ou pas, dans ce second dossier…

M. Bertrand est revenu lire à mon cabinet, pendant les vacations judiciaires, les déclarations de ses filles. Nous disposons d'une pièce où nos clients peuvent accéder sur un écran d'ordinateur au contenu de leurs dossiers, seuls et dans le calme, avant que nous ne les rencontrions juste après dans nos bureaux respectifs pour en faire le point. J'ai dû à trois reprises aller le réconforter, pendant cette lecture forcément douloureuse dans tous les cas de figure, l'ayant entendu pleurer comme un gosse, le visage rivé aux déclarations de ses filles.

Ses mots, à lui, au cours du long entretien que nous avons eu ensuite, ont été, en boucle, «Je ne comprends pas», «Je souffre», et «Je vous jure, maître, que je ne leur ai jamais rien fait…».

Tout l'enjeu pour lui, à ce moment-là, était que je le croie, et j'avais beau lui expliquer que je le croyais, qu'il ne m'avait jamais menti dans la première affaire, et qu'au-delà je ne voyais même pas, pour ce que je connaissais de son état mental, psychique, comment il parviendrait à mentir, et encore moins à propos de ses filles, pour lesquelles il éprouvait un véritable amour, j'en doutais d'autant moins qu'il m'en avait parlé bien avant la découverte de leurs accusations; il s'obstinait à vouloir me convaincre, à me jurer qu'il était innocent, presque compulsivement.

Il a fini par se calmer et, me semble-t-il, par me croire. Nous avons convenu de l'évidence: si ces accusations étaient fausses, il y avait un énorme problème «de l'autre côté». Nous demanderions à la magistrate, si elle ne s'en chargeait pas elle-même, tous les éléments nécessaires pour approfondir la question: il y avait un combat à mener, et nous ferions ensemble ce qu'il faudrait.

Nous avons été convoqués peu de temps après par le magistrat instructeur, pour une première véritable audition de fond.

Comme je le fais toujours, j'ai fixé un rendez-vous à M. Bertrand le matin même, une heure avant, pour un ultime point. Il s'agit de se remémorer précisément les éléments figurant au dossier, de revoir ensemble les explications ou contradictions à apporter; dans son cas, je comptais surtout le calmer, l'exhorter à s'expliquer clairement et en tentant de ne pas sombrer à nouveau dans la tristesse, ou le moins possible, à fournir un historique précis et détaillé des relations avec son ex-femme et avec leurs enfants, ainsi que de leurs habitudes de vie au moment des faits.

La veille de l'audition prévue, j'ai reçu une lettre de lui, dans une enveloppe contenant par ailleurs deux autres enveloppes cachetées, respectivement destinées aux juges d'instruction en charge de ses deux dossiers.

Il m'écrivait :

> « Maître,
> À l'instant où vous lirez ces quelques lignes, je ne serai plus de ce monde.
> Je tenais à vous réaffirmer que je vous ai toujours dit la vérité, tant au sujet de ma première affaire qu'au sujet de mes filles Nathalie et Stéphanie, que j'ai toujours respectées, et envers lesquelles je n'ai jamais eu de pensées ni de gestes malsains.
> Je ne peux plus supporter de me voir dans une glace et mon avenir n'est plus rien.
> C'est en pleine connaissance de cause que j'accomplis cet acte définitif.
> Je vous remercie de toute l'aide que vous m'avez apportée. »

J'ai immédiatement appelé sur son portable, qui a sonné dans le vide, avant de me connecter à sa messagerie où j'ai laissé mon numéro en lui demandant de m'appeler aussitôt, lui disant que j'espérais de tout cœur qu'il n'avait pas fait cette connerie – je n'avais que les pauvres mots convenus qu'on a dans ces cas-là.

J'ai appelé ensuite le commissariat de la ville où il habite, et expliqué la situation. Le policier m'a indiqué qu'ils étaient déjà prévenus, l'unique ami de M. Bertrand, ayant reçu le même genre de lettre de sa part, venait d'appeler.

J'ai raccroché, avec dans le dos cette sorte de tassement étrange qu'on ressent lorsqu'un fait violent, dur, immensément triste, survient près de vous.

J'en ai parlé à ma collaboratrice et amie, parce que j'en avais besoin, et que je sentais que j'allais me mettre à chialer, « si cet abruti l'a fait… ».

Elle a tenté une diversion en me rappelant que j'allais une fois de plus être impayé, plusieurs chèques figurant encore au dossier. On en a ricané ensemble. Je lui ai redit le fond de ma pensée, que «pour ces dossiers-là», on se fourvoie totalement en «faisant du pénal», qu'à mon sens il fallait créer une autre voie, qu'il est inutile d'ajouter des tourments aux tourments – à quoi elle m'opposait, plus civiliste que pénaliste, son aversion pour les hommes qui s'en prennent aux enfants et le fait que ces deux procédures n'avaient pas été barbares à l'égard de M. Bertrand, ce qui était vrai.

Vieux, long, complexe débat, qui met en jeu des âmes humaines, dans tous les cas, si difficiles à connaître, si impossibles à percer à jour…

La compression de mes vertèbres a persisté.

Nous avons, sans nouvelles de M. Bertrand, rappelé le commissariat en fin d'après-midi : ils y sont allés, ont forcé la porte d'entrée de son appartement. Ils l'ont trouvé parfaitement propre et rangé, sa voiture garée devant – mais lui n'était pas là.

J'ai prévenu le magistrat instructeur et continué, pendant la nuit, à espérer que le matin venu, M. Bertrand sonnerait, honteux, à la porte de mon cabinet.

Mais je l'ai attendu en vain et il n'a pas non plus contacté le juge, qui m'a confirmé qu'il prévenait à son tour le parquet, déclenchant ainsi les recherches.

Je lui ai indiqué que le portable de M. Bertrand sonnait dans le vide, qu'il n'était pas coupé, et qu'on pourrait peut-être le localiser ainsi, en culpabilisant aussitôt de n'y avoir pas immédiatement pensé la veille.

J'en suis là.

À ne pas savoir s'il est mort ou simplement terré avec ses fantômes dans un abri quelconque.

Probablement en larmes.

On peut le penser coupable ou innocent, victime d'un tas de choses ou surtout auteur, d'une totale lâcheté ou d'un certain courage – et on changera probablement d'avis, tous, selon qu'il sera découvert vivant ou mort…

Moi à cet instant, je pense à un effroyable gâchis, à un bonhomme gentil et malheureux. Je pense aux victimes de ses gestes d'instit dévoyé, à ses filles qui, quoi qu'il arrive, et quelle qu'ait été la réalité, vont connaître une autre souffrance, aussi effroyable. Je pense à tous ces êtres humains, à cet homme, en demeurant certain, profondément, douloureusement, que oui, monsieur Bertrand, il existait un avenir, oui. Pour avoir vécu votre repentir et vos douleurs avec vous vis-à-vis de ces gosses, je sais que vous étiez tout sauf irrécupérable, tout sauf foutu, y compris pour le bien que vous pouviez apporter de mille façons, ailleurs, je crois que vous n'aviez pas perdu la qualité d'homme, et que vous deviez, que vous devez vivre !

J'espère que vous êtes vivant.

(21 h 30, le même jour : il l'est. Retrouvé inconscient par la police dans un hôtel d'une ville voisine, il a été hospitalisé. Heureusement, selon l'expression consacrée, « ses jours ne sont pas en danger ».)

KADER EST D'ACCORD…

DEUX GAMINS, L'UN JUSTE MAJEUR MAIS AU CASIER JUDICIAIRE déjà fourni, l'autre un peu plus vieux, mais avec un seul précédent, ont eu la très mauvaise idée de « se faire un commerce », parce qu'ils ont besoin d'argent, mais aussi « pour le sport », pour se prouver à eux-mêmes qu'ils en sont capables, comme d'autres avant eux, ainsi qu'ils l'ont lu partout dans la presse, et pour pouvoir revenir « au quartier » en disant aux potes qu'ils l'ont fait. Bref, pour de mauvaises raisons – normal pour une mauvaise idée.

Ils ne disent pas qu'ils « montent au braquo », ils ne connaissent pas cette expression, employée par de plus « spécialisés » qu'eux. Le premier est connu pour une flopée de délits commis alors qu'il était mineur, quelques outrages et autres vols simples plus récents, mais pas de violences ni de faits très « sérieux », même si les derniers lui ont valu quelques mois de sursis avec mise à l'épreuve, pour lesquels il est actuellement suivi par le SPIP[1]. Quant à l'autre, il a participé à un cambriolage quatre ans plus tôt : ce « fait d'armes » lui a valu à l'époque six mois d'emprisonnement avec sursis simple, et depuis il s'est tenu absolument tranquille, étant même inconnu au FNAEG[2],

1. Service pénitentiaire d'insertion et de probation, en charge notamment du suivi des personnes placées sous contrôle judiciaire.

2. Fichier national automatisé des empreintes génétiques.

ce qui signifie qu'il n'a été impliqué dans rien ces dernières années.

Bref, deux jeunes baraqués, copains depuis un moment, qui se sont rencontrés en pratiquant le judo, manquent de maturité, et qui brusquement, un beau jour, sous l'influence de la «mode» délinquante du moment, décident qu'ils vont tenter de braquer un magasin.

Le second, le plus sportif, possède chez lui non pas une arme au sens classique du terme, moins encore au sens «grandbanditiesque»: il s'agit d'un «marqueur», selon l'expression consacrée par les pratiquants de… paintball.

Malgré tout, au sens de la loi, c'est bien une arme, à double titre: d'abord, c'en est réellement une, de catégorie 7, en vente libre mais dont le transport est interdit; ensuite, parce que n'importe quel objet utilisé dans le cadre de la commission d'un délit violent peut, en droit pénal, se trouver qualifié ainsi, en vertu de la notion d'«arme par destination», qui veut que si vous utilisez un objet n'étant pas par nature une arme, mais que vous vous en servez comme telle, il peut juridiquement en devenir une. C'est notamment le cas d'un pistolet factice, que les victimes n'ont, sur le moment, pas tout à fait pris pour un jouet d'enfant, ou bien d'une arme dysfonctionnant, ou bien, comme ici, d'une arme guère, voire pas dangereuse. On comprendra facilement que la distinction est assez peu importante du point de vue des victimes, qui se sont retrouvées braquées par deux jeunes mecs cagoulés et excités.

ACTE I, SCÈNE 1 : LE MÉFAIT

Après s'être mis d'accord, ils ont attendu que les caisses du commerce en question soient bien pleines, se sont rendus le lendemain sur le parking attenant, à bord de la voiture personnelle de l'un d'eux, sont sortis de ladite voiture avec l'arme, ainsi que deux « cagoules » réalisées dans les manches d'un vieux pull, deux paires de gants et un sac vide. Là, ils se sont rués à l'intérieur du magasin, ont braqué le vigile et les cinq employés qui s'y trouvaient, ont demandé au gérant qu'il leur ouvre le coffre. Ils ont raflé plein de chèques et plusieurs dizaines de milliers d'euros en liquide, avant de s'enfuir comme ils étaient arrivés, trois minutes chrono plus tard – trois très longues minutes pour les personnes présentes, évidemment.

Une tierce personne, ayant trouvé un peu étrange la sortie de voiture de ces deux jeunes gars munis d'une arme et l'air plutôt pressés, avait appelé les forces de l'ordre. Arrivées fissa, elles attendaient nos deux lascars sur le parking : sommations, ils lâchent immédiatement arme et butin, et se réfugient à genoux derrière les roues de voitures en stationnement. Ils sont arrêtés, d'ailleurs tremblants de peur, sans dégât, ce dont ils peuvent remercier à la fois leur dieu et le sang-froid des policiers intervenants, parce que comme ils sont armés et toujours cagoulés, c'est typiquement le genre de scène qui aurait pu tourner au drame.

ACTE I, SCÈNE 2 : L'ENQUÊTE

Le butin est restitué dans son intégralité, la garde à vue dure deux jours, et avant même le terme de la première audition, les forces de l'ordre comprennent qu'elles n'ont pas affaire à de vrais truands, mais à deux petits mecs habituellement inoffensifs. D'abord, ceux-ci reconnaissent tout immédiatement, et ce qu'ils racontent est recoupé à la virgule près par les auditions des témoins et victimes, notamment leurs rôles respectifs. Ensuite, ils ne sont pas recherchés, ni ne font partie de rien, ni ne sont autrement connus. Enfin, l'absence de préparation «sérieuse» et qui procéderait d'une quelconque habitude de ce genre de méfait est évidente : à noter, pour la petite histoire, que l'un des auteurs a oublié de mettre ses gants, retrouvés dans sa poche, que plusieurs témoins disent que leurs agresseurs tremblaient autant qu'eux, que l'autre perdra dans sa fuite un petit portefeuille qui aurait permis son identification sans souci, de même évidemment que la plaque minéralogique de sa voiture, puisqu'ils étaient venus tranquillement à bord de leur véhicule personnel – et j'en oublie...

Les policiers font au surplus consciencieusement leur travail, vérifiant tout de la «périphérie» des deux gardés à vue. Ils épluchent leurs portables, leurs comptes bancaires, perquisitionnent chez eux et leurs proches, recoupent avec deux ou trois faits de même nature récemment commis. RAS, comme on disait à la guerre, on ne trouve strictement rien de plus, et pour cause : il s'agit de deux «bras cassés», ayant eu la mauvaise idée du siècle, causant ainsi pas mal de frayeur à cinq personnes qui n'avaient rien demandé – ce dont ils sont d'ailleurs parfaitement conscients, ils l'expriment, assez sincèrement je crois, devant les policiers.

La garde à vue est sur le point de prendre fin, et le dossier comme nos deux hommes s'apprêtent donc à passer de la phase policière à la phase judiciaire, c'est-à-dire de la phase d'enquête à la phase d'instruction ou de jugement : c'est alors que tout va se compliquer...

Une famille éplorée, sœurs, frères et épouse de mon futur client, m'explique que les policiers ont été sympas et lui ont à peu près dit de quoi il retournait, le braquage d'un commerce, reconnu par ses auteurs. Tous sont catastrophés et ne comprennent pas : à part une bêtise une seule fois, Kader, appelons-le ainsi, n'a jamais rien fait de mal, c'est un gentil, il se consacre au sport, ne traîne pas dans les rues, ne boit pas, ne fume pas, ne se drogue pas. Bref, c'est un drame, d'autant plus terrible que son épouse est enceinte de quelques mois.

Les siens souhaitent que je le défende demain, puisque les policiers ont également bien voulu leur indiquer que ça se passerait à ce moment-là, ce qui est conforme aux dispositions légales régissant la garde à vue, leur confirmé-je, étant donné que la sienne, une fois renouvelée, arrive à expiration le lendemain midi. J'accepte, évidemment, très sensible à leur détresse – ainsi bien sûr qu'à leur offre spontanée du règlement immédiat d'une modeste provision.

Il existe, pénalement comme dans les faits, un tas de vols, tous prévus et réprimés par les articles 311-1 et suivants du Code pénal, où ils se classent du moins grave au plus grave. Ça va du vol simple (passible de trois ans), au vol commis avec des violences ayant entraîné la mort ou avec tortures et actes de barbarie (perpétuité). Dans le cas présent, celui du vol commis avec arme, en vertu de l'article 311-8, Kader encourt vingt ans de réclusion.

Comme l'exposé de la dure réalité judiciaire fait partie du boulot, j'explique à sa famille que si ce que les policiers lui ont dit est vrai – je n'ai aucune raison d'en douter, d'autant moins que la presse locale s'est fait l'écho et du braquage et de l'interpellation des deux auteurs –, il s'agit d'un vol avec arme, autrement dit de faits de nature criminelle. Le parquet, lorsqu'il devra prendre une décision quant aux suites judiciaires de l'affaire, n'aura donc d'autre choix que d'en saisir un juge d'instruction. Cela, poursuis-je, entraîne différentes conséquences : demain, on ouvre une enquête plus complète ; Kader ne sera pas jugé tout de suite, il sera présenté à un magistrat. Dès lors, je le verrai, j'aurai accès au dossier, puis il sera mis en examen par un juge d'instruction. Se posera alors la question de savoir ce qu'on fera de lui immédiatement après, c'est-à-dire celle de la liberté ou du placement en détention. Là est tout l'enjeu pour la famille de Kader, dans l'immédiat…

J'explique à cette dernière que l'éventuel placement en détention provisoire obéit à un certain nombre de critères, dont je pressens évidemment et sans avoir besoin d'être un grand avocat que celui du trouble à l'ordre public va nous ennuyer. Au problème des braquages en tout genre, très à la mode ces derniers temps, s'ajoutent à la fois la gravité intrinsèque des faits, l'existence de victimes choquées et la place accordée par la presse à ce méfait. Il sera probablement difficile à un juge des libertés et de la détention de renvoyer chez lui quelqu'un qui vient de braquer les employés d'un commerce. Ce serait adresser un signal un peu moyen aux dizaines de jeunes idiots qui pourraient avoir le même genre d'idées…

Sa détresse n'a pas fait perdre son intelligence à la famille de Kader, qui comprend le problème et me permettra de tout faire pour renforcer le dossier de personnalité.

Le critère le plus prégnant restera ainsi le trouble à l'ordre public. C'est même le seul, à vrai dire, qui me saute aux yeux pour l'instant. En vertu de l'article 144 du Code de procédure pénale, les autres sont principalement la conservation des preuves, et on a déjà tout ; les risques de pressions sur les témoins ou victimes, inexistants si les faits sont reconnus ; le risque de réitération, qui me semble faible si la vie habituelle de Kader est celle que me décrit sa famille. À cela s'ajoutent la quasi-absence d'antécédents, la frayeur que – paradoxalement – lui et son acolyte se sont faite (ils n'avaient qu'une arme, qui non seulement est un pistolet de paintball, mais s'avérera non approvisionnée et hors service, et seraient bien en peine de s'en procurer une autre), sa propre protection, en l'occurrence inutile, et le risque de fuite, carrément nul : Kader n'est pas un bandit et n'a nulle part où aller, non plus qu'une filière d'exfiltration à sa disposition, sa vie est ici.

Les siens peuvent-ils donc, d'ici à demain, m'apporter, en vrac, les justificatifs de domicile et de revenus de l'épouse, les justificatifs de sa grossesse, une attestation d'hébergement le plus éloigné possible, une promesse d'embauche si libération, des attestations de moralité en pagaille, les précédents contrats de travail de Kader, et en plus, éventuellement, la copie du précédent jugement ?

Ils m'affirment que oui, notent tout, me remercient, et partent courir leur marathon personnel qui va consister à rassembler tous ces éléments en douze heures, tandis que le mien démarre – plutôt un petit prologue, d'abord téléphoniquement.

Il est maintenant près de 19 heures, le palais est presque vide. Aucune chance de pouvoir obtenir le nom du juge qui sera de permanence demain pour m'organiser avec lui. J'appelle donc les policiers, qui me confirment à peu près ce que je savais déjà, très gentiment d'ailleurs puisqu'ils ne me connaissent pas et que Kader, faute d'avocat dans ses relations, n'a désigné personne. En revanche, les policiers savent que la famille allait en contacter un, et ils acceptent, plus gentiment encore, de prévenir Kader que je vais le défendre à la demande de sa famille, et que je le retrouverai le lendemain au palais. Ils me confirment qu'il y sera présenté à 11 heures, ainsi que l'ouverture d'une information judiciaire.

J'appelle ensuite sur son portable le coordinateur pénal de permanence pour lui annoncer qu'il n'aura pas à s'occuper de ce dossier-là. Même si les policiers l'ont en principe déjà fait, la gentillesse n'implique pas la confiance absolue, laquelle n'exclut de toute façon pas le contrôle : je lui demande donc aussi de s'assurer, lors de l'un de ses nombreux allers et retours aux geôles du palais, de ma désignation par Kader. Lui seul peut en effet désigner un avocat ; s'il n'en connaît pas, ce sera le « permanent palais », comme il a eu, d'ailleurs, la visite du « permanent garde à vue »... On doit souvent bien plus à la bonne volonté de chaque acteur qu'aux textes, lorsqu'on veut construire quelque chose d'efficace, en termes de défense, dans un temps très bref.

Enfin, j'ai plusieurs rendez-vous demain. En l'absence de ma collaboratrice, qui aura la joie d'assurer mes autres audiences, il faudra les faire sauter ou pas, en fonction de l'heure à laquelle le magistrat instructeur prendra effectivement le dossier.

ACTE III, SCÈNE 1 : PALAIS DE JUSTICE

Arrivé tôt au cabinet, je liquide les affaires courantes en laissant une pile de dossiers à ma secrétaire adorée, afin qu'elle ne s'ennuie pas trop en mon absence.

Je pars ensuite à la chasse aux informations au palais, à 9 h 15, pour laisser le temps à tout le monde d'arriver, moyennant ce quart d'heure de politesse très en usage dans les bâtiments judiciaires de tous ordres. Mon but est de trouver le magistrat qui sera chargé de cette affaire, c'est-à-dire le juge d'instruction de permanence, et d'organiser ma journée avec lui, tout en commençant un peu, en « off », à plaider la cause de Kader.

Cependant, après moult conversations enjouées avec quelques courageux greffiers ni en grève, ni en arrêt maladie, ni en congé, puis vérifications auprès de tous les magistrats présents, je bute sur une difficulté inattendue : il n'y a nulle part de « dossier Kader ».

Cela m'inquiète. Pour ce que j'en sais, le dossier pourrait à la rigueur être suivi par un juge sur commission rogatoire, c'est-à-dire qu'il serait déjà ouvert depuis quelques jours et que les policiers auraient agi sous ses ordres, si ces jeunes gens faisaient déjà en amont l'objet d'une surveillance par exemple, mais j'y crois peu vu le contexte ; ou bien, plus certainement, et logiquement, être confié au juge d'instruction de permanence, en tant qu'affaire nouvelle : mais rien, ni chez lui ni chez les autres. Or les policiers ont été capables de me dire que Kader était présenté ce matin, de m'indiquer l'heure ainsi que la qualification, évidente d'ailleurs, des faits : c'est donc qu'ils s'étaient forcément « calés » avec le juge, au téléphone... Mystère.

Je pousse jusqu'à me renseigner auprès de la JIRS[1], tout en voyant mal mes deux « rigolos » pris dans un

1. Juridiction interrégionale spécialisée. Il s'agit de juridictions spéciales instruisant et jugeant les dossiers de grand banditisme ou de faits commis en bande organisée, le trafic de stupéfiants notamment.

dossier méritant un tel honneur. Là non plus, on ne les connaît pas.

Par acquit de conscience, parce qu'en principe, si aucun juge n'est désigné, il n'en saura pas plus, je passe au bureau du procureur de permanence. Sans surprise, on m'y fait la même réponse, pas de Kader dans les tuyaux. La greffière m'indique néanmoins qu'elle n'a pas encore la totalité des informations, que la nuit a été mouvementée, que tout n'est pas encore décidé, qu'il est trop tôt, bref, que c'est le bordel : si je peux repasser dans une heure, ses réponses seront plus fiables.

Je rentre au cabinet, sans rien savoir de plus, ce qui ne va arranger ni la tension artérielle de la famille de Kader ni l'organisation de ma journée. Là, je rappelle les policiers, et obtiens enfin l'explication : « Vous le croirez si vous voulez, maître, mais "ils" ont finalement décidé de passer nos gugusses en CI ! » Manifestement, l'officier de police n'est pas très d'accord.

« En CI », cela signifie en comparution immédiate, et « ils », c'est le parquet auquel je viens de rendre visite, mais qui ne pouvait pas encore m'éclairer. Autrement dit, j'ai tout faux depuis hier : le procureur de permanence a finalement décidé, probablement face à la totale absence de complexité du dossier, face à la scandaleuse politique pénale en vigueur consistant à recourir le moins possible aux juges d'instruction, et à la non moins scandaleuse politique pénale du chiffre appelant de ses vœux le maximum de jugements dans le minimum de temps, d'« oublier » juridiquement la circonstance aggravante faisant des faits un « vol avec arme », pour lequel l'ouverture d'une information judiciaire criminelle aurait été obligatoire. En d'autres termes, il a résolu de correctionnaliser le dossier artificiellement, et de faire juger les impétrants immédiatement à l'issue de leur garde à vue, c'est-à-dire aujourd'hui, à l'audience correctionnelle de comparution immédiate – probablement sous la qualification de vol avec violence et en réunion, menaces, que sais-je encore...

D'accord ou pas d'accord, je ne peux pas intervenir. Le parquet est maître de la qualification pénale d'une affaire, sans recours. Ou plutôt si, un seul : tout à l'heure, à l'audience, je peux moi-même soulever l'incompétence du tribunal correctionnel au profit de la cour d'assises, l'obligeant ainsi à se déclarer incompétent et à renvoyer le dossier à l'instruction. L'arme existe, même si on l'occulte, et ces questions de compétence sont impératives dès lors que l'une des parties les soulève... Mais la norme est l'absence de recours, pour la bonne et simple raison qu'un avocat demande assez rarement que son client encoure une peine plus importante !

Ici, pas question de soulever l'incompétence. Le risque de voir Kader placé en détention provisoire est lourd, je le redoute depuis hier. De toute façon, à terme, la cour d'assises le condamnera, avec un quantum de peine éventuellement important. Si la famille, qui m'a fait une excellente impression, me fournit tous les éléments convenus, nous avons peut-être une chance devant le tribunal, qui ne manquera pas de prononcer une peine importante, mais sans forcément l'assortir d'incarcération immédiate. Un aménagement n'est pas impossible.

Bref, c'est quitte ou double : sauf à ce qu'en dira mon confrère intervenant pour le comparse de Kader, ou d'éventuelles parties civiles, elles aussi en droit, plus encore que nous, de soulever l'incompétence, j'accepte le choix du parquet.

Je téléphone à la famille et lui explique tout cela, en insistant sur le caractère plus vital que jamais des pièces attendues : on me promet de me les apporter un peu avant l'heure de l'audience, directement au palais, où j'aurai effectivement établi mon camp de base dès que Kader y arrivera. Le policier m'ayant confirmé que ce serait vers 11 heures, je vaque à mes occupations en attendant, et m'efforce d'organiser l'après-midi sans savoir à quelle heure cette affaire pourra être plaidée, puisqu'il y a beaucoup de comparutions ce jour-là.

ACTE III, SCÈNE 2 : AU PALAIS

Kader, son dossier et son escorte policière sont effectivement arrivés au palais vers 11 heures, mais je ne peux voir aucun des deux premiers : la règle, en la matière, c'est que tant que le prévenu n'aura pas été reçu par un membre du parquet, qui le fixera sur le sort judiciaire de « sa » procédure (il lui indiquera en l'occurrence qu'il sera jugé dans l'après-midi), ni lui ni son dossier ne sont accessibles à son avocat.

Je me renseigne, espérant encore naïvement avoir le temps de déjeuner, mais le procureur de permanence ne pourra « prendre » Kader que vers midi. Si ce ballet quotidien des présentations était bien réglé, l'avocat ponctuel aurait le loisir de consulter son dossier, de voir son client, de se sustenter, et d'arriver pétant de santé devant le tribunal à 14 heures, mais la comparution immédiate est le royaume de l'urgence, et le plus souvent, de l'urgence inutile et absurde. Je n'ai pas d'autre choix que d'attendre, sans pouvoir faire grand-chose pour me mettre en avance…

En réalité, Kader n'a finalement pu rencontrer le procureur que vers 13 heures. Cela m'a laissé à la fois le temps de recevoir les justificatifs promis par la famille, qui a tenu parole – je l'arme de patience en lui réexpliquant toute la procédure –, et d'accueillir, avec un plaisir non feint, mon ami et confrère Gildas, dont le hasard a voulu qu'il soit désigné pour assurer la défense du coprévenu de mon client. Il partage mon avis, nous ne soulèverons pas l'incompétence du tribunal. Lui aussi est désigné par la famille de son gars et disposera des pièces utiles de personnalité à l'audience.

Je rencontre Kader vers 13 h 15, juste après avoir récupéré la copie légale de son dossier. Il n'y figure, de par la loi donc, ni son casier ni la copie du procès-verbal rédigé par le procureur quelques instants plus tôt, pièce pourtant fondamentale, au sens propre, puisque c'est elle qui saisit officiellement le tribunal. Qu'importe : l'avocat est auxiliaire de justice, laquelle tient à l'égalité des armes entre accusation et défense : je vais donc deviner les qualifications légales finalement retenues par le procureur en attendant de pouvoir consulter l'original du dossier à l'audience, ce qui est toujours pratique pour travailler sereinement, y vérifiant du même coup les éventuelles nullités procédurales. Il me reste quarante-cinq minutes pour faire la connaissance de Kader, lui expliquer ce qui se passe, notamment la correctionnalisation, tâcher de le rassurer, ce qui n'est pas facile étant donné le maximum légal encouru, lire avec lui son dossier en lui passant les PV un par un, au fur et à mesure, et préparer avec lui sa prise de parole à l'audience. Le tout, alors qu'il n'a guère dormi depuis les faits, ne s'est pas douché et est passé par toutes les émotions de la gamme humaine. Il se trouve dans cet état quasi dépressif dans lequel les prévenus sont toujours à ce moment-là.

Au moins, il a tout reconnu, et me le confirme : si tel n'était pas le cas, ce n'est pas quelques dizaines de minutes qu'il faudrait, mais des heures…

Je lui précise bien que tout à l'heure, on lui donnera le choix : demander un délai pour préparer sa défense, ou bien « accepter » d'être jugé immédiatement. S'il demande un délai, lui dis-je, il y a des chances pour qu'il le passe en détention. Je lui confirme que je dispose de tous les éléments dont je pouvais avoir besoin. Cela l'émeut, que sa famille ait réussi l'exploit de tout rassembler en si peu de temps. Je lui annonce même qu'elle lui a trouvé une véritable offre d'emploi, dans une société dont effectivement il connaît le gérant, un de ses voisins. Il me dit qu'il ne mérite pas tout ça, je le lui confirme en le rassérénant, il est vraiment sympathique, Kader, et vraiment contrit de sa connerie. Je l'incite à me parler le plus possible, de lui, de sa relative déshérence, des raisons de son passage à l'acte. Il voulait offrir, enfin, des conditions de vie décentes à sa femme, qui travaille alors que lui, arabe et non qualifié, avait plus de mal à conserver un emploi, et puis l'enfant à venir lui procurait une sorte de panique et de fierté mêlées. Je lui demande, plus encore, de me dire et redire ce qu'il pense maintenant, avec le recul, de son acte, de la peur infligée à des gens qui ne lui avaient rien fait, parce que tout à l'heure la question lui sera obligatoirement posée, et je vérifie sa façon d'exprimer son regret, que je crois sincère.

Ce qui me manquait encore, le plus important, je l'ai, à la fin de cet entretien marathon : lui.

Il est 14 h 10, nous sommes à la bourre, je remonte en courant vers la salle d'audience, rassurant à la volée et une nouvelle fois sa famille, toute une smala venue en nombre avec force petits enfants qui courent partout dans le palais, pendant que les adultes s'impatientent déjà : je l'ai vu, il va bien, on est prêts, on y va. Je pousse la double porte vitrée et pénètre, suivi par la horde, dans la salle gris béton des comparutions immédiates.

ACTE III, SCÈNE 3 : L'AUDIENCE

Comme toujours, la salle est comble et, bien que vaste et nantie de nombreux bancs, des gens, membres des familles et amis des veinards qui ont la joie d'y comparaître aujourd'hui, s'alignent déjà contre le mur du fond, obligeant les nouveaux arrivants à jouer des coudes pour avancer vers les juges – ce qu'à part les avocats, personne ne souhaite faire, curieusement…

L'audience vient de commencer, avec son lot habituel de renvois d'autres dossiers plus anciens ; je vais saluer Mme le procureur, c'est-à-dire le membre du parquet chargé ce jour-là de l'audience, le plus souvent un substitut. Par chance, c'est quelqu'un de bien, elle n'a pas l'excès dans le sang, sait faire la part des choses, en y adaptant ses réquisitions, et l'on peut discuter gentiment avec elle, ce qui n'est pas toujours le cas. De plus, elle est jolie, ce qui ne gâte rien.

Classiquement, par souci du respect du contradictoire, et pour tâcher de jauger un peu vers quelles réquisitions on s'achemine *a priori*, je lui remets toutes les pièces de personnalité dont je ferai usage tout à l'heure. Nous avons une petite conversation « off », à voix évidemment basse, nous sommes à quelques mètres des magistrats du siège, moi debout contre son estrade en béton, elle assise derrière.

Mon camarade Gildas m'ayant rejoint entre-temps, nous apprenons qu'elle est un peu surprise que nous envisagions de plaider cette affaire, dans laquelle, compte tenu de sa gravité, elle était persuadée que nous demanderions un renvoi, le temps de préparer la défense de nos clients. Nous aussi sommes un peu surpris du fait qu'elle se soit ainsi mise par avance dans nos souliers. En la détrompant et lui assurant que nous sommes fin prêts à plaider «pour de bon», nous finissons par comprendre qu'elle a bien cru entendre le président, qui a eu, lui aussi, le dossier tardivement, indiquer tout à l'heure que pour lui, le renvoi ne faisait pas un pli, et qu'il n'avait aucune envie de juger cette affaire sur le fond aujourd'hui, pas parce qu'elle serait mal préparée, mais parce qu'il estime, semble-t-il, qu'elle est trop grave pour subir un traitement en urgence.

Si je comprends désormais mieux pourquoi mon adversaire n'a pas réellement préparé le dossier, je n'en suis pas moins étonné, et à la vérité, plutôt mécontent. Ce qui vient de nous être dit, par-delà le fait qu'elle demandera le placement en détention si l'affaire est renvoyée, et trois ans ferme si elle est finalement retenue – elle l'envisage en tout cas, pour l'instant, avant les débats –, c'est que le parquet a discuté «off» de cette affaire avec le tribunal, en dehors de la présence de la défense, ce qui est toujours désagréable même si nous savons tous que c'est très souvent le cas. De surcroît, il n'est pas envisagé de juger ces deux hommes, auxquels pourtant on va tout à l'heure donner le droit de «choisir» ou pas de l'être. Par conséquent, il est probable que personne n'a réellement travaillé le dossier, ce qui évidemment pose problème.

Après nous être concertés, mon confrère et moi, nous décidons de maintenir notre position: il n'y a pas de parties civiles présentes (le patron du magasin a déclaré sur procès-verbal que personne ne se constituerait partie civile, son personnel, choqué, étant pris en charge par une cellule psychologique interne et voulant apparemment «tourner la page», le butin ayant par ailleurs été restitué), nous disposons l'un et l'autre de tous éléments utiles pour éclairer le tribunal sur la personnalité de nos clients respectifs, et un report ne ferait que nous voir revenir dans quelques jours sans nouvelles pièces, avec entre-temps, plus que probablement, une détention provisoire inutile pour Kader et son comparse…

En outre, la composition du tribunal nous paraît bonne, des magistrats habituellement attentifs et mesurés, capables, nous semble-t-il, de faire la part des choses dans cette affaire. Bien sûr, cette considération d'opportunité compte également : en CI, la composition du tribunal change d'une audience à l'autre, et nous pourrions plus mal tomber, tant au niveau du parquet que des magistrats du siège.

Nous attendons donc dans la salle que l'affaire en cours soit terminée, pour nous diriger vers le «comptoir» et confirmer au président que nous plaiderons. Après nous avoir écoutés, micro fermé, il nous annonce qu'il n'est pas question pour les magistrats qui nous font face d'accepter la correctionnalisation choisie par le parquet, que le tribunal ne veut pas être un «distributeur de peines», et «qu'il est regrettable qu'on fasse désormais tout passer en CI, au risque de devoir vite et mal juger», qu'une affaire de ce type est forcément complexe et mérite qu'on s'y attarde, d'autant que la peine encourue est lourde. En bref, le tribunal va donc soulever d'office son incompétence *ratione materiae*[1] et renvoyer le parquet à « mieux se pourvoir », selon la formule consacrée, c'est-à-dire à requalifier les poursuites en vol avec arme, faits criminels. Par conséquent, l'ouverture d'une information judiciaire sera requise dans la foulée de l'audience.

Pour des motifs de fond avec lesquels mon confrère et moi sommes parfaitement d'accord, et que nous plaidons souvent, le tribunal va ainsi renvoyer Kader et son camarade à ce qui aurait dû être la case départ, dès ce matin : une décision prise en vertu du pouvoir souverain d'appréciation des juges – bien qu'aujourd'hui, d'un point de vue pratique, cela ne nous arrange guère, mon confrère et moi.

Dans de telles circonstances, « le tribunal statue au préalable sur le maintien du prévenu en détention provisoire jusqu'à sa comparution devant un juge d'instruction » : en clair, pas question de lâcher Kader dans la nature, même deux heures, le temps que le parquet change son fusil d'épaule et rédige ses nouvelles réquisitions, afin qu'il se présente « libre » devant le juge d'instruction, qui déciderait ou pas de demander son incarcération provisoire…

Légèrement désabusé, je me tourne vers mon adversaire du parquet, qui bien entendu s'est jointe à ce bref aparté, et lui dis, avec un petit sourire, que je suppose qu'elle ne requerra pas le maintien en détention, puisque le parquet avait souhaité correctionnaliser, estimant quant à lui les

1. « En fonction de la matière », par opposition à *ratione loci*, « en fonction du lieu » : de même qu'un tribunal correctionnel peut se déclarer incompétent pour juger un délit commis hors de son ressort géographique, ici, les faits sont en dehors de sa compétence matérielle : un crime relève exclusivement de celle d'une cour d'assises.

faits suffisamment peu graves. Elle me répond qu'elle admire la naïveté enfantine de certains avocats, mais que si, elle va demander que nos deux lascars restent dans les geôles encore quelques heures… Tout le monde sourit finement, car nous sommes entre gens civilisés, même si ceci procède de la gestion presque matérielle de deux personnes humaines. Le président indique que du fait du renvoi, l'affaire va être immédiatement évoquée. Nous demandons quelques minutes pour aller avertir nos clients de la nouvelle situation, et chacun regagne sa place – il n'y a bien entendu aucune chance que les deux hommes soient libérés.

Je descends dans les geôles expliquer à Kader ce qui finalement va lui arriver : une mise en examen, avec ou sans placement en détention provisoire, et, dans un premier temps, un jugement l'envoyant se faire mettre en examen, lui aussi assorti, ou non, d'une détention provisoire de quelques heures. Épuisé et non juriste, la situation ne peut que lui échapper, mais il est comme moi, en pire : il fait avec…

Je remonte, explique la même chose à la famille, qui n'y comprend absolument plus rien, sauf qu'elle va devoir s'armer de patience, la journée n'est pas finie. En fait, quant au sort « provisoirement définitif » de Kader, elle n'est même pas commencée.

Voyant Kader et les siens si désemparés, je pète un petit câble et décide que je vais plaider « vraiment » la libération immédiate, comme si je la croyais possible. C'est donc ce que je fais quelques minutes plus tard, lorsque le tribunal évoque l'affaire pour en soulever la complexité et s'en dessaisir, devant Kader et son ami qui clignent des yeux dans la pleine lumière des néons, cherchant surtout à entrapercevoir des visages amis ou familiers dans la foule, après que Mme le procureur a requis le maintien en détention en confirmant qu'elle remontait immédiatement le dossier à son collègue pour demander sans désemparer, comme dit la police, l'ouverture immédiate d'une information judiciaire. Je plaide, en colère, contre la correctionnalisation, pour les pièces qui toutes indiquent un accident de parcours, même s'il est lourd ; je plaide pour les garanties, contre la détention en général et celle-là en particulier, m'engage à me présenter librement avec Kader tout à l'heure devant le magistrat instructeur. Je dis comprendre l'ire du tribunal qu'on a saisi légèrement de faits en principe trop gros pour lui, mais que dès lors, il serait royal d'aller au bout du raisonnement en libérant ces deux hommes.

Je me suis presque convaincu, comme cela arrive parfois au pénal, mais je n'ai pas le temps de me rasseoir. Le tribunal se concerte à voix basse pendant dix secondes environ, et renvoie le parquet à « mieux se pourvoir » en ordonnant le maintien en détention. Le paquet de pièces de personnalité que j'ai déposé un instant plus tôt sur le comptoir, devant le président, est demeuré inviolé.

Kader repart dans son trou, sous escorte.

Sa famille retourne attendre sur un banc, dans la salle des pas perdus, qui aujourd'hui encore va mériter son nom. Ma plaidoirie inutile aura au moins servi à la rassurer sur un point : Kader a un avocat.

Je retourne boire un coup avec mon confrère. Nous savons qu'il va falloir nous armer de patience, le parquetier de permanence est débordé, là-haut. Nous ne sommes pas encore devant le juge d'instruction...

Il est finalement 17 heures lorsque j'apprends qu'enfin, ce que l'on appelle le « réquisitoire introductif », c'est-à-dire ce par quoi le procureur saisit le juge d'instruction d'une demande d'ouverture d'information judiciaire, est entre les mains du juge de permanence, que celui-ci s'est fait transmettre le dossier et l'a lu, et qu'il dispose également des réquisitions écrites du même procureur demandant le placement en détention provisoire de Kader.

Le magistrat, ou plus exactement son greffier, à qui nous avions laissé nos portables dès la fin de l'audience, en allant lui apprendre nous-mêmes, pour gagner du temps, qu'il aurait la joie d'avoir un nouveau dossier, m'appelle pour me le confirmer : l'interrogatoire de première comparution peut commencer.

La messe étant déjà dite sur la mise en examen, évidente, il s'agira, tout d'abord, de donner à Kader une première occasion de s'exprimer sur les faits, ou de se taire, ou d'accepter de répondre à des questions ; ensuite, de le mettre en examen sous la qualification de vol avec arme ou sous une autre, après débat éventuel ; enfin, le juge décidera s'il souhaite le libérer ou le placer en détention provisoire – et donc de saisir ou pas le juge des libertés et de la détention.

Bien sûr, j'ai mis à profit le long délai d'attente de la paperasse officielle pour m'entretenir à nouveau avec Kader, lui réexpliquer ce fatras juridique et me mettre d'accord avec lui sur les termes de son audition : il a tout reconnu devant les policiers, à plusieurs reprises, il n'y a aucune difficulté de fond, et il est de plus en plus fatigué. Moi qui le suis également, je m'imagine avec presque quarante-huit heures de garde à vue dans les pattes, lesquelles ont suivi immédiatement les tensions extrêmes engendrées par un braquage, puis une arrestation. Kader est liquéfié, il s'endort parfois au cours de l'entretien, et nous convenons qu'il se contentera, comme la possibilité légale lui en est offerte, d'une courte déclaration spontanée, reconnaissant à nouveau les faits, et les regrettant.

Je monte au dixième étage du palais, après avoir laissé la famille de mon client dans les quatre mètres carrés qu'elle a totalement investis – poussettes, sandwichs, vêtements divers, enfants endormis… – dans la salle des pas perdus. Ce campement est installé juste en face des ascenseurs, histoire de pouvoir me sauter dessus à chacun de mes passages, mais comment en vouloir à ces gens, dont les vies viennent de basculer radicalement en quelques heures ? Les proches de Kader ont eu toutes les peines du monde à entendre qu'ils ne pouvaient pas monter, les étages de l'instruction étant sécurisés et l'interrogatoire de première comparution n'étant pas public, comme aucun acte d'instruction.

Le juge qui échoit à Kader est quelqu'un d'agréable et de calme, peut-être un peu systématiquement d'accord avec le parquet, mais nullement dépourvu de capacités d'écoute. En le prévenant, par politesse (pour lui éviter de préparer inutilement des questions), du choix de mon client de faire des déclarations spontanées, et comme à chaque fois qu'un petit dialogue non officiel peut s'instaurer, je lui indique que je ferai des observations sur la mise en examen et sa nature criminelle. En effet, d'une part, le parquet avait initialement opté pour une qualification correctionnelle et a changé d'avis parce qu'on le lui a demandé, ce qui est agaçant par principe ; d'autre part, les faits sont d'une enfantine simplicité et l'instruction ordonnée ne comportera, il en convient d'ailleurs après lecture du dossier, que très peu, voire pas d'investigations complémentaires. Enfin et surtout, je suis prêt à parier que dans quelques mois, on proposera à nouveau au magistrat, du côté du parquet, de correctionnaliser cette affaire, et de la faire juger en bas, personne n'ayant envie que ce dossier encombre les assises du Nord – le juge en convient.

Je prends également connaissance des réquisitions écrites demandant l'incarcération de Kader. En les lisant, ma fatigue s'envole, et je sens une froide colère m'envahir, laquelle a le don de me remotiver d'un coup: elles sont, évidemment, motivées en fonction des critères de l'article 144, seuls aptes à autoriser cette mesure. Elles croient pouvoir les viser tous: la «conservation des preuves», lesquelles sont pourtant déjà au dossier; la «pression sur les témoins», alors que les faits sont reconnus et que les témoins ont déjà été entendus; la «concertation frauduleuse entre coauteurs», même si depuis la garde à vue, ils reconnaissent non seulement les faits mais leurs participations respectives et qu'ils viennent, en outre, de passer plus de quatre heures... dans la même cellule!

Je bous encore plus en lisant qu'on y vise enfin le «trouble exceptionnel et persistant à l'ordre public provoqué par la gravité de l'infraction». En choisissant, ce matin même, de correctionnaliser les faits, le parquet avait renoncé à se prévaloir de ce septième critère, puisqu'il «n'est pas applicable en matière correctionnelle». Et il avait considéré ce trouble comme si grave qu'il faisait de l'infraction poursuivie un simple délit! Là, c'en est trop, ça va swinguer!

Kader apparaît alors, monopolisant toujours deux policiers d'escorte, on est un malfaiteur ou on ne l'est pas. Il fait comme convenu une déclaration de principe, réitérant son aveu de culpabilité lamentable et ses regrets de même ordre.

Après lui avoir indiqué qu'il envisageait sa mise en examen criminelle, et de saisir le JLD pour placement en détention, le magistrat me demande si j'ai « des observations ». Je plaide, pour la deuxième fois de la journée, sur la fameuse correctionnalisation, que je souhaite voir intervenir *ab initio* – et rien n'interdit au juge d'instruction de le faire – mais surtout, sur le fait qu'un placement judiciaire suffit très largement selon moi à s'assurer de la personne de Kader pour les suites de la procédure. Je demande donc au juge de ne pas saisir le JLD et de prononcer lui-même cette mesure, en rappelant l'absence de difficultés du dossier, l'absence de difficultés des garanties de représentation de mon client. J'en profite pour faire annexer au dossier, définitivement cette fois, toutes mes pièces. J'insiste sur la nécessité de relativiser un « trouble persistant à l'ordre public » qui n'a pas tant persisté que ça, au fil de la journée, dans l'esprit du parquet.

Le juge m'a écouté attentivement, mon quart d'heure de bravoure deviendra, sur le procès-verbal de première comparution : « Maître Mô entendu dans ses observations ». Il laisse passer un respectable silence valant réflexion, pour me signifier, je pense, qu'il doute énormément, que je l'ai presque convaincu, mais les « presque », en droit pénal, comme partout ailleurs où seul le résultat compte, n'existent que pour flatter l'orgueil des avocats ; il nous confirme finalement la mise en examen de Kader sous la qualification criminelle, et qu'il saisit le JLD par ordonnance motivée. Mô et Kader, victoires : 0 ; râteaux : 2.

On menotte mon client pour la je-ne-sais-combientième fois de la journée. Lui comprend qu'il part tout droit en prison, je le détrompe et lui explique qu'un débat en audience publique, cette fois, va maintenant avoir lieu devant le juge des libertés et de la détention, lequel va, ou pas, ordonner son incarcération provisoire. Je l'avertis que nous allons devoir à nouveau nous armer de patience, il est maintenant 18 heures, le JLD de permanence n'est sans doute pas immédiatement disponible et il faut qu'il lise la procédure – rebelote et dix de der, mon ami Kader, si vous n'aviez pas fini d'inspecter votre cellule au sous-sol, c'est le moment ou jamais…

Les débats devant le JLD se passent dans une salle à l'écart, au même étage que celui des salles d'audience, tout en bas. Dans l'ascenseur me ramenant sur la terre ferme, je commence à m'en vouloir, j'ai à l'esprit la vision de Kader menotté par-devant, tenu au bout d'une laisse par l'un des policiers, la tête baissée sur ses godasses de sport aux lacets défaits. Depuis ce matin, je n'ai cessé de lui donner de l'espoir et n'ai cessé de le décevoir. Inévitablement, je me demande s'il n'aurait pas mieux valu que je lui foute la paix, aujourd'hui…

ACTE V, SCÈNE UNIQUE : AUDIENCE NOCTURNE

Lorsque j'arrive au greffe du JLD, personne, évidemment, n'a encore le dossier, puisqu'il est encore là-haut pour l'audition du comparse de Kader. Ce dernier, m'annonce-t-on, aura pour juge Mme Bettencourt, partie se restaurer un peu après une rude journée, ce qui fait augurer à sa greffière un début d'audience vers 20 heures dans le meilleur des cas…

Mon confrère me rejoint. Il a fait long feu au dixième étage, et pour cause. Il m'explique que nous allons d'ailleurs inverser l'ordre de passage tout à l'heure, parce que là il ne s'est pas senti très utile, ce à quoi j'acquiesce – mais qui ne va pas accélérer mon retour au foyer.

Nous repartons une fois de plus tenir informées les familles, leur confirmant que cette fois elles pourront en principe assister aux débats. Je constate que la femme de mon client est au bord de l'hystérie et refais un petit laïus sur le silence qui s'imposera à l'audience, exhorte tout le monde à aller manger un morceau, histoire d'éviter les évanouissements inutiles et le dérangement des pompiers du palais, et propose à mon camarade de faire de même, ou, si comme moi il n'a pas faim, d'aller boire un coup, proposition subsidiaire aussitôt acceptée. Que faire d'autre à cette heure-là?

En sortant, nous croisons la parquetière qui va soutenir oralement les réquisitions écrites de placement en détention, ce qui la ravit au plus haut point, nous indique-t-elle. La connaissant bien, je lui propose d'abandonner ses réquisitions, de telle sorte qu'on gagnera du temps. Elle sourit et m'assure qu'évidemment elle n'en fera rien, «donc n'en démord» pas de son côté non plus. Nous la menaçons des pires sévices, plaidoiries interminables, lecture lente de la Constitution à haute voix à l'audience, mais elle tient bon, convenant plus sérieusement avec nous que tout ça est du grand n'importe quoi, et nous assurant effectivement en «off» qu'elle conçoit que la détention puisse se discuter. Nous lui confirmons qu'elle le sera.

Après deux verres, car nous sommes des rebelles, nous retournons une fois de plus, Gildas et moi, vers nos clients respectifs, désormais seuls dans les geôles, pas tant pour les préparer à l'audience que pour leur tenir compagnie… Kader a la certitude d'aller dormir en prison, je n'ose plus le démentir totalement, mais lui assure que je vais faire tout ce qui est en mon pouvoir. Il me tapote gentiment l'épaule, en me disant qu'il le sait. Vraiment, c'est quelqu'un de bien.

Le premier des deux débats s'organise finalement vers 21 heures, après que Mme Bettencourt a attentivement lu toute la procédure. Personne ne le lui reprochera, côté défense, ça n'est pas si fréquent, surtout à une heure pareille, bien qu'absolument nécessaire.

Elle ressemble un peu à «la» Mme Bettencourt, en nettement plus jeune. Toujours impeccable, elle s'exprime dans un français particulièrement choisi et même châtié, prend beaucoup de temps à tout expliquer aux mis en examen, avant et après sa décision, qui ne donne strictement jamais l'impression d'être connue à l'avance. Nous savons que rien n'est joué, que le contexte, en particulier les réquisitions écrites outrancières du parquet, peut nous être favorable; en même temps, demeure ce sacro-saint «trouble à l'ordre public», la presse s'étant notamment fait l'écho du déferrement des deux auteurs du braquage et de l'emploi de l'arme; il est de surcroît vraisemblable que les salariés du magasin habitent la même ville que les prévenus. Kader a la possibilité de se faire héberger à Paris, mais son complice n'a que sa propre adresse à faire valoir – et il nous semble que si la JLD «place» l'un, l'autre devra presque nécessairement subir le même sort, même si aucun texte ne le dit.

Une petite discussion préalable s'engage, relativement à la publicité des débats. Les deux familles représentent au total une trentaine de personnes, parmi lesquelles, surtout, de très jeunes enfants. La magistrate n'a cure du nombre de spectateurs, mais exclut en revanche que des mineurs assistent à «tout ça»: même si rien ne l'empêche, en droit, nous sommes parfaitement d'accord et convenons que cinq représentants adultes de chaque famille suffiront à constituer le public de la grande salle d'audience, dans laquelle nous entrons tous, sauf Kader – on commencera par son complice.

La présidente nous propose d'ailleurs d'évoquer successivement les deux affaires, mais de ne rendre qu'après ses deux décisions. Je suis d'autant plus d'accord que je plaide en second et le faire après un premier délibéré négatif ne me rendrait sûrement pas plus convaincu…

Fidèle à elle-même, la présidente Bettencourt laisse très largement la parole au client de mon confrère, après rappel des faits et explications générales sur le déroulement du débat : celui-ci, une nouvelle fois (trois auditions et une confrontation en garde à vue avant-hier et hier, puis explications à son avocat, puis quelques mots au tribunal tout à l'heure, puis à nouveau devant le juge d'instruction), explique la décision stupide et inédite, leur peur pendant les faits, leur absence totale de résistance et de mauvaise foi ensuite.

La parquetière requiert en utilisant tous les motifs des réquisitions écrites, dont certains sont encore plus durs à entendre qu'à lire. Ça a manifestement le don d'énerver mon confrère Gildas, qui se déchaîne ensuite en défense, en distinguant notamment les motifs intrinsèques du dossier (pressions sur témoins, preuves, concertation), dont il ne fait qu'une bouchée, et les autres, notamment le trouble à l'ordre public, qu'il entreprend de relativiser, comme les risques de fuite ou de réitération – lui est plus gêné par ce dernier point, son client est celui qui a plusieurs mentions sur son casier, même si elles sont d'un autre ordre, ce sur quoi il insiste fortement.

Il m'a convaincu. On échange un sourire en permutant nos places, dans l'attente de l'arrivée de mon client.

Malgré l'heure avancée, la présidente recommence à tout expliquer à Kader, une fois celui-ci démenotté et debout face à elle à la barre. Et malgré l'heure avancée, ou peut-être à cause d'elle, Kader me surprend, et surprend tout le monde, lorsqu'elle lui donne la parole, en indiquant seulement: «Écoutez, je sais que j'ai fait une connerie, ça fait trois jours que je ne pense qu'à ça, trois jours que je me dis que si un gars avait braqué ma femme, dans ce magasin, je voudrais le tuer... Je sais que j'ai fait beaucoup de tort, et que je dois le payer, c'est normal. Si ça passe par la prison, et beaucoup d'autres juges l'ont dit aujourd'hui, alors mettez-moi en prison: je suis prêt, je suis d'accord.»

Je suis touché au plus profond, par la dignité de ses mots et aussi parce que la détention provisoire ne peut en aucun cas constituer une «pré-peine». On aura beau dire et beau faire, dans ce dossier-là, elle y ressemble fortement, bien plus qu'à une impérieuse nécessité rendue obligatoire par l'un des critères légaux.

C'est aussi ce à quoi pense la présidente, qui le lui rappelle doucement avant de me laisser la parole: «Monsieur, ce que je vais décider ici, c'est s'il faut ou pas s'assurer de vous ou de vos actes en vous enfermant, provisoirement, si je l'estime nécessaire au regard des critères posés par la loi. Mais en aucun cas d'une peine.» Kader acquiesce, forcément.

Je plaide ensuite, en essayant de ne pas répéter ce qu'a déjà exposé mon confrère, mais en exposant tout de même à nouveau les fameux motifs retenus par le parquet, et encore et toujours le seul réellement dangereux à mon sens, celui du trouble à l'ordre public: je rappelle qu'il doit résulter de la libération éventuelle, pas de l'infraction elle-même, et que dans le présent cas, il est à relativiser, parce qu'on est en mesure d'envoyer Kader ailleurs, loin des victimes, d'ailleurs non constituées parties civiles, et des gens informés de l'affaire, et au-delà, en rappelant que quel que soit son acte, il n'a jamais connu l'incarcération, en affirmant qu'elle ne s'impose en rien, que sa mère, son père, son épouse enceinte, ici présents, vont tous tellement le cadrer qu'il aura le meilleur «bracelet» du monde, que...

Ça s'achève sur un grand silence, puis la présidente indique qu'elle va maintenant délibérer et nous sortons tous de la salle. «Nos» familles, émues, nous congratulent, ce qui nous fait plaisir et nous «défatigue» un peu, même si nous leur rappelons l'évidence, à savoir que le résultat ne se juge pas à la plaidoirie.

La parquetière passe et me dit en aparté qu'elle n'est pas sûre pour l'autre, mais qu'elle pense que Kader va sortir: ça fait toujours plaisir, mais la décision ne lui revient pas plus qu'à moi...

Nous allons rester une heure tous ensemble dans le couloir, passant et repassant devant les portes vitrées de la salle. La présidente, qui y est demeurée seule, dicte ses décisions à sa greffière. Certaines des filles présentes tentent un petit rituel de maraboutage, je leur explique, avec un sourire désormais un peu las, qu'à mon avis les ondes ne passent pas les lourdes portes en verre...

Plus le temps passe, plus tout le monde «y croit», même si nous expliquons encore et encore que cette magistrate motive toutes ses décisions, quelles qu'elles soient, comme toutes doivent l'être.

Un peu avant 22 heures, Mme Bettencourt fait rouvrir les portes de la salle, entrer tout le monde, et rappelle les deux mis en examen chacun à leur tour, pour leur faire part de sa décision en leur expliquant sur quoi elle repose : dans les deux cas, elle a rejeté tous les motifs tirés du dossier en lui-même, et estimé, d'accord avec la défense, qu'il n'y avait pas de risques tangibles – ou même de devoir de se poser la question –, de pression sur les victimes ou témoins, de concertations entre auteurs, ou de déperdition de preuves. En revanche, deux points lui ont semblé dignes d'intérêt : le risque de réitération, qu'elle a bien voulu considérer comme ténu, notamment dans le cas de Kader, mais dont elle a souhaité néanmoins qu'il soit mieux écarté, et… le trouble à l'ordre public, le braquage étant tout récent, les victimes et l'opinion encore choquées. Une libération, partant, serait prématurée…

Elle a tenu à leur indiquer expressément que ces considérations étaient temporaires, qu'elles n'emportaient à ses yeux pas l'implication d'une longue détention provisoire, mais qu'il fallait laisser reposer les choses quelque temps. En clair, elle nous a dit, à nous leurs avocats, que des demandes de libération seraient examinées favorablement dès que les éléments de personnalité auraient confirmé qu'il n'y a pas grand-chose à craindre de nos clients.

Cette motivation était discutable, mais elle n'avait rien d'outrageant, rien d'objectivement illégitime, d'autant qu'elle avait été explicitée avec tact et pédagogie, ce qui est loin d'être toujours le cas… Elle venait juste de confirmer mes craintes de la veille, et, à titre plus personnel, constituait mon troisième échec de la journée.

J'ai salué Kader, encore une fois menotté, l'assurant de ma prochaine visite en détention. Il a hoché la tête et est reparti rapidement avec son escorte, qui a bien voulu patienter cinq minutes malgré l'heure, afin que sa famille puisse l'embrasser et le serrer dans ses – multiples – bras...

J'ai attendu, ému et crevé, comme toujours dans ces moments-là qui, prévisibles ou pas, sont très violents, très durs. Ensuite, j'ai rassuré la tribu comme j'ai pu, l'épouse de mon client, notamment, qui n'arrivait pas à cesser de pleurer et se caressait le ventre en gémissant qu'il ne serait pas là pour l'accouchement. J'ai dû lui promettre que si, il n'était prévu « que » dans quatre mois...

Enfin, je leur ai donné les premières indications sur le monde carcéral, qu'ils allaient découvrir. Je leur ai expliqué comment, dès le lendemain, les plus proches pourraient demander un permis de visite auprès du magistrat instructeur, comment ensuite, dans la mesure où je ne pensais pas que les permis poseraient le moindre problème, ils prendraient rendez-vous avec la maison d'arrêt et découvriraient les joies des premiers parloirs. Je leur ai dit comment ils allaient pouvoir faire parvenir un peu d'argent à Kader, par mandat, et lui faire remettre un sac d'habits dès le lendemain.

Ils m'ont remercié, un par un, avec beaucoup de chaleur. J'ai eu des tas de bises des plus petits, avec lesquels j'avais de temps à autre fait le zouave tout au long de cette journée...

Enfin, j'ai quitté le palais, avec de l'amertume dans la bouche, pas mal de fatigue, et tout ce cirque me dansant encore dans la tête, me demandant, comme à chaque fois, comment je vivrais, comment je supporterais tout ceci, si j'étais le bonhomme actuellement assis dans le « panier à salade », en route pour les formalités d'écrou et la cellule « arrivants » de la maison d'arrêt.

Le magistrat en charge de l'instruction du dossier de Kader a été appelé à d'autres fonctions quelques jours plus tard. Son nouveau juge s'est fait désirer puis, lorsqu'il est enfin arrivé, a traité les dossiers qu'il découvrait, par ordre d'urgence et de priorité, en commençant, je suppose, par ceux des plus anciens détenus. Autrement dit, nous avons perdu un mois et demi, pendant lequel il ne s'est strictement rien passé dans le dossier ; les mesures de base, quasiment automatiques, comme l'expertise psychologique, n'ayant même pas été immédiatement ordonnées.

Le nouveau magistrat a ensuite convoqué Kader pour une audition de fond qui n'avait aucune réelle utilité, sauf celle de vérifier que sa version était toujours la même – elle l'était, et pour cause.

Les éléments dont il avait demandé entre-temps qu'ils figurent enfin au dossier étaient tous corrects, conformes aux pauvres pièces dont je disposais déjà. Quant aux expertises, comme cela était prévisible, elles n'apportaient pas grand-chose : un garçon qui n'avait pas de revenus, avait souhaité, notamment pour pouvoir « tenir son rôle de futur père », et croyait-il à l'époque se valoriser un peu, tenter un « coup d'éclat », ce qu'il regrettait amèrement depuis…

En prison, Kader avait entamé différentes démarches scolaires, pour mettre son français à niveau, et à terme tenter de passer un diplôme. Il avait même réussi à obtenir un travail.

Après exactement trois mois de détention provisoire, il a été remis en liberté, avec un contrôle judiciaire relativement léger. Il verra naître son enfant et sera aux côtés de sa femme pour l'élever, ayant travail et salaire, maintenant.

Je reste alors certain que son affaire va être jugée en correctionnelle, d'ici quelques mois. Et qu'il n'oubliera jamais cette journée, celle de la justice pénale ordinaire, lorsqu'un dossier ne pose aucune difficulté.

Enfin, c'est ce que je croyais...

AU GUET-APENS

AHMED PÉNÈTRE DANS LE BOX DES ACCUSÉS, MINUSCULE ENTRE SES deux grands flics d'escorte, aussi mal fagoté que s'il sortait d'un film des années 1970, avec sa masse de cheveux crépus, son costume crème, pantalon pattes d'éléphant et veste cintrée à larges revers, chemise grise et cravate à gros nœud, crème et grise évidemment.

Comme d'habitude, il a l'air de sourire – ce n'est ni l'endroit ni le moment, mais je ne m'en inquiète pas : la cour et les jurés découvriront rapidement que c'est en fait une mimique qui ne le quitte jamais, et qui ne signifie rien, même si parfois, comme maintenant, on aimerait la lui ôter.

Dans un instant, la greffière va lire l'arrêt qui a renvoyé Ahmed devant la cour d'assises, énumérant les charges que la chambre de l'instruction[1] a estimées suffisantes pour qu'on l'accuse d'avoir assassiné sa femme, avec la complicité de Roger.

Ensuite, la présidente, bien que la procédure française ne le prévoie pas, lui demandera seulement, avant que le procès, prévu sur trois jours, ne démarre effectivement, s'il reconnaît les faits ; elle sait, comme moi, qu'Ahmed répondra que non, qu'il est innocent – c'est ce qu'il affirme depuis son arrestation, trois ans plus tôt.

1. Juridiction d'appel des décisions du juge d'instruction – par exemple, du refus d'un acte sollicité par la défense, ou d'une ordonnance renvoyant un mis en examen devant la cour d'assises.

Je le regarde, assis en contrebas par rapport à lui, tandis qu'il décline son état civil, un micro grotesque emmanché sur un fil de fer roulé autour du cou. M'étant aperçu qu'elle tremblait, je serre ma main gauche, celle posée devant moi sur le bureau en bois de la défense. Ahmed est innocent, je le sais depuis trois ans, je le crois – et je suis celui qui doit le défendre devant la cour d'assises : je suis terrifié.

C'est une chose de plaider un acquittement parce que rien dans le dossier, selon vous, en tout cas aucune preuve formelle ou inéluctable ne permet de prononcer une condamnation, parce qu'il y a place pour le doute, lequel doit profiter à celui que vous défendez, coupable ou innocent. C'en est une autre d'être l'avocat d'un homme dont vous êtes convaincu de l'innocence, la «vraie», dont vous êtes certain qu'il ne ferait ni n'a jamais fait le moindre mal à personne, dont vous ressentez, cruellement, lourdement, depuis plusieurs années, qu'il est victime de ce qui, déjà, ressemble à une erreur judiciaire.

Dans les deux cas, vous avez en charge sa défense et devez y consacrer tout ce que vous pourrez mais, dans le second, une peur viscérale pèse sur vous. Vous n'avez plus seulement cette obligation de moyens, mais aussi celle d'un résultat, à tout prix. L'échec serait trop énorme, trop injuste…

Ahmed est seul devant la cour. Roger, qui devait être jugé à ses côtés sous la prévention de complicité d'assassinat, est mort en détention. Il s'est mis, une nuit, à cracher du sang, entre l'arrêt de renvoi et le procès, l'action publique est éteinte à son encontre. J'aurai l'occasion de plaider mon espoir qu'il était coupable…

Ahmed comparaît devant une présidente qui, depuis deux ans qu'elle exerce cette fonction, n'a jamais acquitté personne, à l'unique exception du frère d'une victime ayant, mais malgré lui, participé à sa mort, et pour lequel l'acquittement était si évident qu'il avait été requis avec force par l'avocat général. Celui-ci, à l'audience, avait même présenté les excuses de la société – je le sais, j'étais l'avocat de cet autre homme, de cet autre innocent. Ça a été la seule fois : hasard ou main de fer, la cour d'assises a sous cette présidence condamné strictement tous les autres accusés qu'elle avait à juger.

Et Ahmed encourt la réclusion criminelle à perpétuité.

Un samedi matin, trois ans plus tôt, donc, on a retrouvé le corps de Geneviève, l'épouse d'Ahmed, mère de leurs six enfants, dans le fossé d'une forêt située à quelques kilomètres de leur domicile, la gorge tranchée d'une oreille à l'autre, baignant dans une mare de sang – les gamins qui étaient venus jouer à construire une cabane à cet endroit et qui ont découvert le cadavre doivent encore en faire des cauchemars…

On s'est immédiatement intéressé au mari, arrêté le jour même : il ressortait rapidement des premiers éléments de l'enquête que la veille, en milieu de soirée, le couple, une fois de plus, avait eu une sérieuse dispute, ou plutôt une « engueulade », les voisins témoignant que Geneviève et Ahmed, comme d'habitude, hurlaient tour à tour, s'insultaient copieusement, moitié en arabe, moitié en français ; puis Geneviève était sortie et partie à pied vers le centre du village, manifestement ivre, comme souvent, titubant et invectivant les fantômes de la nuit à grands coups de moulinets dans le vide. Peu de temps après, Ahmed avait quitté la maison à son tour en claquant la porte.

On n'avait plus revu Geneviève.

Il faut dire qu'elle ne passait pas inaperçue, avec ses cent vingt kilos, son mètre quatre-vingts, son incapacité à parler bas et autrement qu'avec un langage de charretier. Le couple, découvrait-on rapidement, était un peu le phénomène de foire local. Les tendres époux étaient aussi mal assortis qu'on peut l'être, à la fois physiquement – Ahmed faisait un mètre soixante et devait peser soixante kilos tout habillé – et moralement – lui ne buvait jamais, alors qu'elle passait pour une poivrote. Il parlait en général gentiment et d'une voix douce, sauf dans leurs crises, et souriait à tout le monde, s'occupant, semble-t-il, à merveille et avec beaucoup d'affection des enfants que l'on croisait allant en forêt ou au parc de jeux, joyeusement…

Geneviève et Ahmed ne travaillaient pas et vivaient des allocations familiales, dans la maison que Geneviève avait héritée de son père – mort prématurément d'une cirrhose, bien sûr.

Ils s'étaient rencontrés au cours d'une ducasse, dix ans auparavant et, pour les gens du village, la cause était entendue : lui, petit et arabe – « un bon Arabe, un gentil, hein ; mais enfin, arabe tout de même » –, avait vu en elle un moyen de se sédentariser, et elle, compte tenu de ses défauts et de son physique, « euh, pas facile non plus », trop contente d'avoir trouvé un homme qui semblait s'intéresser à elle, s'était empressée de lui mettre le grappin dessus, d'où leur mariage six mois plus tard, et six enfants en neuf ans.

Il ne s'est jamais trouvé aucun témoin pour penser que ces deux-là avaient pu réellement s'aimer. Les gens sont comme ça, ils pensent que tout peut s'expliquer logiquement, ou ne le peut pas. Ahmed soutiendra toujours être tombé amoureux de Geneviève, et l'être resté – même le juge d'instruction le questionnera sur les «raisons» de cet amour prétendu, à quoi il fera la seule réponse admissible: «Toutes et aucune, que voulez-vous répondre d'autre?»...

Les gendarmes apprenaient très vite également – c'était un petit village – qu'Ahmed, à peine sorti de chez lui, s'était directement rendu au café du coin, baptisé Au Guet-Apens, tenu par son meilleur et en réalité unique ami, Roger, avec l'aide de sa femme Monique.

Du témoignage unanime des quelques consommateurs qui se trouvaient dans l'établissement à ce moment-là, il ressortait qu'Ahmed était arrivé furibond et s'était largement épanché auprès de Roger sur «sa salope de Geneviève», cette grosse vache qui l'avait encore gravement fait chier, et l'avait à moitié mis à la porte une fois de plus. Comme souvent, car ces témoins avaient maintes fois assisté à la même scène entre les deux amis, Roger avait abondé dans son sens, tonitruant et radical, d'autant qu'il avait déjà bien picolé à cette heure un peu avancée de la soirée. Une fois de plus, il avait reproché à Ahmed de ne pas «être un homme», de ne pas s'en «débarrasser une fois pour toutes», avec son aide s'il le fallait, «je ne suis pas ancien légionnaire pour rien, bordel de Dieu, et Ahmed, le sourire kabyle ça devrait pourtant te connaître, hop, un coup de lame et on n'en parlera plus», accompagnant ses paroles d'un geste de la main en travers de sa gorge...

Roger s'était servi au moins quatre grands verres de whisky pendant qu'il prodiguait, en boucle et sur tous les tons, ces conseils hautement philosophiques. Ahmed avait bu la même quantité de... verres de lait, comme toujours, en se calmant progressivement, en ne disant pas grand-chose.

De guerre lasse, et parce que les invectives de Roger finissaient par couvrir le son de la télé, les habitués étaient rentrés chez eux, laissant les deux hommes à leurs projets de massacre, sans en croire un traître mot, bien sûr, pas plus cette fois-là que les autres : paroles d'ivrogne de cette grande gueule de Roger, ancien militaire ne ratant jamais une occasion de le clamer haut et fort, voilà tout.

Sauf qu'évidemment, cette fois-ci, les gendarmes ne pouvaient pas être du même avis.

Ils le pourraient encore moins après avoir procédé, vers midi, à l'interpellation de Roger, qu'ils avaient trouvé ronflant en travers du lit conjugal, encore ivre de la veille et incapable dans l'immédiat de s'expliquer de façon cohérente sur sa fin de soirée, mais surtout en procédant à l'audition, avant la sienne donc, de son épouse Monique. Celle-ci, qui s'était couchée tôt, indiquait en substance avoir entendu, d'en haut, Ahmed arriver au café et son mari vociférer pendant un moment, puis, le silence étant revenu, avoir supposé que les deux hommes discutaient en bas. Elle disait avoir été réveillée au beau milieu de la nuit par Roger qui venait se coucher, très manifestement ivre, en marmonnant «putain j'l'ai fait, putain j'l'ai fait» avant de tomber tout habillé sur le matelas, la bouche ouverte.

Avait-elle regardé l'heure ? Oui, d'après le radioréveil, il était à peu près 3 heures ; elle s'était même demandé, dans son demi-sommeil, ce qu'ils avaient bien pu foutre et se dire pendant tout ce temps, Ahmed étant arrivé vers 21 heures. Était-elle certaine des mots employés par son mari ? Absolument, elle l'avait même questionné, «quoi, qu'est-ce que t'as fait ?» mais en vain, il était trop ivre pour répondre. Confirmait-elle que les vêtements de Roger étaient bien ceux qu'il portait la veille au soir? Oui, il ne s'était pas changé, il n'aurait pas su…

À sa connaissance, Roger possédait-il une arme? Oui, un pistolet démilitarisé, hors d'état de marche, et un couteau de combat, avec un poing américain en guise de manche: souvenirs de la Légion, ils étaient rangés au grenier, avec les anciens effets militaires de son mari. Était-il possible de les voir? Bien sûr, il n'y avait qu'à la suivre…

Trois gendarmes avaient accompagné Monique, l'avaient vue ouvrir un carton, en retirer un linge roulé qu'elle leur avait tendu: «C'est là-dedans.» L'adjudant-chef, ganté, avait déroulé le tissu et découvert un pistolet sans percuteur, rien d'autre, pendant que les sourcils de Monique se faisaient circonflexes. «Bon, il n'est pas là, le couteau… On va faire une perquisition, si vous êtes d'accord?»

Vingt minutes plus tard, l'un des militaires découvrait au rez-de-chaussée, au-dessus du grand frigo qui se trouvait juste derrière la salle du café, un couteau de type poignard emballé dans un sachet en plastique, dont la poignée était constituée d'un poing américain en métal, et dont la lame, crantée, faisait vingt-cinq centimètres.

Non, Monique ne s'expliquait pas ce qu'il faisait là, ni pourquoi on l'avait lavé récemment, de toute évidence, puisqu'il y avait encore de l'eau sur l'arme et dans le sachet.

Roger avait été placé en garde à vue, en dégrisement pour commencer. Monique aussi. Au vu de ces premiers éléments, on avait mis sous scellés le couteau ainsi que les vêtements de Roger, comportant des traces de boue sur les chaussures et le pantalon, rien d'autre de visible. Et on était parti chercher Ahmed.

Sans doute convaincus, à ce stade, que l'enquête allait être facile, les gendarmes s'étaient ensuite rendus au domicile de Geneviève et d'Ahmed, où ils avaient trouvé ce dernier en train de préparer le repas du midi pour la marmaille et pour lui.

Ils l'avaient arrêté.

Une perquisition avait été immédiatement effectuée, au cours de laquelle on avait saisi ses vêtements de la veille, encore jetés en boule au pied du lit, l'un de ses éternels costumes démodés, bleu celui-ci, ainsi que les chaussures qu'il portait. Elles étaient boueuses, de même que son pantalon, mais les gendarmes n'avaient pas relevé d'autres taches suspectes.

Les plus grands des enfants avaient confirmé avoir entendu de leurs chambres la dispute de leurs parents la veille, le départ de leur mère puis de leur père, confirmant aussi que ça se produisait souvent, et que ça se terminait souvent de la même façon. Leur père partait dans ces cas-là au Guet-Apens, chez Roger, tandis que leur mère allait déambuler dans le village ou s'asseoir sur un banc de la petite place du Marché. Il lui arrivait aussi de prendre la voiture familiale pour aller faire un tour et « calmer ses nerfs ». Non, ils n'avaient pas entendu leur père rentrer, ils dormaient. Oui, il arrivait que maman ne soit pas encore rentrée le lendemain. Ces fois-là, elle trouvait parfois refuge chez sa sœur, qui n'habitait pas très loin, et y restait au moins la journée suivante. Ils supposaient que c'était encore le cas ce coup-ci et je plains le gendarme qui a dû les contredire – peut-être ne l'a-t-il pas fait, d'ailleurs, laissant ce soin aux services sociaux, mandatés sur-le-champ pour prendre en charge les enfants…

Ahmed, ayant bien sûr demandé aux gendarmes ce qui se passait, avait été informé de l'assassinat de son épouse. Sa réaction était consignée par écrit, parce qu'il n'en avait pas eu en apparence, s'étant contenté d'afficher son éternel rictus. Il n'avait posé aucune question, ni laissé échapper aucune larme ou montré le moindre signe de chagrin.

On l'avait interrogé, longuement, sur son emploi du temps de la veille. Il avait confirmé en tout point la dispute, avec une précision d'importance : dans l'engueulade, en faisant un geste comme pour lui donner une claque, elle l'avait griffé – effectivement, il avait une griffure récente à la base du cou. L'arrivée chez Roger, la discussion animée contre son épouse ? Des mots, comme d'habitude, Roger s'en prenait à elle verbalement, la vouait aux gémonies, et ça réconfortait Ahmed, qui ne l'avait pas facile avec Geneviève. Elle buvait beaucoup, l'insultait souvent, ne faisait rien à la maison, mais il continuait pourtant à l'aimer, ne serait-ce que parce qu'elle était la mère de ses enfants. Ensuite, les deux hommes s'étaient calmés, avaient continué à discuter de tas de trucs, puis Ahmed était reparti chez lui, bien certain d'ailleurs que comme d'habitude, sa femme n'y serait plus. Non, il était sobre, il ne buvait jamais. L'heure ? Il ne savait pas trop, il devait être minuit, peut-être 1 heure, il n'avait pas fait attention, mais, avait-il précisé, Roger ne fermait pas son café au-delà de cette heure-là, sinon il se faisait sermonner par Monique. Oui, il était rentré directement.

Non, bien sûr que non, mille fois non, il n'avait pas tué sa femme, ni aidé Roger à le faire, ni été aidé par lui. Tout ça, c'étaient des paroles en l'air, maintes fois répétées, jamais mises en pratique ; et puis, pour quoi faire, mon Dieu ? Si Ahmed l'avait voulu, il aurait pu divorcer très facilement. Pour tout dire, six mois plus tôt, il avait consulté une avocate qui lui avait confirmé que compte tenu de l'attitude de madame, non seulement le divorce ne poserait pas problème, mais il obtiendrait sûrement la garde des enfants, dont il s'occupait si bien. Ahmed n'avait pas donné suite, parce qu'il voulait offrir une chance à Geneviève, certainement pas pour la tuer six mois plus tard, sans aucune raison, donc…

Avait-il été question d'un couteau, la veille, entre les deux hommes ? Non. Roger lui en avait-il montré un ? Non. Ahmed savait qu'il en possédait un, une arme impressionnante, il l'avait déjà vue, un soir où Roger, ivre comme souvent, braillard sur son passé militaire comme toujours, l'avait exhibée devant lui et d'autres, au bistrot ; mais là, pas du tout.

Roger, enfin entendu, son taux d'alcool ayant baissé, confirmait en substance le déroulement de la soirée. Il affirmait qu'après le départ d'Ahmed, il avait fermé le café, bu encore un ou deux verres devant la télé, traîné un peu autant qu'il s'en souvienne, rangé trois conneries, sans bien se rappeler ses faits et gestes ni de l'heure, puis avait dû finir par aller se coucher. Était-il sorti ? Non, sans doute pas, ou alors pour aller pisser, peut-être. Non, en aucun cas en voiture – heureusement d'ailleurs, il était rond comme une bille.

Son épouse ayant confirmé qu'il s'était couché vers 3 heures du matin, et Ahmed étant parti entre minuit et 1 heure, comment pouvait-il expliquer être resté seul deux à trois heures en bas, à ne rien faire ? Il en était incapable, il ne se souvenait pas de grand-chose, il avait dû glander, mettre un peu d'ordre…

Et, bien sûr et surtout : savait-il par hasard où était son couteau ? Ah, oui ! D'accord, il voyait bien où le gendarme voulait en venir ! Bon, un peu plus tôt, ça lui était sorti de la tête, mais là, ça lui revenait. À un moment il était parti au grenier regarder ses souvenirs militaires, comme ça, par nostalgie alcoolisée – il avait même coiffé son béret ; il se rappelait avoir pris son couteau en main ; la suite était un peu confuse dans son esprit, mais il se pouvait qu'il ne l'ait pas rangé… L'avait-il lavé ? Non, pas qu'il sache… Ah, il était plein de flotte ? Alors, c'est qu'il avait dû le faire…

Évidemment non, il n'avait pas tué ni aidé à tuer Geneviève : ils étaient fous ou quoi ? Il n'aurait d'ailleurs pas été en état, même si l'idée lui avait sérieusement traversé l'esprit… Il y a un monde entre dire des conneries avec un pote malheureux et les faire, non ?

Voilà en substance comment les choses se présentaient dans les quelques heures suivant la découverte du corps.

Deux séries d'éléments étaient rapidement venues compliquer la situation des deux hommes, l'une avant même l'issue de la garde à vue et leur présentation à un juge d'instruction, puis leur placement en détention provisoire, l'autre au cours de l'information judiciaire. Les deux mis en examen, pourtant, n'allaient jamais varier dans leurs déclarations.

Les constatations techniques, d'abord.

De l'examen du corps, on retirait que l'autopsie et les expertises médicales subséquentes, entomologique notamment, permettaient de situer assez précisément la mort autour de 2 heures du matin, à plus ou moins une demi-heure ; par ailleurs, l'examen minutieux de la blessure qui avait déchiqueté la gorge de la malheureuse rendait compatible avec le crime l'utilisation du couteau de Roger « ou de toute arme présentant exactement les mêmes caractéristiques de largeur de lame et de dents ».

En outre, le coup fatal avait été unique, porté avec force par une personne se tenant derrière la victime et lui maintenant la tête d'une main tout en l'égorgeant de l'autre. L'expert considérait comme impossible qu'une déchirure aussi rectiligne et franche puisse avoir été causée de face ; or, ce geste ayant été effectué de droite à gauche, il était l'œuvre d'un gaucher, et d'un gaucher de grande taille, comme la victime. La plaie était horizontale, et les traces de sang, ainsi que les prélèvements sur les genoux du pantalon de celle-ci, excluaient qu'elle ait été agenouillée ou allongée lorsque ce coup fatal lui avait été porté.

Enfin, le corps ne comportait aucune lésion de défense ou de traînage. La victime avait sous les ongles une minuscule croûte de sang. Et un fil de tissu bleu.

Ahmed était droitier, Roger gaucher. Ahmed était petit et malingre, Roger grand et costaud. Le sang sous l'ongle de la victime était celui d'Ahmed, mais Geneviève l'avait griffé pendant leur dispute. Le fil de tissu s'avérait provenir du costume qu'Ahmed portait la veille. Il émettrait l'hypothèse qu'elle le lui avait arraché dans le même geste, ou un autre. On lui objecterait qu'il était peu plausible que ce fil soit resté tout ce temps sous l'ongle de la défunte. On lui ferait aussi reconnaître qu'il ne portait pas sa veste lors de leur altercation, et qu'il serait étonnant que ce fil provînt de son pantalon…

Le corps et les habits ne comportaient soit pas d'ADN tiers, soit pas de traces exploitables.

Les constatations matérielles, ensuite.

L'examen du couteau révélait qu'il avait été lavé dans les heures précédant sa découverte, non seulement à l'eau, mais aussi au savon. De plus, il restait dessus, dans l'interstice entre le manche et la lame, un résidu microscopique d'une matière organique, trop ténu pour pouvoir être analysé, une particule de chair qui ne «parlerait» pas et qu'il serait impossible de dater; sur le manche figurait l'ADN de Roger, et de lui seul.

Roger expliquerait que ce couteau avait déjà servi par le passé, en particulier sur des volailles, et qu'avant cela il avait «fait la guerre» avec lui. Ainsi, il l'avait utilisé, à l'époque, pour se graver le *X* qui ornait l'un de ses avant-bras...

De l'examen des taches sur les vêtements de Roger et d'Ahmed, on retirait qu'elles ne comportaient pas de sang. Pour Geneviève, bien sûr, il en allait autrement: elle avait énormément saigné, projetant beaucoup de sang autour d'elle. En revanche, la boue qui maculait aussi bien les trois paires de chaussures que les trois bas de pantalons était exactement la même.

C'était aussi la même que celle prélevée sur le lieu de la découverte du corps, la même que celle retrouvée sur les tapis de sol, conducteur et passager, du véhicule de Roger, dans lequel on avait par ailleurs, côté passager, retrouvé l'ADN d'Ahmed.

Mais il avait plu la veille dans la journée, et les deux hommes s'en tiendraient à leurs premières explications. Ahmed assurerait être reparti à pied et avoir marché jusque chez lui, Roger admettrait avoir peut-être uriné devant son café et de toute façon, être sorti plusieurs fois le jour même, pour des courses diverses; ils soutiendraient que la boue retrouvée sur leurs habits ne pouvait que provenir de là.

Je demanderai au juge d'instruction une expertise comparative de la gadoue susceptible d'être prélevée un jour de pluie devant le Guet-Apens, ainsi qu'à différents endroits du trajet jusque chez Ahmed, avec celle des vêtements, et avec celle du fossé. Cette expertise fera ressortir des similitudes entre l'ensemble des prélèvements, établissant en substance que la même terre était présente à chaque fois, mais que dans le fossé et sur les vêtements on ne trouvait pas, même en proportions moindres, d'autres composantes, de pollution notamment. Celles-ci étaient en revanche présentes sur les chaussures des mis en examen et devant chez eux.

Les ongles et les mains des deux suspects avaient également fait l'objet d'analyses, sans résultat.

Enfin, un appel à témoins avait été lancé dans la presse.

En effet, la route traversant la forêt dans laquelle on avait découvert le cadavre était très fréquentée, même de nuit, et peut-être surtout de nuit, les vendredis et samedis soir. Elle seule reliait différents villages et villes de la région à la métropole la plus proche, siège des restaurants du coin, mais également à la frontière voisine, la Belgique étant pour les jeunes Français frontaliers une sorte d'eldorado de discothèques et boîtes de nuit en tout genre.

On savait par ailleurs que l'endroit précis du crime, situé à six kilomètres du centre du village, était trop éloigné pour qu'on y soit, victime comme auteurs supposés, venu sans un véhicule, au moins. Autre certitude, le crime avait été commis sur place, étant donné la quantité de sang retrouvé sur les lieux mêmes et l'absence de toute trace exploitable aux alentours. Il impliquait au moins deux personnes debout, grandes et fortes, dans un fossé profond d'à peine soixante-dix à quatre-vingts centimètres. L'on se disait donc qu'une telle scène, qui s'était vraisemblablement déroulée à côté d'un véhicule garé tout près le long de la route et du fossé, pouvait avoir été aperçue et remarquée des automobilistes de passage à ce moment-là.

Et l'on avait raison.

L'appel à témoins avait été lancé une dizaine de jours après les faits. Trois témoins s'étaient manifestés presque aussitôt, deux jeunes, comme on pouvait s'y attendre, dont l'un partait rejoindre des copains «en boîte», et l'autre, passagère avant d'une voiture roulant en sens inverse, revenait d'une soirée chez des amis citadins; mais aussi une personne plus âgée, rentrant d'une brocante au volant d'une camionnette.

Tous trois avaient vu la même chose, cette nuit-là, entre 1 heure et 2h30, sans pouvoir être plus précis: un gros véhicule de type 4x4, de couleur probablement blanche, en tout cas claire, garé sur le bas-côté de la route, dans le sens «village vers la ville». Cela, ils en étaient certains, car les phares étaient allumés. C'est même ce qui avait attiré leur attention, faute de quoi ils n'auraient probablement fait qu'apercevoir une masse sombre en passant. Ils avaient eu la même pensée: un besoin pressant du conducteur, ou un ivrogne ayant du mal à rentrer du fait de son état?

La voiture de Roger était un Range Rover crème. Aucun des trois, sur photos, ne pourra l'identifier formellement, mais aucun ne l'exclura non plus.

En outre, le jeune conducteur, dont l'attention était il est vrai accaparée par la conduite, indiquait n'avoir vu personne devant le véhicule, dans l'éclat des phares, ou derrière. La passagère de la seconde voiture, elle, croyait sans en être certaine avoir aperçu derrière la voiture, donc dans la nuit, deux silhouettes, penchées sur le fossé, l'une légèrement plus grande que l'autre – c'est ainsi qu'elle avait songé à un type en train de vomir; enfin, et surtout, le chauffeur de la camionnette, pour sa part, avait ralenti en arrivant à la hauteur du véhicule, sans but précis, juste «pour voir». Lui indiquait formellement avoir été témoin de la même scène que la jeune fille (il datait son passage de la même heure à quelques minutes près), à savoir deux silhouettes tournées vers le fossé et la forêt, une petite et une plus grande. Mais il était en outre tout aussi certain d'avoir aperçu un troisième personnage, un peu à l'écart des autres, debout dans le fossé. Il n'avait donc vu que le haut du corps, suffisamment pour indiquer qu'il lui avait semblé plus corpulent que les deux d'en haut; selon lui, il tendait les bras devant lui à ce moment-là, comme si les deux autres devaient l'aider à remonter; il avait poursuivi sa route en pensant à trois fêtards dont l'un s'était soulagé à cet endroit.

Le témoignage de la jeune fille était très imprécis. Incapable d'estimer l'écart de taille entre les silhouettes entraperçues, elle décrivait seulement une impression. Celui du brocanteur amateur, en revanche, était beaucoup plus affirmatif et correspondait à merveille à la thèse de l'accusation, évidemment.

Ce témoignage a été maintenu, avec force et assurance, tout au long de la procédure. L'homme ne pouvait reconnaître les protagonistes de la scène qu'il disait avoir vue, mais il était certain de sa description. Il appartenait à cette catégorie de témoins résolument affirmatifs, qui ne se posent aucune question, notamment pas celle de savoir si, dix jours après un fait en apparence anodin, après une dure journée commencée tôt – et surtout après avoir lu, il le reconnaîtrait plus tard, les journaux locaux qui décrivaient, avec moult détails, la découverte du corps, la nature du crime et les mises en examen des deux suspects –, il ne lui semblait pas étrange de n'avoir pas cru devoir appeler aussitôt les gendarmes pour leur apporter son témoignage évidemment capital. Il ne se demandait pas non plus si celui qu'il avait fait *a posteriori* ne résultait pas, inconsciemment au moins, de ce qu'il avait lu plutôt que de ce qu'il aurait effectivement vu, de nuit, en l'espace de quelques secondes…

Roger et Ahmed avaient continué à nier toute participation aux faits pendant l'instruction, confrontation et reconstitution – à laquelle ils refusaient de participer – incluses.

Leurs personnalités respectives avaient été passées au crible, sans éléments notables, à part, tout de même, pour Roger, son passé militaire où figuraient certains antécédents de violences qui avaient fini par entraîner son éviction de l'armée. Saoul, Roger pouvait frapper fort, y compris un sous-officier. Ça n'en faisait évidemment pas un assassin, les deux hommes étant de surcroît sains d'esprit, sans amoralité particulière ni traits de caractère anormaux. À l'évidence, Ahmed était plus passif et effacé, Roger plus démonstratif et colérique, c'était tout.

Ni Roger ni Ahmed n'avaient de mobile, en tout cas apparent. Interrogée, l'avocate consultée par Ahmed avait confirmé ses dires sur le divorce potentiel. Aucune assurance-vie n'avait été prise pour Geneviève. Sa mort ne rapportait rien à personne.

Ahmed niait avec la même constance auprès de moi, et je le croyais – il pleurait parfois en évoquant Geneviève, m'assurant qu'il ne lui aurait fait aucun mal, même si elle pouvait être chiante, ne serait-ce que pour une raison qu'il considérait comme sacrée : lui en faire, c'était évidemment blesser ses enfants, les priver de leur mère. Il adorait ses enfants, le fait de ne plus les voir était ce qu'il y avait de plus douloureux pour lui, sa cellule était tapissée de photos d'eux. Aussi, je le croyais. Totalement.

On ne pouvait pas, objectivement, dire que le dossier était vide – évidemment pas. Mais s'il existait des éléments chargeant les deux hommes, ils chargeaient à mon sens beaucoup plus Roger. C'est ce que je disais souvent à Ahmed, qui jurait l'avoir laissé dans son bistrot, seul, deux heures avant le crime, sans savoir évidemment ce qu'il avait pu faire. Lorsque nous abordions ce sujet, sa passivité, relevée par les experts, m'exaspérait. Tout en m'écoutant, Ahmed me répétait qu'il connaissait bien Roger, qu'il ne le voyait pas commettre le crime, encore moins sans raison. Il refusait de l'accuser, de faire peser sur lui le moindre soupçon. S'il m'enjoignait de le soutenir et de soutenir son innocence, il m'interdisait dans le même temps de le faire en «chargeant» son ami. J'avais beau le comprendre, je rageais, parce que j'étais persuadé désormais que Roger avait tué son épouse, sans doute dans un brouillard éthylique de guerrier, histoire probablement de «montrer qu'il en avait» en joignant l'acte à la parole, et d'aider ainsi, avait-il dû croire, son ami passif.

J'étais d'autant plus frustré et mécontent de ne pas pouvoir avancer dans cette voie qu'à la fin de l'instruction, Roger, avec l'aide de son conseil, ne se gênait absolument plus (incité il est vrai par une détention provisoire que plusieurs demandes de libération n'avaient pas réussi à faire cesser) pour mettre expressément en cause son «ami» Ahmed. Il sentait bien, je suppose, que les éléments de l'enquête l'impliquaient, et présumait qu'il fallait un autre coupable à tout prix. Après tout, lui aussi avait perdu Ahmed de vue pendant toute la fin de la soirée…

Il le faisait lourdement, par ses déclarations et par des lettres au magistrat instructeur, par exemple en balayant la ressemblance entre la voiture vue par les témoins et la sienne d'un revers de phrase : la nuit, les voitures sont toutes les mêmes, et les témoins pouvaient se tromper. Il évoquait le break d'Ahmed, lui aussi de couleur claire. Quant au couteau, il était facile de s'en procurer un n'importe où, et même, allons donc, de faire exprès d'en acheter un identique au sien.

Lors d'une dernière confrontation sur des points de divergence mineurs, ce genre d'accusations qu'il me brûlait d'inverser (on voit toujours le dossier par les yeux de son client) avait donné lieu à une passe d'armes assez rugueuse entre l'avocat de Roger et moi-même, sous l'œil amusé du juge, qui nous avait largement laissés déverser nos biles respectives avant d'intervenir…

Restait un écueil, de taille à mes yeux : si réellement l'un des deux hommes, seul ou avec un complice tiers, avait pris part au crime, comment avait-il fait, en pleine nuit, pour trouver la victime et l'emmener, apparemment sans violence, jusqu'à l'endroit où elle devait trouver la mort ?

Le témoignage des enfants aînés d'Ahmed, confirmé par certains témoignages des voisins et d'autres issus de l'enquête de personnalité, répondait à cette question. De notoriété publique, Geneviève, en cas de dispute, partait souvent s'asseoir sur un banc, sur la place du village. Il était même arrivé qu'on la trouve endormie là, en été. Si c'est bien ce qu'elle avait fait la nuit du drame, comme tout semblait l'indiquer (les enfants n'avaient pas entendu la voiture démarrer, les voisins l'avaient vue partir à pied, sa sœur, évidemment interrogée, ne l'avait pas vue arriver chez elle ce soir-là), alors chacun des deux hommes savait où la trouver. L'enquête avait permis d'interroger aussi les riverains de la place, qui n'avaient rien vu, ni Geneviève ni aucun des deux hommes, mais ça ne prouvait rien…

Pas plus que l'avocat de Roger, je ne parvenais à obtenir une libération, ni qu'un non-lieu soit prononcé au profit d'Ahmed, au bénéfice du doute – c'est-à-dire, plus juridiquement, à ce moment-là de la procédure –, de l'absence de charges suffisantes le concernant. J'avais interjeté appel de l'ordonnance de mise en accusation rendue par le magistrat instructeur, mais la chambre de l'instruction, sans réelle surprise même si je m'y étais battu, avait rendu un arrêt confirmant le renvoi d'Ahmed et Roger devant les juges criminels.

Et puis, coup de théâtre pour moi, alors que nous attendions désormais l'audiencement de notre affaire devant la cour d'assises, Ahmed m'apprit, lors d'une visite, que Roger était mort, en cellule – les deux hommes n'étaient pas détenus dans la même maison d'arrêt, mais Radio-Prison fonctionne à la vitesse de l'éclair entre tous les lieux de détention d'une même région. Il ne serait donc jamais jugé, et Ahmed se retrouvait le seul accusé de l'assassinat de Geneviève.

On ne peut décemment se réjouir de la mort d'un homme. Pourtant, tout à la passion avec laquelle je me battais pour l'innocence d'Ahmed, je crois bien que c'est ce que je fis, en le convainquant que désormais, rien ne s'opposait plus à ce que les soupçons que je concevais à l'égard de feu son ami soient exprimés, largement exprimés… Je n'en crus pas mes oreilles en l'entendant refuser cette ligne de défense, au nom de sa mémoire, au nom du respect dû à Monique. Cette fois, j'explosai : je lui hurlai que Roger, là où il était, non seulement ne pouvait plus rien dire, mais encore n'en souffrirait pas trop, et que Monique ne serait peut-être pas d'accord, mais qu'un moment de honte passe plus vite qu'une peine de réclusion criminelle. Je sommai Ahmed d'oublier ses pudeurs et sa noblesse, de me laisser dire ce que j'aurais à dire. Enfin, il finit par me donner son accord.

Je tentai une chose inédite, en vue de l'audience qui approchait : j'écrivis à l'avocat adverse en lui demandant avec la plus grande solennité, si jamais il avait pu recueillir, dans le secret de leurs échanges, des aveux de Roger. Dans ce cas, m'autoriserait-il à solliciter de nos bâtonniers respectifs la levée du secret professionnel qui scellait en principe sa bouche, afin de permettre de le faire citer à comparaître à l'audience, pour qu'il en témoigne, étant donné l'enjeu, ni plus ni moins que la vie d'un autre homme ?

Il me répondit par une lettre d'injures, affirmant que jamais Roger ne lui avait avoué quoi que ce soit, ayant toujours au contraire protesté de sa totale innocence. Mais, écrivait-il, s'il avait reçu des aveux, jamais il n'aurait accepté d'en témoigner, pour l'honneur de l'épouse de son client, et pour le sien. Imaginais-je un instant sans déraisonner qu'il aurait soutenu pendant deux ans son client dans ses dénégations, pour se couvrir ensuite de ridicule en avouant à la fois sa culpabilité et, partant, sa parfaite connaissance d'un mensonge ?

Je ne lui demandais évidemment pas d'inventer des aveux, même pour sauver mon client. Je suis avocat, pas délinquant ou complice de délinquant. Toutefois, si Roger s'était confié à lui, à sa place, je n'aurais pas hésité un quart de seconde. Chacun en pensera ce qu'il voudra.

Tels sont les principaux éléments que la cour d'assises va maintenant devoir soupeser, pour décider de la vie d'un homme, et affirmer, ou pas, qu'Ahmed a tué sa femme avec préméditation, ou au moins participé à son meurtre.

Voilà tout ce que je connais par cœur, et dont chaque détail me hante et m'effraie, en regardant ce petit bonhomme suranné se tenir dans le box des accusés, debout devant ses douze juges, en l'écoutant décliner son état civil de sa voix étonnamment grave pour sa taille, puis, après lecture de l'arrêt de renvoi par la greffière, dans un silence solennel, répondre à la question de la présidente par les deux phrases simples dont nous avons convenu : «Je suis innocent. Je n'ai pas tué ma femme.»

Je le sais, Ahmed, que tu es innocent. Ça me fait mal au ventre, tant je le sais. Il faut juste que j'arrête de trembler et on y va, on se bat, tiens bon…

Les trois jours d'audience ont été très éprouvants. Ils le sont toujours, devant une cour d'assises, mais là, plus encore. La présidente, seule juge parmi les juges à avoir lu le dossier, instruisait, de mon point de vue, très à charge, ce qui impliquait maints incidents et une vigilance de tous les instants, nécessitait d'être constamment sur la défensive et de rectifier sans cesse tel ou tel élément, de compléter telle ou telle lecture trop partielle, et partiale… De plus, j'avais un adversaire, l'avocat général, particulièrement fin et actif. Objectivement, il est parvenu plusieurs fois à mettre Ahmed en difficulté, pointant telle ou telle contradiction, ironisant parfois ou, au contraire, l'amenant doucement à se contredire, un peu, sur un point de détail, un élément annexe. Par exemple, s'il aimait Geneviève, pourquoi ces disputes, pourquoi ce projet de divorce ? Ah bon, on peut aimer et divorcer? Ah… Mais alors… Assurément, on peut aussi aimer et tuer, non?

Pour couronner le tout, Ahmed, même sans les assauts conjoints des deux magistrats, ne s'est pas très bien comporté.

Il répondait souvent de façon évasive, fuyante, assez laconique, en ayant parfois l'air un peu absent, un peu non concerné, ce qui n'est pas une excellente façon de convaincre juges et jurés qui l'ont en permanence sous les yeux pendant tout ce temps…

Nous avions passé des dizaines d'heures ensemble, à préparer cette audience. Je m'étais fait avocat général, anticipant toutes les questions possibles, toutes les difficultés potentielles. Je le croyais prêt. J'avais tort. Il ployait non pas sous le poids du fond du dossier, qu'il ne pouvait mieux maîtriser, même avec un langage auquel il manquait quelques mots pour que tout soit parfait, mais sous la honte d'être là, les regards d'inconnus appelés à décider de son avenir, les accusations réitérées contenues dans chaque question, auxquelles il fallait pourtant répondre en «se tenant» le mieux possible. La peur. Même et surtout celle de mal faire ou dire… Je ne souhaite à personne d'avoir à se défendre un jour devant une cour d'assises, c'est un «exercice» d'une absolue difficulté.

Ainsi, par exemple, l'examen de la personnalité commence par une déclaration spontanée de la personne, supposée à cet instant retracer exhaustivement sa vie, depuis l'enfance jusqu'à ce jour. Essayez de le faire, seul, face à une glace… Si plus de trente phrases vous viennent, alors on ne vous reprochera peut-être pas de dissimuler certaines choses, d'édulcorer, d'oublier des pans entiers de votre existence. Mais je suis bien certain que vous n'aurez même pas trente phrases. Autre exemple, que tous les avocats connaissent parfaitement : vous avez violé un enfant, vous avez reconnu ces faits, et votre victime est là, à la barre, devant vous. Essayez de « bien » répondre, en imaginant le silence et le regard des jurés, en sus de celui de l'enfant, à cette question que le président posera à coup sûr : « Vous êtes là, devant cet enfant, vous avez reconnu lui avoir fait du mal… N'avez-vous rien à lui dire ? » La réponse interdite est « non », sauf à passer pour un monstre insensible. Parvenez-vous à en trouver une autre, audible par des jurés ?

Pire : à plusieurs reprises, le stress d'Ahmed était tel qu'il a menti, négligeant le dossier, parfois même la logique. Par exemple, voilà que soudain il portait la veille des faits un costume non plus bleu, mais marron, de sorte que la particule de fil bleu trouvée sous un ongle de Geneviève ne l'accusait pas. Ce point n'avait pourtant jamais fait débat. Ahmed savait aussi bien que moi, que son accusateur ou la présidente, qu'il portait un costume bleu, mais il l'avait à la fois oublié et occulté. Il voulait trop se défendre, si bien qu'à la troisième reprise, la présidente s'est tournée vers moi, son avocat, pour me demander d'insister auprès de lui, de le « ramener à un peu de bonne foi », dans son intérêt, parce que là, elle renonçait. J'avais effectivement dû le faire pour qu'enfin il s'en « souvienne »… Évidemment, il fallait tenter de rattraper l'impression désastreuse produite par ce mensonge idiot. Doucement, je lui ai demandé : « Ahmed, pourquoi avez-vous menti, à l'instant, contre l'évidence, alors que vous n'avez jamais contesté ça ? – Ben, je sais pas… – Vous avez peur ? – Ben oui… », mais c'était avec des sabots et une tenue de scaphandrier. Et trop tard…

Lors d'une tentative de sauvetage, je suis allé droit dans le mur pour avoir oublié deux des règles fondamentales du pénaliste dans un procès : ne jamais poser de question dont on n'est pas certain de connaître la réponse et, si malgré tout, c'est une autre réponse qui vient, être prêt à rebondir comme si c'était celle qu'on attendait.

Ahmed venait de s'embrouiller totalement, pendant un bon quart d'heure, en répondant à une série de questions de l'avocat général sur son emploi du temps de la veille, inversant les étapes, transformant le motif de la dispute avec Geneviève, décalant l'heure du coucher des enfants, prétendant être sorti le premier. Une fois que tout a été rectifié d'après les procès-verbaux et « sous le contrôle de la défense », l'avocat général s'est assis, avec un grand sourire repu. La présidente a affiché le même sourire en me demandant si j'avais des questions sur ces différents points. Je fis mine de n'en avoir aucune, puis me ravisai, d'un air savamment calculé pour sembler las et désolé d'enfoncer une porte ouverte :

« Oh, si, allez, madame le président, une seule… Ahmed, nous sommes aujourd'hui un peu moins de trois ans après la journée pour laquelle vous venez de tout confondre. Une journée qui pour vous, je le rappelle, était *a priori* comme les autres, et dont vous n'aviez aucun motif de vous souvenir particulièrement. Bon, alors voyons… Pouvez-vous me dire ce que vous avez fait, tiens, il y a exactement trois ans, jour pour jour, soit en date du tant ? Que portiez-vous comme habits, qui avez-vous vu, vous êtes-vous disputé avec votre épouse ? »

Il s'agissait évidemment de lui faire dire qu'il était incapable de me répondre, et de démontrer qu'il ne s'en souvenait pas, qu'il était impossible de s'en souvenir aussi longtemps après, ce qui pouvait expliquer ses erreurs.

Ahmed s'est relevé dans le box, a semblé réfléchir quelques secondes, puis m'a répondu, l'abruti :

« Le tant ? Ah, oui, je m'en souviens très bien, c'était la fête du village. J'avais mis mon costume gris, et avec Geneviève et les enfants, on a été acheter des fleurs. On ne s'est pas disputés, c'était une belle journée. Le midi, on a mangé des... »

Je l'ai interrompu d'un geste et me suis tourné vers la présidente pour lâcher, sur le ton de l'évidence :

« Ah ! »

Je crois bien qu'elle était proche du fou rire en me demandant si j'avais d'autres questions. J'ai fait signe que non en me rasseyant le plus dignement possible...

Au fil de ces trois jours d'audience exténuants, Ahmed, souvent, était « mal passé » et mes relations avec la présidente s'étaient progressivement tendues, mais j'avais vu les jurés prendre de nombreuses notes, s'intéresser beaucoup au cas de l'absent, Roger, dont je voulais tellement qu'il ait tort. Aucun aveu n'avait été prononcé ni aucun flagrant délit de mauvaise foi ou de mensonge commis sur l'essentiel des faits, et, je le martèlerais bientôt comme un bûcheron, pas la moindre preuve formelle n'avait été rapportée.

Les débats furent clos en fin de matinée, le troisième jour, pour laisser place aux réquisitions, plaidoiries et délibéré, l'après-midi.

Incapable d'aller déjeuner, j'allai demander, ainsi que je le faisais souvent, leurs avis à la greffière et aux policiers d'audience, et fus conforté malgré tout. Comme moi, ils pensaient que mon client était mal ressenti par les jurés, mais comme moi ils trouvaient qu'en ce qui le concernait le dossier restait fragile. Je me laissai enfermer dans la salle et repris une dernière fois, un à un, les éléments que j'allais plaider un peu plus tard. La peur, dans ces moments-là, devient soudain physiquement douloureuse. Tout le fruit de l'expérience de l'avocat est d'arriver, au fil des audiences, non pas à atténuer la douleur, mais à s'en faire une alliée, à la canaliser pour tenir, concentré à l'extrême, jusqu'à la prise de parole, puis, à la seconde, s'en libérer totalement, l'énergie partant dans les mots… On sent qu'on va y arriver pleinement, un peu, ou pas, quelques secondes seulement avant de plaider. Je me plongeai dans mon dossier, bien inutilement puisque je savais tout par cœur, pour ne pas penser.

À la reprise, vers 14 heures, j'eus une bonne surprise. Plaidant la première, ma consœur, constituée partie civile au nom de l'administrateur des enfants, absents de l'audience, fit part à la cour de ce que les aînés, conscients et informés de ce qui se passait, ne croyaient pas leur père coupable. Plus exactement, ils ne le croyaient pas capable d'un tel acte. Et il leur manquait…

De plus, n'étant pas là pour accabler ou accuser, mais pour représenter six petits êtres qui avaient perdu leur mère, et dont l'intérêt était la vérité sur ce drame, elle conservait quant à elle un doute sérieux sur la culpabilité d'Ahmed. Elle concluait en se soumettant par avance au jugement de la cour et des jurés.

Elle ne m'avait rien dit, même si pendant les trois jours qui venaient de s'écouler, nous avions souvent discuté. Je la regardai se rasseoir, elle me rendit mon regard. J'espère qu'elle a pu y lire ce que je pensais : il y avait de la noblesse, et une grande honnêteté morale dans ce qu'elle venait d'oser dire, à la place qui était la sienne.

L'avocat général fut beau joueur avec elle. Placé soudain face à deux adversaires, car le doute est évidemment son ennemi absolu, et sachant le poids vraisemblable de l'opinion des enfants sur les jurés, il ne l'accabla pas. Il se contenta d'indiquer, en préambule à son propos, qu'il respectait totalement le ressenti des enfants – mais que bien sûr, ni lui-même, ni la cour, ni les jurés, ni la société n'étaient, eux, les enfants perdus d'Ahmed, adorant leur père qui leur manquait tant –; et que, si l'on pouvait comprendre dès lors qu'entre la justice et leur père, ils aient choisi leur père, lui, et «nous tous», ne pourrions pas, ne pourrions jamais, faire ce choix. Ahmed était coupable et tout l'accablait, bien au-delà de sa piètre défense de lui-même.

Il fut excellent. Il raconta comment, trois ans plus tôt, un crime était survenu. Il rappela d'abord les faiblesses de caractère d'Ahmed, «son profil psychologique pâle, faisant de lui un petit homme soumis, qui empilait les exactions et les carences de son épouse, ce n'était pas faire injure à sa mémoire que de dire ce qui était, comme l'eau d'une bouilloire vient lentement à ébullition... Pour ralentir le moment où il faudrait que la vapeur sorte, ou bien que l'instrument explose, il y avait les disputes, répétitives, lassantes, de plus en plus fréquentes, devant lesquelles il fuyait, comme ce soir-là; et il y avait Roger, l'exutoire, le seul ami, devenu un modèle, l'exhortant à réagir, Roger le violent, l'alcoolique, qui considérait qu'Ahmed ne serait pas un homme tant qu'il n'aurait pas levé enfin la main sur Geneviève... Voilà pour le contexte, voilà pour le décor, voilà pour le mobile – oh, qui n'en était pas un, pas au sens propre ; mais dans combien de crimes, particulièrement les crimes de sang, particulièrement les crimes plus ou moins passionnels, y a-t-il des mobiles objectifs, tangibles ? »

Le mobile d'Ahmed, c'était l'exaspération. L'explosion de la bouilloire. Et voilà ce qui s'était passé, preuves à l'appui, parce que le récit qu'il allait faire maintenant correspondait en tout point à chaque détail matériel du dossier :

« Ils se disputent, elle ne le griffe pas du tout à ce moment-là, personne, pas même Roger, n'a vu la griffure après et Ahmed ne l'a pas exhibée, alors même qu'il était remonté à bloc contre Geneviève ; pas plus qu'elle n'arrache le minuscule fil de son costume bleu, celui retrouvé en boule et maculé le lendemain, faute de quoi le fil serait tombé entre-temps de l'autre ongle de la défunte, et Ahmed ne portait évidemment pas sa veste chez lui, pourquoi et comment voulez-vous que le fil vienne du pantalon ? Elle sort du domicile, et sous ses ongles il n'y a rien.

Elle va s'asseoir, probablement aussi un peu cuver et fulminer, à sa place habituelle, sur un banc à l'écart, sur une place déserte à cette heure-là, les riverains sont devant la télé ; Ahmed met sa veste, maintenant, et sort à son tour, il va pleurer chez Roger ; a-t-il déjà l'intention de tuer Geneviève ? Non, probablement pas, on ne le lui a pas encore si fortement suggéré. Roger est ivre, il le sera de plus en plus, et les deux accusés initiaux comme les témoins confirment qu'il pense à un geste violent, qu'il le répète, qu'il, écoutez bien cela, qu'il décrit le crime exact qui va être commis deux heures plus tard, un “sourire kabyle”, au couteau cranté ; les témoins partent, les deux hommes se retrouvent seuls, Ahmed est à bout, Roger ivre et surexcité, comme dans le passé, où il a déjà agi violemment ;

il n'y a pas de raison pour qu'Ahmed parte avant que Roger se couche, aucune, rien ne l'attend, il risque même de retrouver Geneviève ; non, il reste, et Roger, monté en puissance, n'a pas d'autre raison d'aller chercher son couteau, soudain, en pleine nuit, que de le montrer à Ahmed, et que de décider, avec lui, de s'en servir, pour le libérer, pour lui prouver ce qu'est un homme, un vrai. Il va, ou ils vont chercher l'arme.

Juste avant ou juste après, ils décident ce qu'ils vont en faire : la préméditation commence là.

Ils savent où se trouve probablement Geneviève, n'oubliez pas qu'elle est partie avant Ahmed qui sait qu'elle est à pied, et souvenez-vous des témoins, tout le monde connaît le banc où cette femme s'isole souvent, dans les mêmes circonstances ; on monte à bord du véhicule de Roger, ce véhicule blanc de type 4x4, dont l'accusation attend encore que la défense lui indique s'il en existe un similaire dans toute cette affaire, et que trois témoins, pas un, pas deux, mais trois, identifieront à deux mètres de la scène de crime, et où seront retrouvés, l'expert vous l'a dit sans possibilité d'erreur, l'ADN d'Ahmed côté passager et de la boue, la même que celle du fossé, un peu partout, dedans et dehors ; on s'en va chercher Geneviève, et malheureusement pour elle on la trouve, sur son banc ; on lui ment, on veut faire la paix, peu lui importe, mais elle monte avec les deux hommes qu'elle connaît parfaitement, et donc sans violences ni contrainte – car si ce n'est pas eux, comment expliquer qu'aucune, aucune trace de défense ou de violence n'ait été retrouvée sur la malheureuse ?

On roule, on l'emmène vers la forêt, et on se gare rapidement dans un coin désert, il n'a pas fallu plus de quelques minutes – le véhicule est dans le bon sens, on n'a pas fait demi-tour, elle se serait demandé pourquoi ; on va aller vite, on ne prend pas la peine d'éteindre les phares, peut-être que les deux hommes, les deux assassins, poussent leur victime dehors, peut-être que tous trois descendent sous un prétexte quelconque, mais ce que l'on sait, parce que des témoins l'ont dit, et que des témoins, dont rien, strictement rien, ne permet de mettre la parole en doute, l'ont vu, c'est qu'un instant après, Geneviève est dans le fossé, eux se tiennent côte à côte devant elle, au bord, et qu'elle fait un geste vers eux pour tenter de sortir de là…

La suite, la terrible suite, personne ne la voit, mais tous les éléments matériels du dossier nous la racontent : les deux hommes descendent à leur tour, leurs bas de pantalon porteront la boue du fossé, leurs chaussures en seront pleines ; Ahmed maintient Geneviève, qui sait maintenant qu'ils lui veulent du mal, qui a peur, qui se débat, sans doute peu de temps ; elle griffe Ahmed au cou, elle arrache une fibre de la veste que désormais il porte ; mais il est déjà bien trop tard : Roger est derrière elle, Roger le gaucher qui lui tranche la gorge avec son poignard, de la droite vers la gauche, en la maintenant en arrière ; le sang de l'innocente gicle, mais Ahmed s'est éloigné, et Roger, derrière elle, n'en est pas éclaboussé. Elle tombe. Elle est abandonnée dans ce fossé boueux, comme un chien écrasé.

Les deux assassins remontent dans la voiture, où ils laisseront un peu de boue ; Roger dépose Ahmed chez lui, je le sais car je sais qu'il ne marchera pas, ou très peu, sur la route, où d'autres substances auraient collé aussi, en plus de la même boue, à ses semelles, pas plus que Roger n'y marchera, garant quelques secondes après son véhicule devant le Guet-Apens, et rentrant immédiatement chez lui avec l'arme du crime, qu'il s'empressera de laver, et pas seulement à l'eau, comme un collectionneur qui aurait voulu en ôter la poussière, mais comme un assassin qui veut faire disparaître toute trace de son forfait – pas assez bien, cependant, vous vous en souviendrez, pour qu'une infime quantité de la chair de Geneviève ne s'y trouve encore ; ce n'est pas une hypothèse mais bien une certitude, parce que s'il s'était agi là d'un résidu plus ancien, comme a feint de le supposer Roger, le prétendant vieux de plusieurs années, alors celui-ci se serait décomposé, et évidemment, aurait disparu.

Roger roule l'arme dans un sachet, je pense que c'est celui dans lequel il l'avait emportée, pour qu'elle soit à l'abri des regards ; et il va se coucher, devoir accompli, courage de l'ivrogne assouvi. Tout ceci a pris du temps, bien plus que de ranger trois verres dans un café désert : Monique, la malheureuse Monique qui m'écoute, assise là-bas, et se rend enfin à l'évidence, je le vois, est réveillée par son mari, et constate qu'il est 3 heures ; surtout, elle l'entend dire à plusieurs reprises "Putain, je l'ai fait", en boucle…

Dites-moi, Ahmed, de quoi parle-t-il donc avec tant d'insistance, dans son demi-sommeil d'alcool ? Du rangement du comptoir ? Non, vous savez comme moi, n'est-ce pas, de quoi il parle, votre ami Roger, qui vient de tuer, avec vous et pour vous… »

L'avocat général sera aussi implacable sur ses convictions qu'il l'a été dans son récit : pour lui, Ahmed, qui n'était pas ivre, avait accepté en parfaite conscience la proposition de Roger. Au mieux, il en était plus coupable encore ; au pire, il avait peut-être pu penser que Roger ferait un coupable idéal, le dédouanant au passage…

Après d'autres considérations sur les règles d'administration de la preuve, sur l'attitude d'Ahmed à l'audience, sa froideur, y compris le jour même devant les gendarmes, d'autres encore – je n'écoutais plus car j'étais en fureur –, il conclura en expliquant que la partie civile, tout à l'heure, s'en est rapportée à la décision que prendraient les juges, et a aussi parlé de l'amour porté par Ahmed à ses enfants; il demandera aux magistrats et aux jurés de dire, avec lui et selon sa conviction étayée par toutes les preuves du dossier, que ce soir-là, cet amour n'existait pas, ou avait cessé d'exister; il leur demandera de dire aux enfants qu'Ahmed, en commettant ce crime, a non seulement privé Geneviève de sa vie, mais les a privés de leur mère, d'amour maternel à jamais; il leur demandera de le condamner à trente ans de réclusion criminelle.

Un temps de silence, puis enfin, j'eus la parole. Ma voix tremblait, non plus de peur mais de colère: «Prouvez-le! criai-je presque, attrapant d'un coup toute l'attention de la salle. Prouvez votre histoire. Ne dites pas que les preuves recueillies peuvent y correspondre: dites qu'elles la démontrent, de façon certaine. Et si ce n'est pas le cas, cessez de tenir cette histoire pour vraie.» Et là, je plaidai près de trois heures.

Au-delà du silence, au-delà de l'attention des jurés que je n'ai jamais vue diminuer, malgré les minutes et les heures qui passaient, au-delà de la maîtrise que j'avais de mon discours, j'étais profondément convaincu de l'innocence d'Ahmed, de sorte qu'en réalité, je ne plaidais pas. Je n'ai d'ailleurs pas eu une seule fois recours à mes notes ou au dossier. En fait, je défendais Ahmed comme s'il avait été mon frère, et avec autant de sûreté que si j'avais assisté moi-même au déroulement des heures qui avaient entouré le drame : je ne plaidais pas, je *savais* que ce que je racontais était vrai.

J'ai tout repris, à nouveau, et deux fois : une première, parce qu'une piste pouvait toujours s'envisager, celle de coupables tiers, jamais identifiés, repartis comme ils étaient venus, que le hasard aurait mis sur la route de Geneviève ce soir-là ; non, je n'y croyais pas vraiment, mais, dis-je aux jurés, l'un de vous peut-il me jurer sur la tête de ses enfants ou de ses parents que ce n'est pas arrivé, que ce hasard n'est pas survenu ? J'avais, moi, l'impression que personne n'en prendrait le risque, et ce motif d'acquittement me suffisait en lui-même.

Surtout, j'ai repris l'ensemble des éléments, sans en laisser aucun de côté, pour étayer la thèse qui me paraissait la plus vraisemblable, la plus logique, la plus simple, recoupant toutes les charges du dossier, ou en tout cas formellement contredite par aucune, et qui pour autant n'impliquait en rien Ahmed. Comme l'avocat général, j'avais moi aussi mon histoire, et la mienne aussi tenait debout, celle d'un crime commis par Roger seul, après le départ d'Ahmed, et sans qu'il le sache.

D'abord, le mobile : « Néant. Rien n'indiquait qu'Ahmed, calme, pondéré, qui ne buvait pas, ait vraiment été à bout, ce soir-là ou un autre, ni moins encore qu'il ait eu quelque bonne raison que ce soit de passer à l'acte. Pour quoi faire ? Encourir la perpétuité aux assises ? Alors que, et il le savait, on le lui avait dit, un divorce facile lui était possible – si réellement c'est bien ce qu'il voulait. Car je le croyais, moi, lorsqu'il parlait de son amour pour Geneviève. Qui étions-nous pour juger de cela, qui serais-je, moi, pour trouver mal assorti tel ou tel couple dont l'un des membres serait dans cette salle, et pour décider d'autorité qu'en conséquence le véritable motif de cette union ne pouvait être sentimental ? Qu'est-ce qu'on savait de cette chose-là ? »

J'affirmai qu'il n'y avait aucun mobile, ni humain, ni rationnel, aucune explication cohérente à ce qu'Ahmed soit en quoi que ce soit mêlé à la mort de sa femme – et qu'on ne me parle pas de sa pseudo-absence de réaction, le lendemain. Elle ne signifiait ni ne prouvait rien. Chacun, dans un cas semblable, en aurait une différente, ou en apparence, aucune. J'avais tout vu en ce domaine, notamment en fréquentant cette salle d'audience.

La griffure, très légère, que portait Ahmed au cou, et le fil bleu sous l'ongle ? J'étais persuadé que cela s'était passé comme il l'avait indiqué, lors de l'engueulade. Je dis que « l'avocat général avait écarté cette possibilité d'un revers de manche au nom d'un seul facteur : la logique apparente et raisonnable – le pire ennemi de l'historien, et être juge au pénal, avocat aussi d'ailleurs, c'est prétendre être l'historien d'un moment de vie précis. Cette logique-là, c'était en fait une simple probabilité. Je ne parlais pas de la griffure, vraiment infime, qui pouvait parfaitement avoir été causée par un geste de colère ou une tentative de gifle, comme Ahmed n'avait cessé de le répéter, alors que le couple était encore chez lui – et qu'avait décrit d'autre l'accusation, en transposant seulement le même geste deux heures plus tard, sans le justifier en rien ? Mais oui, le fil avait logiquement plus de chances de provenir de la veste que du pantalon, il était moins probable que la main de Geneviève ait effleuré celui-ci, vu la scène décrite ; et alors ? On allait condamner un homme pour ça ? Parce qu'il était "plus probable" que ? Avait-on démontré, sans erreur possible, la main à couper, que ce fil bleu venait bien de la veste, et en avait été arraché lors du crime ? On avait donc effectué des tests sur la durée de vie d'une particule de coton sous un ongle ? Quelqu'un était-il capable d'affirmer qu'une heure avant la dispute, Geneviève n'avait pas déplacé la veste de son époux, en y prélevant ce qui deviendrait la preuve accablante, la prétendue seule preuve de la présence physique d'Ahmed sur les lieux de l'assassinat ? »

Là, j'avais pris un petit risque : « Regardez tous vos ongles, très soigneusement, maintenant ou en délibéré, et vérifiez s'il ne s'y trouve pas une petite saleté quelconque, trois fois rien ; demandez-vous ensuite, si tel est le cas, d'où elle vient, quand votre doigt l'a ramassée… Si vous vous apercevez qu'elle vient de chez vous, demandez-vous encore si c'était ce matin, dans la nuit, ou hier… » La logique, l'apparence étaient les ennemies de cette salle, n'avaient rien à y faire, s'opposaient, par leur faiblesse, à la rigueur nécessaire que contient le mot « preuve ». De preuve, nous avions celle que la main de Geneviève avait, à un moment donné, touché un élément du costume porté ce jour-là par son mari ; en aucun cas, la preuve que c'était arrivé à 2 heures du matin. Il y avait mille explications possibles, mais une seule, autre que celle de l'accusation, me suffisait.

« D'ailleurs, on n'avait pas recherché l'ADN d'Ahmed sur les vêtements de Geneviève, parce qu'on estimait qu'il était probable qu'on en trouve mais que ça ne signifierait rien, le couple vivant ensemble et ayant eu des contacts toute la journée : dès lors, comment ce fil infinitésimal pouvait-il ne pas suivre la même voie en tant que preuve, celle de la poubelle ?

Que restait-il ? Deux détails, en tout et pour tout – et l'absence d'éléments plus tangibles, plus nombreux, plus pertinents, constitue en elle-même un élément à décharge : quoi, pas de sang, du tout, sur l'homme qui, selon l'accusation, est à la fois tellement proche de Geneviève qu'elle le griffe et lui vole une parcelle de tissu, et tellement loin que, malgré les "giclées" de sang, souvenez-vous, c'est le terme que l'expert a employé, causées par la blessure, il n'en reçoit rien, pas une goutte, pas même sur les chaussures ? Nous venons de parler de logique : qui, ici, admettrait cette logique-là, la tolérerait une seconde s'il s'agissait de l'accuser, lui, avec ce type de fondements ?

Il ne restait déjà plus que deux détails : les taches de boue sur les chaussures et le bas de pantalon, et les trois témoins qui... Ah, non, pardon, je dis "les trois témoins" mais c'est stupide, je cède moi aussi, comme l'a fait sur ce point M. l'avocat général tout à l'heure, à la facilité du manque de rigueur – et je le réentends vous dire qu'il n'y avait pas un, pas deux, mais trois témoins... Ce qui, s'agissant d'Ahmed, est faux, archifaux : UN témoin peut-être, tout au plus. Oui, souvenez-vous : le jeune homme n'a vu personne, seulement la voiture ; la jeune femme a vu... deux silhouettes, pas trois, jamais, rien d'autre : deux silhouettes, côte à côte, l'une "un peu plus petite" que l'autre – or Ahmed est petit, tout petit, très petit ; pas "un peu" plus petit que Roger ou que Geneviève, beaucoup plus ; et puis, on parle là de silhouettes entraperçues : s'il s'agissait d'Ahmed, fin et sec comme un clou, cette autre différence, de largeur cette fois, avec Roger ou Geneviève, ne l'aurait-elle pas également frappée ? Je dis que cette jeune femme a seulement vu Roger et Geneviève côte à côte, je dis que rien ne s'oppose dans ce témoignage à ce que je répète, j'affirme que si cette personne a vu deux, et non pas trois silhouettes, c'est qu'il n'y en avait que deux ! Disposez-vous, ici encore, de la moindre preuve contraire ?

Oui, bien sûr, le témoignage du brocanteur. Tellement sûr de lui. Tellement fiable que ce témoignage, en réalité unique, puisqu'il est le seul à avoir vu trois personnes, est tenu d'office pour absolument vrai par le parquet, tandis que nécessairement, celui de la jeune femme est quant à lui sujet à caution, elle a forcément mal regardé, elle était plus distraite, ou ses yeux portent moins loin la nuit, passons : elle, en tout cas, n'a vu personne dans le fossé, mais comme c'est ennuyeux, elle a probablement mal vu...

Et si c'était le brocanteur qui avait mal vu ? Si, par exemple – et cela expliquerait pourquoi, en apprenant le crime dans la presse le lendemain, il ne se précipite pas chez les gendarmes, alors que le rapprochement est évident –, il n'a effectivement remarqué au départ que deux silhouettes, ou pour ce que j'en sais, aucune, même, pourquoi pas ? Et que c'est seulement en découvrant dans le journal qu'il était censé y avoir trois protagonistes que son cerveau, à l'insu de son plein gré comme disait l'autre, a inventé la troisième silhouette ? Oh, je sais, il a dit qu'il n'avait pas été voir tout de suite les gendarmes car les articles décrivaient une victime dans le fossé et deux assassins "présumés" arrêtés, soit exactement ce qu'il avait vu, de sorte qu'il avait pensé qu'on n'avait pas besoin de lui. Soit, même si un coup de fil n'est pas cher et permettait d'en être certain, je l'admets, je ne veux pas accabler ce monsieur. Vous avez vu les photos de la reconstitution, nous sommes dans une forêt, le fossé qui la borde est plein de souches et de branches : et si la silhouette en retrait était une branche ou un buisson, dans le noir, après une journée de seize heures, et dans l'éclat des phares?

Et si, allons plus loin, je vous dis qu'à nouveau la fameuse logique contredit totalement ce témoignage? Et qu'à mon sens je détiens la preuve qu'il est erroné et, je le pense sincèrement, en réalité le probable mirage d'une autosuggestion *a posteriori*? Ou si pas la preuve – car je n'ai pas cette charge, moi –, au moins un sacré élément de réflexion... Vous vous souvenez de son témoignage, précis et carré? Deux hommes au bord du fossé, une autre silhouette dedans, un peu sur le côté, et... Attendez... Comment ça, "un peu sur le côté"? Effectivement, en passant sur la route, en parallèle à la ligne formée par les deux silhouettes côte à côte au bord du fossé, il était impossible, strictement impossible à cet homme de voir une autre silhouette en contrebas et exactement devant eux, ils auraient fait obstacle à sa vue avec leurs corps: la victime, il n'a pu la voir que sur le côté, suffisamment d'ailleurs pour qu'elle se distingue d'eux dans la nuit mal éclairée... Mais alors, quand diable cette scène, dont je n'ai trouvé aucune trace dans l'histoire racontée tout à l'heure par M. l'avocat général, a-t-elle bien pu se produire? On supposera, encore, que la victime est tombée ou a été jetée dans le fossé, et qu'elle demande à remonter... Et que font nos deux futurs assassins? Ils ne se placent pas en face d'elle, mais à côté, et ils regardent tous deux joyeusement on ne sait pas quoi, droit devant eux, dans le noir de la forêt, en attendant que le temps passe?

Cet homme, je l'affirme, ne peut pas avoir vu une telle scène.

Mais allons encore un peu plus loin, et réglons définitivement le sort de ces témoignages, non pas pour vous prouver qu'ils sont faux, mais simplement d'une fragilité extrême, défiant même résolument la logique : nos trois témoins, leurs véhicules n'avaient pas de moteur ?

Oui, cette absence de bruit indiquant leur arrivée à hauteur de la scène de crime serait la seule explication rationnelle et logique au fait qu'apparemment, les deux personnes au bord de la route n'en ont pas été effrayées, et n'ont pas du tout cherché à se dissimuler, même pas en se baissant…

Ou alors… Si, il existe une explication logique : ces deux personnes étaient ivres, de sorte qu'elles ne prenaient plus garde au passage des voitures et, au surplus, n'avaient pas spécialement de motif de se cacher – parce que, éventuellement, rien encore n'était arrivé.

Ahmed ne boit pas. Et il n'était pas là. Et Roger, car c'était lui, tuera Geneviève, car c'était elle, quelques instants plus tard, en l'ayant poussée d'abord dans le fossé, en sautant dedans pour l'égorger, puis en repartant, toujours seul.

Non, je ne peux ni n'ai à le prouver ; mais c'est en cohérence avec ce que l'on sait – et vous ne pouvez pas me prouver que ça s'est passé autrement.

Quant à la boue, ultime élément prétendument à charge, vous avez comme moi entendu les conclusions de l'expert : la boue, dans le village et sur la route, est la même, partout ; vous vous souvenez de sa longue audition, et des questions posées : c'est vrai, sur les prélèvements réalisés à l'intérieur du village, on trouvait dans cette même boue d'autres composants. Sur cet élément, dont je rappelle que c'est la défense qui l'a sollicité, l'accusation, qui ne s'y intéressait pas à l'origine, voudrait que tous les échantillons retrouvés proviennent, exclusivement, du fossé fatal, puisque tous ne comportaient que la boue et pas les éléments de pollution supplémentaires. Mais souvenez-vous de mes questions, et des réponses de l'expert :

Se peut-il que les prélèvements d'échantillons aient “raté” ces éléments supplémentaires ?

Oui, on prélève sur un centimètre carré, le centimètre carré voisin pouvait en contenir, c'est le cas de tous les prélèvements scientifiques, sauf à analyser tout le matériel dont on dispose, ce qui est rarement ordonné : trop long, trop cher.

Pouvez-vous nous rappeler la date à laquelle les échantillons de boue ont été prélevés dans le village ?

Oui, c'est le tant, environ un mois après les faits. Et pour anticiper votre question suivante, maître, oui, il est parfaitement possible que les grains de pollution retrouvés ce jour-là résultent d'un phénomène postérieur à la date du crime ; il y a eu, je pense, trois prélèvements, tous le long de la voie principale du village, celle qui conduit du débit de boissons au domicile de la victime : il a suffi par exemple qu'un camion soit passé récemment…

La voilà, la preuve accablante de la boue, le voilà, le lien fatal entre nos personnages : une énorme fragilité, pas même un fil de soie, que je casse à volonté en dix endroits, faute pour l'accusation de s'être donné les moyens d'accuser correctement – en ayant fait par exemple réaliser les prélèvements le jour même…

Des preuves ? Quelles preuves ? Ce n'est pas le couteau d'Ahmed, ce n'est pas la voiture d'Ahmed, si tant est d'ailleurs qu'ils aient été ceux de Roger – même cela n'est pas démontré…

Des preuves ? Il ne vous reste rien. Vous n'en avez strictement aucune. »

Je terminai, la voix mal en point, le cerveau et le cœur en guère meilleur état, sur l'avertissement aux jurés, qu'on allait leur lire dans un instant un texte magnifique qui leur dirait une fois encore, la dernière, qu'ils devaient se forger, seuls et pour eux-mêmes, une intime conviction: «La loi ne demande pas compte aux juges des moyens par lesquels ils se sont convaincus, elle ne leur prescrit pas de règles desquelles ils doivent faire particulièrement dépendre la plénitude et la suffisance d'une preuve; elle leur prescrit de s'interroger eux-mêmes dans le silence et le recueillement et de chercher, dans la sincérité de leur conscience, quelle impression ont faite, sur leur raison, les preuves rapportées contre l'accusé, et les moyens de sa défense. La loi ne leur fait que cette seule question, qui renferme toute la mesure de leurs devoirs: "Avez-vous une intime conviction?"»

Je leur rappelai que ce texte solennel visait seulement à leur interdire de se tromper, et affirmai qu'ici toute condamnation ne pouvait que prendre ce risque; mais je leur dis aussi que, profondément, ce n'était même pas au bénéfice du doute que je leur demandais d'acquitter Ahmed, mais parce que j'étais certain de son innocence.

Dès lors, il me fallait conclure:

«Je suis certain de son innocence. Parce que rien dans le dossier ne dit l'inverse, parce qu'Ahmed a nié depuis la première heure et constamment ensuite, parce que rien n'est inexplicable s'il est innocent, et au-delà, parce que tout en lui me convainc, parce que je l'ai cru dès que je suis devenu son avocat – peu m'importe que vous me pensiez en train de le dire parce que je le suis, je vous le dis quand même.

Ahmed est aussi innocent pour une autre raison… Je pense que chacun d'entre vous admet qu'il adore ses enfants, qu'il était un bon père, qu'il ne leur voulait que du bien et ne leur donnait que de l'amour – même les services sociaux, dans l'enquête de personnalité, l'ont constaté tout au long du suivi de la famille. M. l'avocat général a affirmé, sans plus le démontrer que le reste, que cette nuit-là il avait cessé de les aimer. J'affirme quant à moi, parce que j'en suis le témoin direct depuis trois ans, qu'il n'a jamais cessé de le faire, qu'il aimait et aime ses enfants plus que tout, et que s'il ne fallait qu'une raison au fait qu'il n'a pas pu tuer leur mère, une seule, on ne peut pas lui enlever celle-là : jamais il n'a pu leur vouloir un tel mal.

Rendez ce père à ses enfants. Acquittez-le, parce que ce sera juste. »

Je me rassis dans un silence de plomb, ruisselant et totalement épuisé. Je n'osais pas me tourner vers Ahmed, qui eut, après les quelques formalités finales et la lecture du texte précité aux jurés, la parole en dernier, et prononça la phrase convenue : « Je n'ai rien fait. »

La cour et le jury se retirèrent alors pour délibérer.

J'allais enfin pouvoir me désaltérer et me nourrir, mais d'abord, je me rendis aux côtés d'Ahmed, dans les geôles ; il me félicita et me remercia avec chaleur. Je souris et lui dis finement, comme souvent, que j'étais ravi de l'avoir au moins convaincu. Nous nous détendions enfin. Il me demanda pour combien de temps nous en avions, je pensais à deux heures au moins ; je le laissai, content d'avoir pu au moins lui faire oublier qu'on demandait trente ans contre lui.

Il était maintenant 20 heures. À table, je passai tous les appels téléphoniques que trois jours d'absence du cabinet avaient rendus urgents et restai là, à réfléchir, et réfléchir encore. Non, décidément, je ne voyais pas ce que j'aurais pu oublier, ça allait.

L'huissier d'audience ne m'appela que vers minuit, alors que tout était fermé depuis longtemps autour de la cour, et que j'étais assis sur le banc d'Ahmed, à discuter et fumer avec lui : ils étaient prêts. Je lui souhaitai bonne chance et allai remettre ma robe, qui en quatre heures n'avait pas eu le temps de sécher.

L'avocat général vint me saluer, me dire qu'il avait apprécié mon travail, qu'il pensait que ça allait être un acquittement, et que je l'avais convaincu. À présent, affirmait-il, il ne requerrait peut-être pas la culpabilité ! Le compliment m'arracha un faible sourire, puis je secouai la tête : « Vous vous rendez compte, s'il est condamné… Il aurait peut-être fallu s'interroger avant ? » L'avocat général n'eut pas le temps de répondre, la cour et le jury entraient.

La première jurée pleurait et personne ne nous regardait, Ahmed et moi.

La présidente ne tarda pas à prendre la parole. Les réponses aux questions étaient toutes positives. Coupable. En conséquence, Ahmed était condamné à vingt ans de réclusion criminelle.

J'avais compris quelques secondes avant ce prononcé, ce qui m'a permis de conserver un semblant de dignité. Je suis resté debout, mes larmes ont jailli, mais je n'ai pas hurlé à la mort…

Totalement effondré, je n'arrivais plus à penser. La cour et les jurés sont sortis, puis seule la cour est revenue, pour l'audience civile[1]. Je ne m'étais même pas tourné vers Ahmed, je n'arrivais pas à le faire ni à lui adresser la parole – si l'expression «K. O. debout» s'est jamais appliquée à une scène judiciaire, c'est bien à celle-là.

Cette audience a été, comme toujours, expédiée en quelques minutes. Quand le calvaire a définitivement pris fin, je me suis décidé à sortir de ma léthargie. Je me suis précipité dans les geôles, pour réconforter Ahmed quelques minutes, avant son départ pour la prison. Je tenais aussi à lui dire que nous ferions appel, que je le suivrais encore, s'il voulait bien de moi…

Les policiers nous accordèrent quelques instants, sur le banc où il venait de passer quatre heures. Je m'effondrai à ses côtés, vidé, meurtri, misérable. «Ahmed, je ne sais pas quoi vous dire…» Je relevai la tête pour le regarder en face, et assumer.

Il souriait. Pas son rictus à la con, non: il souriait vraiment.

Je rouvris la bouche pour lui demander s'il avait bien compris le verdict, mais il m'arrêta d'un geste: «Allez, maître, vous vous êtes bien battu, et vingt ans, ça va, c'est pas si mal…»

Les yeux ronds, j'avais le mot «appel» à la bouche quand il enchaîna, d'une voix très douce, où j'ai bien cru discerner un petit regret: «Allez, maître, je ne pouvais pas vous le dire vraiment, je sais que je vous aurais déçu… Mais oui, je l'ai fait. Je l'ai fait… C'est pour ça que je ne voulais pas que vous accusiez Roger quand il était encore

1. Aux assises, audience qui se tient après l'audience pénale, donc après la déclaration de culpabilité, et permet à la partie civile de solliciter son indemnisation. Les jurés n'y sont plus, seuls y siègent les trois magistrats professionnels.

en vie, le malheureux: il était là, il a tout vu, mais tout ce qu'il a fait, c'est me laisser prendre son couteau...»

Je le regardai, sans pouvoir bouger ou dire quoi que ce soit; si, quand même: «Mais... pourquoi?»

Il répondit par un autre petit sourire gêné, en secouant la tête. Ça, il ne me l'avouerait pas. Je m'en foutais presque, tellement j'étais abasourdi.

Les policiers s'impatientaient, il se leva: «Allez, ça va aller. Bon courage, et encore merci. Vous avez bien bossé.»

Voilà, c'était tout. Il est parti pendant que je restais sur son banc, dans ma robe puante, les larmes aux yeux, prenant une fois de plus, mais durement, vraiment terriblement durement, une leçon de vie.

Je finis par me décider à m'en aller, moi aussi.

Je n'allai saluer personne de la cour, il y a des limites à tout. Je rassemblai mes documents, ma robe, et quittai la salle pour rejoindre mon véhicule, garé tout à côté du palais.

J'avais mal partout, mais plus encore au ventre, et je n'étais pas arrivé à ma voiture que je dus m'arrêter et vomir, plié en deux.

D'habitude, à l'issue de l'audience pénale, nous ne revoyons pas les jurés. Ils repartent chez eux après le délibéré, pendant que nous sommes en audience civile. Au demeurant, ils sont tenus par le secret des délibérations, et même si nous les croisions ou sortions ensemble du palais, ils ne pourraient rien nous en dire.

Là, l'une des jurées, la plus âgée, je pense, m'avait attendu dehors, malgré l'heure tardive – dans la petite rue adjacente, ma voiture était la dernière.

J'étais mal en point. Les sensations de dégoût s'étaient accumulées, d'abord à l'énoncé du verdict, ensuite après ma conversation avec Ahmed, enfin tandis que je dégueulais contre un mur, malade comme un chien. Elles m'avaient pris totalement de court, je n'avais plus de défenses. Pour tout dire, après m'être essuyé la bouche, j'avais rejoint ma bagnole et pleurais comme un veau, les mains sur le toit, quand je l'entendis : « Pardon, maître… »

Je fis un bond : il était 1 heure du matin et je me croyais seul. Je la reconnus immédiatement, me redressai en tâchant de me donner une contenance, et l'interrogeai du regard.

Cette petite dame d'un certain âge avait attendu dehors en bravant le froid et la nuit parce qu'elle avait bien vu, avec les autres, que j'étais effondré lorsqu'ils avaient prononcé la décision. Elle avait bien vu aussi, me dit-elle, que j'étais sincèrement convaincu de l'innocence d'Ahmed. Alors, pensant que je ferais sans doute appel, elle avait résolu de violer le secret du délibéré, à la fois parce qu'elle s'en voulait et avait besoin de l'exprimer…

À l'en croire, lorsque les jurés étaient entrés dans la salle des délibérations, une large majorité d'entre eux, dont elle faisait partie, avaient la conviction qu'ils ne pouvaient pas condamner Ahmed, qu'il n'y avait pas assez de preuves. Ils l'avaient exprimé spontanément et la discussion, informelle, avait duré quelques minutes seulement, chacun ayant bien compris les règles de majorité[1] entourant le scrutin et plusieurs proposant dès lors de voter tout de suite.

1. Aux assises, sur trois magistrats et neuf jurés, soit douze juges, il suffit que cinq votent « non » à la question sur la culpabilité pour acquitter.

C'est alors que la présidente et l'une des deux autres magistrates étaient intervenues, expliquant au jury qu'il avait tout son temps, qu'il fallait d'abord tout revoir. La décision était trop importante pour être prise « à chaud ». Très vite, elles avaient « repris la main » et analysé les différents éléments à la lumière de leur expérience, en parlant beaucoup. Il y avait eu plusieurs tours de vote blancs, et les premiers, m'assura la petite dame, restaient favorables à Ahmed. Des discussions très dures s'étaient ensuivies entre quelques jurés qui manifestement refusaient de condamner, parlant d'innocence et de risque d'erreur judiciaire, et ces magistrates affirmant la culpabilité d'Ahmed, parfois même cassantes avec ceux qui objectaient encore. La première jurée s'était vraiment fait remettre en place, elle avait fini par ne plus s'exprimer... Bref, ce que cette dame voulait que je sache, c'est qu'en fait, j'avais convaincu la majorité des jurés, qu'ensuite ils avaient été lâches, impressionnés par l'autorité des magistrats, et que plusieurs avaient fini par changer leur vote – elle-même l'avait fait, elle assurait s'en vouloir terriblement, avoir eu conscience de son erreur, mais trop tard, en entrant dans la salle...

Elle avait absolument tenu à me le dire – à me l'avouer, malgré tout, pour que je « ne me désespère pas »...

J'avais conscience que ce qu'elle me racontait était peut-être faux, inventé pour se déculpabiliser et/ou pour me faire plaisir ; ou encore, plus probablement d'ailleurs – je ne suis pas de ceux qui pensent que tout est pourri au royaume du pénal –, qu'il s'agissait là de sa vision des choses, de son analyse. La présidente était dure, je le savais, mais il n'y avait rien d'anormal à ce qu'elle parle, au même titre que les autres, qu'elle exprime ses convictions et les étaye. Sans nul doute, elle était mieux armée que quiconque pour bien le faire, et convaincre : il fallait être très fort, très libre, très combatif, pour résister à cela, simple citoyen devenu juge au royaume des juges – et je crains qu'on ne rencontre pas très souvent, dans la vraie vie, le premier des fameux *Douze hommes en colère*...

La jurée avait posé une main sur mon épaule, ébauchait un pâle sourire contrit, voulait que je lise dans ses yeux qu'il y avait de l'espoir. Moi, je pleurais toujours, je savourerais plus tard, si l'on peut dire, l'ironie absolue de cette scène – bien sûr, il fallait que cette révélation tombe sur ce procès-là...

Je lui assurais que je comprenais, que je la remerciais de sa démarche qui resterait secrète, qu'elle n'avait pas à s'en vouloir, la cour d'assises était conçue ainsi. Je n'en pensais pas un mot, mais je n'avais plus aucune ressource. Pour tout dire, le sentiment de gâchis que j'éprouvais était tel que je m'en foutais.

Nous restions là, comme deux imbéciles, dans une rue déserte plongée dans le noir, les yeux brillants, à tenter de nous réconforter mutuellement sans y parvenir. Je venais de mettre toute ma conviction à certifier l'innocence d'un homme, puis d'entendre sa condamnation, puis d'entendre qu'il n'était en fait pas innocent, puis d'entendre qu'il n'aurait en fait pas dû être condamné : j'avais ma dose de sources d'écœurement.

Je la remerciai à nouveau et la laissai repartir chez elle, se sentant, je l'espérais, un peu moins coupable. En revanche, je n'étais pas parvenu à lui dire qu'Ahmed était bien l'assassin. Je me souviens avoir vaguement pensé « violation du secret professionnel », mais, surtout, qu'elle siégerait peut-être à nouveau dans les prochains procès de la session. Inutile de lui enlever ses illusions : de ce côté-là, je me suffisais à moi-même…

Quatre années se sont écoulées. Ma vie a repris son cours et j'ai continué à défendre des gens avec plus ou moins de succès. Jamais je n'ai oublié cette nuit-là, mais j'ai fini par la digérer, la mettre de côté. Au fond, elle a servi à renforcer ce qui devrait être le credo de tout magistrat ou avocat qui « fait du pénal » : ne jamais rien croire d'emblée, ne jamais rien tenir pour absolument vrai qui ne soit pas absolument démontré.

Je n'ai pas non plus revu Ahmed. Il n'y avait pas de raison et, disons-le, je n'y tenais guère.

Un matin, la brigade des mineurs appelle au cabinet. L'OPJ (officier de police judiciaire) explique qu'un certain Ahmed vient d'être placé en garde à vue et demande à ce que je le rencontre. Dans un premier temps, je ne fais pas le lien. Le prénom me parle, mais de façon lointaine. Puis ça me revient et du coup, je fronce les sourcils : Ahmed est détenu depuis sept ans, je suis bien placé pour le savoir, et le voilà mêlé à une affaire de mœurs qui concerne des enfants ? Qu'est-ce que c'est que cette histoire ? Ma secrétaire me passe l'appel, je me présente à l'OPJ et lui fais part de ma perplexité.

Il me confirme que c'est bien le même Ahmed, condamné quelques années plus tôt pour assassinat et toujours en détention, puis m'indique que cette affaire-ci, criminelle également, est relative à ses enfants. Il ne veut pas m'en dire plus au téléphone. De plus en plus dérouté, j'accepte ma désignation et confirme à l'OPJ que je me mets immédiatement en route.

Je rencontre Ahmed dans le minuscule local policier, séparé de lui par un hygiaphone gênant. Il n'a pas trop changé, juste un peu épaissi, et ses cheveux commencent à grisonner, mais c'est le même petit bonhomme au demi-sourire permanent qui se tient en face de moi. Il est manifestement content de me revoir ; pour ma part, je suis plus mitigé.

D'emblée, je lui dis que compte tenu du passé, je ne suis pas certain de vouloir l'assister dans cette nouvelle procédure au-delà du présent entretien. Je lui demande ensuite ce qu'on fiche ici, en lui indiquant que l'OPJ m'a parlé de « viols aggravés sur ses enfants » sans me donner de détails. Il m'assure qu'il comprend mes réserves et qu'il ne me mentira plus jamais si je veux bien rester son avocat. Alors je l'écoute.

« J'étais très seul, maître, à l'époque que vous connaissez, avant le… décès de ma femme. Très seul. Elle, elle ne foutait rien à la maison, elle s'était mise à boire beaucoup, elle se barrait toute la journée… J'adorais mes enfants, ça n'a pas changé, mais je ne sais trop comment ça a commencé, j'ai un peu caressé la plus grande, un jour. Elle n'a rien dit, et j'ai recommencé. Les autres aussi, sauf les plus petits… Et ça a continué… Je savais que c'était mal, mais… »

En dix minutes, il me fait un récit que, par expérience, je connais bien, celui d'actes de plus en plus fréquents et de plus en plus graves, passant très vite aux « relations complètes », comme on dit pudiquement chez nous, avec quatre de ses six enfants, s'enfermant d'autant plus facilement dans le mutisme que la mère était absente…

Ça y était, je comprenais. Cette affaire, bien sûr, ne pouvait porter que sur des faits plus anciens, antérieurs à l'incarcération d'Ahmed. Impressionné, je regardais ce petit bonhomme qui avait tellement tout caché à tout le monde, à commencer par moi, bon sang… Je repensais, bien sûr, à la première affaire, à ces nombreux témoins qui l'avaient décrit comme un père exemplaire, aux services sociaux qui suivaient la famille depuis le troisième gosse et n'avaient rien vu. À ma consœur de la partie civile, qui avait plaidé ce jour-là avoir entendu les enfants dire à quel point ils aimaient leur père, à quel point il leur manquait – éternel conflit monstrueux de sentiments dans les cœurs des victimes d'inceste, particulièrement celles qui sont encore très jeunes…

Une vie de dissimulations. Et une vérité judiciaire décidément aux antipodes de la vérité. Mais alors, au fait?

Il anticipa ma question suivante – je n'étais décidément pas toujours très vif…

«Maître, je vous l'ai dit, je vous dis tout, maintenant. Alors maintenant, vous comprenez? Vous comprenez pourquoi je l'ai tuée? Elle savait. Elle m'avait surpris une fois, plusieurs mois avant, elle avait compris. Elle avait demandé aux enfants, ils lui avaient tout raconté. Elle me faisait chanter, surtout depuis qu'elle avait appris que j'allais demander le divorce, c'est bien pour ça que je n'ai pas pu. Elle m'avait assuré qu'elle ne dirait rien tant que je lui foutrais la paix, qu'elle pourrait dépenser nos sous, faire ses journées comme elle voulait, s'amuser, picoler… Elle prenait presque tout, et moi, je me tapais la bouffe, le ménage, je m'occupais des enfants… Des fois, elle faisait des allusions devant des voisins, ou à l'école, vous savez… "Oui, Ahmed adore nos gosses, vraiment, je crois qu'il est plus amoureux d'eux que de moi; des fois je suis jalouse", vous voyez le genre… Je n'en pouvais plus. C'est comme ça que c'est arrivé, je n'avais plus le choix…»

Il faut à tout prix, quand on est avocat et qu'on «fait du pénal», trouver le moyen de conserver en soi, quoi qu'il arrive, quelques repères phares, une sorte de réservoir à illusions, la ressource permettant de penser, à chaque affaire, à chaque révélation, que non, ce n'est pas la vraie vie, seulement une histoire parmi tant d'autres, normales et heureuses, elles; qu'on a fait le choix, en exerçant ce métier, de collectionner ce que l'humanité peut offrir de plus navrant et de plus dur, des tombereaux de douleurs variées – mais que ça reste des accidents, au sens étymologique du terme, événement imprévu, imprévisible, malheur...

J'ai finalement décidé de défendre à nouveau Ahmed.

Deux ans plus tard, après une instruction facile – cette fois, tous les faits étaient reconnus –, il était déclaré coupable des nombreux viols commis plusieurs années auparavant sur quatre de ses enfants.

La même cour d'assises l'a condamné à quinze ans de réclusion criminelle. Trois de moins que les réquisitions.

À nouveau, Ahmed m'a remercié.

MONSIEUR DUPONT

MAINTENANT QUE LA RELATION CLIENT/AVOCAT EST ROMPUE, ON peut tout se dire, n'est-ce pas ?

J'ignore exactement ce que vous avez eu à me reprocher, ou ce que vous avez apprécié chez moi, pendant ces deux longues années où vous avez été de douleur en douleur, de souffrance en souffrance, sans que sans doute, parfois, je les mesure suffisamment – et je ne le saurai jamais, à présent que nous ne nous parlons officiellement plus, faute d'en avoir l'occasion, puisque je ne suis plus votre avocat…

En revanche, moi, j'ai besoin de me mettre en règle avec vous. C'est plus honnête, je crois, et ça pourrait même vous faire plaisir : vous n'aviez pas l'air de manquer d'humour, malgré tout…

J'ai oublié qui vous avait donné mon nom, il y a deux ans, mais je me souviens bien de notre première rencontre, de ce premier rendez-vous où je fronçai les sourcils parce que vous y étiez venu avec trois tomes de pièces réparties dans des sachets de grands magasins, ce qui inquiète toujours les avocats *a priori*. Vous m'aviez exposé que vous souhaitiez changer d'avocat parce que la vôtre gérait bien votre divorce, mais ne faisait jamais de pénal, selon son propre aveu, et qu'il y avait désormais du pénal à faire, malheureusement, pour préserver vos intérêts dans cette procédure houleuse.

Je ne me souvenais plus de votre âge, mais comme j'ai encore votre dossier, j'ai vérifié : vous aviez 59 ans, et déjà derrière vous une année entière passée à cohabiter avec cette femme que vous n'aimiez plus, qui ne vous aimait plus, et vos deux enfants qui dans votre conflit avaient pris plutôt le parti de leur mère, sans que vous leur en ayez jamais voulu, devant moi en tout cas...

Vous étiez désormais en arrêt maladie, gravement dépressif. Cela vous donnait une allure un peu étrange et un phrasé un peu lent. On vous avait, c'est toujours le premier remède, celui qui ne guérit rien mais rassure, gavé d'antidépresseurs et de somnifères, et, tout en vous conformant à la gélule près à ces ordonnances qui vous transformaient lentement en spectateur inerte de vos tristesses (je crois vous connaître assez pour dire que n'importe quel ordre légitime, médical notamment, devenait aussitôt pour vous une loi impérative), vous y ajoutiez un remède maison que je connais bien : l'alcool. Vous y aviez recours depuis deux ou trois mois lorsque nous nous sommes rencontrés, il faisait déjà partie de vous, je l'ai senti lors de ce rendez-vous pourtant matinal.

Vous le dirai-je ? Oui, je n'ai aucune raison de vous le cacher : nous plaisantons facilement entre nous, ma secrétaire et moi, au sujet des clients un peu bizarres qui viennent au cabinet – ce n'est jamais méchant, d'ailleurs, plutôt une sorte de soupape rigolarde que nous nous accordons, histoire de mieux supporter, je crois, toutes les misères et toutes les histoires très souvent sombres qui vont avec...

Dans votre cas, elle m'avait dit « code rouge », en mimant du poing la torsion de son nez, ce geste universel qui signifie que la personne dont on parle est ivre et en devient étrange. Les quelques phrases échangées avec vous à votre arrivée avaient suffi pour qu'elle sente, elle aussi, que vous aviez bu. Là où elle se trompait, c'est que vous n'étiez pas ivre. Vous aviez bu, c'est tout. Mais si les médicaments avaient eux aussi une odeur, ce sont eux que l'on aurait sentis quelques instants plus tard, dans mon bureau.

Je n'ai pas de raison de vous mentir, pas même « commerciale » : vous m'avez plu tout de suite. J'ai aimé votre extrême politesse, et les tournures un peu surannées, mais extrêmement bien construites, que vous avez employées pour me raconter votre histoire. Certes, je vous y ai trouvé très passif et vos phrases bien tournées dégoulinaient d'un extrême abandon, mais j'imagine que se raconter sans jamais se mettre en avant, et décrire sa déchéance à un parfait étranger sans une once d'égard ou de commisération pour soi-même, relève aussi de cette maladie terrible, qui fait qu'à l'encontre de tous les instincts vitaux, on ne s'aime, soudain, vraiment plus, en rien…

Vous aviez été cadre supérieur, « commandant » à des dizaines de personnes, et aviez rencontré votre épouse quinze ans plus tôt au travail, ce travail qui jusqu'à elle avait brillamment rempli votre vie.

Vous vous étiez mariés, amoureux et, elle, admirative de votre réussite. Nous avons échangé sur ce sujet, vous en souvenez-vous, en souriant de façon un peu fatiguée, et en reconnaissant que notre charme masculin passait aussi, souvent, par une réussite sociale avérée, ce que nous avons trouvé artificiel. Vous m'avez dit que si vous aviez été balayeur, elle ne vous aurait pas regardé, et que je pouvais imaginer l'estime qu'elle vous conservait aujourd'hui, maintenant que vous ne saviez même plus passer le balai…

Vous aviez eu deux enfants, devenus grands, le fameux « choix du roi », fille puis garçon. Votre voix s'était animée en même temps que votre visage en m'en parlant, vous les aimiez et parveniez à en être encore fier, vous qui sembliez n'avoir plus de fierté.

Rien n'amuse plus le Grand Faiseur que de démolir les équilibres miraculeux. Deux ans avant notre rencontre, vous aviez sombré, sans trop savoir pourquoi : fatigue, moins d'enjeux, quête assouvie de ce que vous aviez toujours voulu, que sais-je encore... Une dépression sévère s'était abattue sur vous, révisant d'un coup vos champs de valeurs, faisant du personnage dynamique que vous étiez un être amorphe et blasé, vous distrayant de votre travail au point de ne plus savoir ce que vous lui trouviez d'intéressant six mois plus tôt, vous amenant à regarder vos enfants grandir au lieu de les élever et vous conduisant surtout à considérer comme normale la présence de l'autre à vos côtés plutôt que de la mériter tous les jours. Désormais, vous vous laissiez glisser, et me le racontiez en toute franchise, une franchise malsaine, anormale, qui avec le recul aurait dû, déjà, m'alerter.

Votre épouse, quoi qu'on pense de son attitude, et vous ne m'en avez jamais vraiment parlé, avait tenu un an, pendant que vous deveniez progressivement un zombie incurable et décidiez que l'alcool compléterait désormais merveilleusement les médicaments qu'on vous demandait d'ingurgiter. Vous ne compreniez pas ce qui vous arrivait, vous n'aviez rien de cassé, seulement les choses n'étaient plus intéressantes, désormais ; à quoi bon soigner un « ressenti », on a quand même le droit d'être fatigué. À présent, m'avez-vous dit, vous en vouliez beaucoup aux médicaments, et je ne vous ai pas détrompé.

Et puis un soir, elle en avait eu assez, elle vous parlait de choses anodines et vous vous étiez mis à pleurer, replié sur un bout de canapé, en jogging défraîchi, mal rasé, les yeux cernés, bref, laid et con, brusquement elle avait jeté l'éponge, malheureuse de vous voir malheureux, et infiniment lasse de ne plus vous comprendre.

Personne ne met en doute une jambe cassée, ça se voit et ça fait mal par procuration. Mais une dépression, c'est infiniment plus compliqué, on refuse de croire qu'on peut se mettre à dérailler du jour au lendemain, on refuse d'admettre que tous les changements radicaux chez l'autre ne sont pas voulus par lui mais relèvent d'une véritable maladie, d'une modification imposée. Et comment accepter l'idée que l'on pourrait être l'une des causes de ce changement d'état? La dépression n'existe que pour ceux qui en souffrent ou, plutôt, pour ceux qui en souffrent et qui en reviennent; mais pour les proches, c'est infiniment tortueux, infiniment compliqué.

Elle ne vous aimait plus, cette fois. Et votre indifférence apparente à cette annonce ne faisait que la conforter un peu plus dans l'idée que vous n'étiez plus avec eux, plus normal, et qui sait, peut-être même dangereux. N'aviez-vous pas désormais des accès de colère incompréhensibles, ou de mutisme, tout aussi lourds, ne disiez-vous pas parfois des choses totalement décalées, hors de propos, inquiétantes?

À un moment de votre vie où il vous aurait fallu, plus qu'à n'importe quel autre, tout l'amour du monde, toute l'affection possible et un soutien sans faille, vous étiez soudain seul. Bizarre et seul. Chez vous, en arrêt maladie de longue durée, à regarder votre famille vivre non loin, autour, comme si vous n'existiez plus réellement – tel était votre sentiment profond.

Elle vous avait finalement parlé d'engager une procédure de divorce, vous confirmant qu'elle avait consulté une avocate. Là encore, vous n'aviez guère eu de réaction. À part vos pièces de monnaie anciennes, on se demandait bien ce qui, désormais, pouvait provoquer en vous la moindre réaction...

Car étrangement, vous aviez conservé intacte votre passion pour ces vieilles pièces, certaines de valeur. Vous les classiez toujours avec soin dans leurs coffrets, et exhibiez fièrement les plus beaux exemplaires dans une vitrine du salon. Vous étiez numismate depuis longtemps, un goût transmis par votre père, dont vous aviez poursuivi l'œuvre, vous me l'avez raconté avec émotion, et une joie presque enfantine.

Vos pièces étaient désormais au centre non du divorce proprement dit – pour lequel vous aviez pris une avocate, vous aussi, ce qui avait définitivement tendu vos relations avec votre épouse, faute d'accord financier amiable –, mais de ce que vous appeliez un accident, et que votre femme, elle, appelait une crise de folie, laquelle vous valait à présent des poursuites pénales.

Deux mois plus tôt, un soir, vous aviez tenté d'amorcer une discussion, ce qui n'était pas arrivé depuis un moment, pour essayer d'aplanir les difficultés liées au divorce. Vous en étiez venus à vous reprocher mutuellement les conclusions de vos avocats respectifs et, très vite, le ton avait monté.

Selon vous, dans l'énervement, votre femme avait soudain hurlé qu'elle allait exploser votre vitrine de malheur et attrapé un couteau qui traînait sur la table avant de s'en approcher ; vous vous étiez levé, aviez marché vers elle ; elle avait alors mis sa menace à exécution en cognant la vitre de plein fouet. Sa main aurait été blessée en passant à travers le verre, tandis que la vitrine éclatait en mille morceaux et s'écroulait avec vos pièces chéries. Ses cris et les vôtres avaient réveillé les enfants. En découvrant, par la porte entrebâillée, sa mère assise au milieu des débris de verre, le bras couvert de sang, l'aîné s'était dépêché d'appeler le Samu, lequel avait prévenu la police.

La version de votre épouse n'était bien sûr pas la même. Elle avait indiqué aux policiers que vous vous étiez levé et l'aviez poussée dans un geste de colère, violemment, de sorte qu'elle avait chuté, les bras tendus par réflexe, et que sa main était ainsi passée à travers la vitrine.

Les enfants attestaient de ce qu'ils avaient d'abord entendu, une grosse dispute, puis vu : leur mère, hagarde, dépenaillée, assise sur un tas de débris, blessée mais pas du tout énervée ; leur père, rouge, en sueur, le visage encore crispé de colère, peut-être même encore plus en colère du fait du massacre de la collection de pièces…

Détail important : ils n'avaient pas vu de couteau, lequel n'avait d'ailleurs pas été retrouvé au sol par la suite, alors que de votre propre aveu, vous n'aviez touché à rien.

Les enfants avaient aussi expliqué comment leur père avait progressivement changé au fil des mois, jusqu'à devenir étrange, bizarre, coupé d'eux, ainsi que ses brefs accès de colère, complètement décalés…

Initialement motivé par votre comportement général, le divorce prenait maintenant en compte cette scène de violence, et les écritures adverses suggéraient désormais très clairement que vous faisiez peur et ne vous maîtrisiez plus.

En parallèle, vous étiez cité à comparaître devant le tribunal correctionnel, après une garde à vue dont vous gardiez un souvenir épouvanté, d'autant qu'on n'avait pas voulu vous y donner vos médicaments – elle avait aussi permis de révéler que vous aviez de l'alcool dans le sang ce soir-là. Un vague *modus vivendi* avait été trouvé à la maison après l'incident, chacun ayant des endroits autorisés et d'autres interdits, dans une ambiance plus lourde que jamais, la haine et la promiscuité ne faisant pas, elles non plus, bon ménage.

Vous étiez épuisé. Et votre épouse avait perdu l'usage d'une partie de la main droite.

Au beau milieu de ce marasme, vous vous en souvenez peut-être, vous m'avez fait rire, tout à coup, en me demandant si dans le cadre de l'audience correctionnelle, je pourrais faire citer à comparaître le fabricant de la vitrine, payée fort cher, qui vous avait juré qu'elle était en verre Securit, incassable. J'ai eu sur le moment l'impression que vous lui en vouliez plus qu'à votre épouse, qui pourtant, dans votre version dont vous n'avez jamais changé, avait délibérément fracassé ce à quoi vous teniez le plus au monde et vous accusait faussement.

On se dit tout, n'est-ce pas? Je n'arrivais pas à vous croire. Usé sans aucun doute par tant d'histoires similaires, tant de pauvres petits ballets tous moches et vains, dansés par tant de gens sur les ruines de tant d'histoires dont on oublie à chaque fois qu'elles ont été d'abord des histoires d'amour, je n'avais guère de passion pour votre histoire, commune, banale, presque normale, maintenant qu'un couple marié sur deux divorce.

Compte tenu de votre état de santé mentale, je ne croyais pas non plus que vous risquiez grand-chose en correctionnelle où vous n'aviez, est-il besoin de le dire, jamais mis les pieds auparavant, malgré la blessure de madame, qui m'inquiétait un peu, tant il est vrai que dès qu'une victime se présente avec un préjudice physique important devant un tribunal, celui-ci se durcit et lui donne plus facilement raison, ce qui n'est pas très juridique mais assez humain…

Enfin, je ne croyais pas non plus à une forte incidence de votre future condamnation sur votre divorce, l'acte étant resté isolé, dans un contexte particulier, et n'ayant de toute évidence pas fondé le divorce, la procédure battant son plein lors de sa survenue.

Je n'avais rien compris. Mon principal tort était de mépriser votre histoire, pour moi l'énième du genre mais, pour vous, l'histoire de votre vie, votre seul dossier, ce qu'aucun avocat n'est censé oublier, jamais.

Au-delà, vous affirmiez n'avoir rien fait de mal et refusiez, avec l'obstination des désespérés, que vos enfants puissent un jour lire l'inverse dans une décision de justice, pénale ou civile : vous n'aviez rien fait de mal.

J'ignore si vous envisagiez, déjà à l'époque, toutes les suites de ces affaires, si vous les aviez déjà en tête, ou bien si vous viviez au jour le jour en vous raccrochant à ce qui, peut-être, reste à un homme quand il a tout perdu, l'honneur, qu'on veut voir se refléter dans le regard de ses enfants, celui qu'on a tenté pendant des années de leur inculquer… Toujours est-il que vous refusiez formellement l'idée d'une condamnation, même de principe, et celle d'une faute, quelle qu'elle soit.

Ni lors de ce premier rendez-vous – dont je suis sorti avec une impression que je connais bien, celle d'avoir accepté d'aider quelqu'un qui n'a plus tout à fait le sens des réalités, c'est là l'une des noblesses de mon travail – ni au cours des rendez-vous suivants, vous n'en avez démordu : vous n'aviez rien fait. Par la suite, à aucun moment, jamais, même lorsque je vous y invitais, vous n'avez songé à vous « abriter » derrière votre maladie qui pourtant, à l'évidence, quoi qu'on pense de la scène fatale, avait bouleversé la donne, et était sans nul doute la cause principale de tout.

Je vous ai bien aimé, et vous avez emporté ma conviction : pas parce que vous m'avez payé, parce qu'il existe un degré d'obstination ou de dénégation qui me convainc toujours, un stade où il est tellement peu *intéressant* de mentir que l'idée même d'un mensonge devient absurde. À ce stade-là, on n'a plus de raison de croire que ce n'est pas vrai ; on peut bien sûr se faire avoir, ça m'arrive régulièrement, mais dans votre cas, je continue à penser que j'ai eu raison de me laisser convaincre : vous n'aviez réellement rien fait. Rien d'autre que de devenir malade, de subir une maladie qui déforme les pensées et les perceptions, une maladie terrible qui fait que vous n'êtes plus vous-même. Malheureusement, elle n'allume pas sur le front de celui qui en souffre un voyant rouge indiquant « dysfonction », son aspect général reste identique, les autres refusent de lire en lui. D'un dépressif, ils disent qu'« il a beaucoup changé », pas que la maladie l'a fait à sa place.

Nous en avons souri ensemble, une fois : il existe des lois interdisant à un patron de licencier un salarié souffrant, mais pas à une épouse de divorcer d'un homme malade...

Nous sommes arrivés à l'audience après expertise des blessures de madame, « compatibles avec les dires de la victime » comme presque toujours, mais pas poussée au point de savoir si elles étaient plutôt compatibles avec un coup porté volontairement et poing fermé, ou involontairement et main ouverte. Les éclats de verre avaient endommagé le dos de la main, notamment deux tendons. Un ami légiste m'a indiqué depuis que, selon lui, la paume n'était pas ouverte au moment de l'impact, que les blessures étaient probablement dues et à la pénétration de la main dans la vitre et à la chute, dans la microseconde suivante, des bouts de verres libérés par le choc, et qu'en tout état de cause, personne ne chutait bras en avant par réflexe... en fermant les poings.

Bref, même si je peux regretter de ne pas avoir demandé de contre-expertise, qui nous aurait très probablement été refusée – il n'y a pas que moi qui pouvais croire cette affaire un peu trop « standard », un peu trop « petite » –, nous sommes allés au tribunal.

Vous vous êtes expliqué, j'ai plaidé, et vous avez été reconnu coupable, condamné au paiement de sommes civiles conséquentes, mais dispensé de peine.

On a bien failli s'engueuler ce jour-là, parce que vous ne me compreniez pas. J'étais furieux contre cette décision, je la trouvais injuste, elle m'avait l'air de vouloir ménager la chèvre et le chou, permettant à la fois à la victime d'être indemnisée, et au désormais auteur de n'être *presque pas* coupable... Comme si ça existait ! Pourtant, je ne voulais pas entendre parler d'un appel, appel dont bien entendu, dans votre logique d'innocence et d'honneur sali, vous m'avez immédiatement entretenu.

À l'audience, le procureur avait requis trois mois d'emprisonnement assortis d'un sursis avec mise à l'épreuve, obligations de soins et de rembourser. Je pensais que la cour pouvait tout à fait aggraver votre sort et que le jugement prononcé, sans être la victoire escomptée, disait suffisamment à quel point votre intention pénale était légère, voire nulle, vous épargnant au passage une peine et un casier...

Je raisonnais en conseiller tâchant d'être opportun et avisé. Vous, non. Vous étiez innocent, et jamais vos enfants ne liraient nulle part que vous auriez, volontairement ou pas, fait du mal à leur mère : nous irions en appel.

Dans les mois suivants, le climat du divorce s'apaisait. Un accord avait fini par être trouvé sur les modalités financières, ainsi que sur le fait que madame garderait la maison. De mon point de vue, vous vous en foutiez un peu, vous aviez reconstitué votre vitrine de pièces, mais au garage, comme prête à être déménagée. D'abord opposé à ce que la résidence des enfants soit fixée chez leur mère, vous aviez fini par vous y résigner. Entendus par le juge, ils avaient tous deux indiqué ne pas vouloir autre chose, vous les compreniez, et un droit de visite régulier vous avait été proposé. Enfin, madame renonçait à ses dommages et intérêts, et acceptait, comme pension, votre part de la maison.

Dans bien des couples, le principe même du divorce s'admet rapidement, et la discussion porte sur telle ou telle « mesure accessoire », terme qui désigne tout le reste, l'essentiel en fait : le droit est torve. Dans votre cas, au grand désespoir de vos avocats respectifs, vous finissiez par être d'accord sur tout, votre épouse et vous, sauf, en ce qui vous concerne, sur le principe du divorce. Vous n'y seriez pas déclaré fautif, pas pour tout l'or du monde, parce que ce *n'était pas vrai*.

Je vous avais exhorté à quitter la maison, ce « domicile conjugal » dont il ne restait que des cendres, mais vous aviez poliment refusé : « Il sera toujours temps, je les vois vivre de loin, c'est mieux que de ne plus les voir du tout... »

Vous avez été reconnu coupable en appel, et à nouveau dispensé de peine. Vous en avez été profondément meurtri. Votre état de santé, même si vous suiviez désormais un programme de désintoxication alcoolique, n'était au demeurant pas brillant. Vous aviez encore maigri, et les doses de médicaments n'avaient pas diminué.

Étant de ces personnes qui n'en veulent pas à l'avocat quand le résultat est mauvais, nous avons continué ensemble, sur le divorce uniquement. Dans ses dernières écritures, ma consœur adverse s'enorgueillissait de votre déclaration de culpabilité, revenant par ailleurs longuement sur vos attitudes étranges, votre alcoolisme, vos abandons, votre dangerosité potentielle. Elle maintenait sa demande de divorce pour faute.

Vous avez, je crois, apprécié ma réplique où je revenais longuement sur la dépression, le fait qu'elle ne survient pas tout à coup, comme ça, dans un couple, et que souvent, quand les difficultés, surtout aussi intenses et marquantes, commencent, chacun en porte une part de responsabilité. J'écrivais en outre que dans votre cas, une certaine froideur avait régné sur vos relations bien avant la maladie, que madame n'avait guère témoigné de réelle patience, que la décision de divorce était intervenue au pire moment pour vous, celui où vous auriez sans nul doute eu le plus besoin d'aide, que l'accident n'était survenu que dans un contexte donné et avait d'ailleurs été « pesé » par les juges pénaux à l'aune de sa gravité intrinsèque et pas de ses conséquences. Je rappelais que vous aviez tout perdu et étiez, par-dessus tout, un homme malade bien plus qu'un homme fautif…

Vous m'avez retourné mon projet avec une brève mention griffonnée dessus, d'une écriture tremblante qui m'a désolé : « Tout est dit, je n'ai rien à ajouter. Merci. »

L'affaire a été clôturée et plaidée, comme souvent entre avocats et en votre absence à tous deux. Elle a été mise en délibéré un mois et demi plus tard environ. Je vous ai adressé une lettre vous informant de cette date, vous donnant mon impression sur l'audience lors de laquelle j'avais surtout insisté sur l'importance que revêtait à vos yeux le fait d'être déclaré fautif ou pas, et sur le fait que je croyais, profondément, qu'il ne vous restait pas grand-chose à part cela : l'honneur.

Je n'ai pas reçu de réponse à cette lettre qui n'en appelait pas, et j'ai vaqué à mes affaires, pendant que vous attendiez.

À la date fixée pour le délibéré, comme c'est généralement le cas, je n'ai pas eu tout de suite connaissance de la décision : elle me parviendrait dans les quarante-huit heures au courrier du palais. Mais ce jour-là, j'ai reçu un appel de votre fils. Il était en larmes, monsieur Dupont, et j'ai eu du mal à comprendre ce qu'il voulait me dire : vous vous étiez pendu dans le garage, devant votre saloperie de vitrine, au petit matin.

S'il est vrai que les morts voient les vivants, vous savez que j'ai bégayé un lambeau de phrase inaudible. C'était la première fois que je lui parlais et je suis inapte face à la mort, les mots me manquent. Au lieu de tenter d'apaiser sa douleur, je crois l'avoir remercié d'avoir pensé à me prévenir, qu'il me pardonne… Nous avons très vite raccroché.

Vous savez aussi que votre mort m'a fait pleurer. Qu'elle a ému ma secrétaire, celle qui se moquait de vous au début, avant de découvrir votre gentillesse, vos efforts, vos difficultés. Elle était surprise, elle ne comprenait pas, mais qu'y a-t-il à comprendre, n'est-ce pas, monsieur Dupont ?

S'il est vrai que les morts voient les vivants, vous savez que nous avons reçu, le surlendemain me semble-t-il, la décision civile, appelée à poser un certain nombre de problèmes juridiques, sur le thème qui, vous connaissant, a dû vous faire sourire souvent, de l'antériorité de votre mort par rapport au divorce, ou du divorce par rapport à votre mort… Et qu'elle estimait que le divorce devait être prononcé aux torts partagés.

Où que vous vous trouviez, que vous me voyiez ou pas… j'espère que vous êtes guéri.

AZIZ PEUT-IL ÊTRE LIBRE ?

ILS NE SE CONNAISSENT PAS, MAIS ILS VONT SE RENCONTRER D'AUTANT plus vite et facilement qu'ils ont le même âge, la trentaine, et vivent dans la précarité la plus extrême, sans travail ni domicile fixe. Ils dorment dans la rue, ou les foyers quand ils le peuvent, et passent leurs journées dehors, soit à ne rien faire, seuls ou en compagnie de gens qui leur ressemblent, soit à rechercher n'importe quoi qui puisse se convertir en nourriture, soit à boire – car ils ont cet autre point commun, ils boivent dès que possible, un peu pour le froid, un peu pour oublier, comme on dit, un peu juste pour boire.

Aziz et Léa ne s'étaient jamais vus, mais ce matin-là, au parc Mitterrand, c'est elle qui vient vers lui et l'aborde. Leur version est la même pour cet épisode et tout le début de la journée : elle le fait parce qu'Aziz dispose d'une petite bouteille d'alcool, l'une de ces saloperies de mélange prêt à consommer qu'on vend dans les stations-service, tellement frelaté qu'en boire trop fait des trous dans l'estomac, mais peu importe ; et qu'il gesticule, tout seul comme un con, assis dans l'herbe humide du parc. Il brandit la dernière arnaque de la Française des jeux, un ticket de Cash qui vaut cinq euros à l'achat mais qui comme chacun sait peut rapporter bien plus au grattage, en l'occurrence le miracle du jour pour Aziz, puisqu'il a gagné cinquante euros. Il est joyeux et déjà un peu ivre, et dans les deux cas ça se voit et ça s'entend.

Et c'est ainsi que tout va basculer.

Du fait de leur jeune âge, ou de leurs solides complexions, Aziz et Léa ont aussi en commun qu'ils sont relativement beaux. Elle est une jolie blonde bien faite, lui un bel Arabe grand et mince, au visage taillé à la serpe, dont le grand sourire révèle des dents parfaites. Aucun des deux n'a de traces apparentes de ses conditions de vie à la dure ni de son alcoolisme – Léa a les traits un peu plus marqués, mais à peine. Ils sont sales, affublés de vêtements minables, mais cela fait bien longtemps qu'ils se moquent totalement de ces attributs sociaux.

Léa aborde donc Aziz, sans aucune arrière-pensée, dira-t-elle, juste parce qu'il est joyeux et a l'air sympa, et parce qu'elle est seule dans le matin naissant – elle a un copain, mais elle s'est disputée avec lui deux jours plus tôt, et n'a pas remis les pieds au squat où ils avaient trouvé refuge ensemble.

Aziz et elle discutent un peu, jusqu'à ce qu'il décide, grand seigneur, que c'est la fête, il a des sous tombés du ciel. Ils vont dans un café-tabac convertir le précieux bout de carton, dérobé la veille par Aziz «à l'arrache», dans un autre bistrot. Ils récupèrent l'argent en espèces, se font servir deux petits verres, ou quatre, ou même six, en tout cas du rouge pas cher. Ensuite, ils se rendent dans une salle de sport où Aziz a ses habitudes. Le gardien, à l'entrée, laisse souvent les gens comme eux prendre une douche, se contentant de réclamer deux euros en contrepartie aux plus pauvres que lui.

Aziz explique à Léa qu'il faut emballer ses affaires dans un sachet en plastique et les emporter sous la douche. Il y a plus de clochards que de sportifs dans ces sanitaires. Chacun part de son côté, une bonne demi-heure. En sortant, ils rigolent tellement ils se sentent bien.

Ils se baladent ensuite dans Lille, bavardant sans cesse, regardant les magasins. Léa y entrait parfois dans sa vie d'avant, elle a fui un mari alcoolo et violent, et un boulot de caissière qui lui a fait jurer qu'elle ne travaillerait plus. Aziz, lui, n'en a jamais franchi le seuil. Arrivé clandestinement en France vers l'âge de 16 ans, il y vit depuis sans papiers, s'est fait interpeller vingt fois, a donné toutes sortes d'identités et a même effectué de courts séjours en prison. Pas un instant il n'a songé à retourner au pays, ou à ne pas revenir lorsqu'on a tenté de le virer – sa famille, dont il ignore tout aujourd'hui, crevait la dalle. Il est parti parce qu'il était battu, et aussi, bien sûr, pour le versant français du rêve américain, un travail et la liberté, très répandu chez les gamins de son bled.

Quand ils se sont retrouvés l'un et l'autre à la rue, Léa et Aziz ont rêvé, au début, d'une vie meilleure, puis de moins en moins. Leur vision de l'avenir ne dépasse plus guère l'espoir de pouvoir payer leur prochain repas.

Ils ont faim, justement, et Aziz connaît le meilleur kébab du coin. Ils y vont et s'achètent de pantagruéliques américains gavés de viande, de frites et de sauce samouraï, qu'ils mangent assis, à la minuscule terrasse de l'endroit, car le soleil a lui aussi décidé qu'aujourd'hui c'était la fête des oubliés.

Repus, ils traînassent tout au long de l'après-midi dans les rues, s'arrêtent dans un bar pour y finir les sous, se retrouvent dehors à nouveau. Le jour commence à baisser, et Aziz connaît un squat à Lille-Sud, dans lequel, dit-il, il a plus ou moins établi ses quartiers et où il a dormi récemment. Est-ce que ça dirait à Léa d'aller le voir, comme ça, pour avoir un but?

Léa accepte. Elle expliquera qu'il avait l'air sympa, qu'ils avaient passé ensemble une bonne journée sans qu'il y ait jamais eu la moindre ambiguïté. Elle racontera qu'à ce stade, elle l'avait averti de l'existence de son copain, qu'elle avait même parlé de leur brouille. Elle ne pense pas à mal. Aziz, de son côté, lorsqu'il l'invite «chez lui» a une idée derrière la tête, bien sûr.

Pour rejoindre le squat, ils prennent le métro, sans avoir conscience qu'ils y seront filmés par des caméras de surveillance, et qu'au futur dossier de l'instruction, nous disposerons de quarante secondes d'images en noir et blanc montrant un couple qui attend une rame sur le quai... en se donnant la main.

Ils arrivent dans l'immeuble à moitié en ruine où Aziz a posé un vague matelas et deux ou trois bricoles, tout au fond de la vaste «réserve» d'un ancien magasin. Il fait noir dehors, désormais, et personne ne leur prête spécialement attention.

À partir de là, bien sûr, les versions divergent totalement.

Selon Léa, Aziz essaie de l'embrasser, elle refuse, il change de visage, devient méchant, la maintient, la déshabille de force et lui inflige un viol vaginal puis anal, ayant seulement accepté de mettre un préservatif. Il va jusqu'à l'éjaculation avant de la laisser se rhabiller et partir, ce qu'elle fait, en larmes.

Elle regagne en métro son quartier habituel et téléphone à la police depuis la première cabine téléphonique pour raconter ce qui vient de lui arriver. Les policiers, qui viennent aussitôt l'y chercher, constatent qu'elle se trouve en état de choc.

Selon Aziz, dans sa dernière version dont il n'a pas varié, il essaie de l'embrasser. Elle refuse dans un premier temps, puis finit par se laisser aller. Ils ont les relations sexuelles précédemment décrites, mais d'après lui, totalement consenties, et elle s'en va.

À sa décharge, les policiers le retrouvent effectivement deux heures plus tard au même endroit, endormi. On peut penser que s'il venait juste de commettre un viol en laissant repartir sa victime, et alors qu'il n'est pas réellement chez lui, mais dans un lieu qui l'indiffère et ne porte pas son nom, il ne les aurait pas forcément attendus…

À sa charge, en revanche, Aziz, dans ses premières explications, va affirmer mordicus qu'il n'a eu strictement aucune relation sexuelle avec Léa. Elle aurait donc tout inventé, sauf la journée passée ensemble, close selon lui par son départ après la visite du squat, et rien d'autre. Ce n'est que lorsqu'on lui mettra sous le nez les résultats des analyses ADN, qui l'identifient formellement, qu'il reconnaîtra la relation, mais tout en affirmant qu'elle était consentie. Il indiquera avoir menti par peur, tout simplement.

Léa est examinée par une psychologue. Celle-ci conclut à l'existence d'un syndrome post-traumatique. Elle a toutefois l'honnêteté de dire qu'au terme d'un examen si rapide, elle ne peut pas clairement faire la part entre une douleur qui serait liée à la vie antérieure de Léa, ou qui aurait pour cause les faits allégués. La psychologue conclut en outre à sa crédibilité – mais je n'ai que très rarement, pour ne pas dire jamais, lu un rapport d'expertise psychologique de garde à vue concluant à la non-crédibilité de la victime.

La garde à vue permet, enfin, d'établir un autre fait parallèle qui sera confirmé ultérieurement par l'instruction : Aziz est sujet à des troubles de la personnalité. Par le passé, il a été hospitalisé d'office à deux reprises en psychiatrie pour de courtes durées, la dernière à sa demande. Dans le cadre de l'une des procédures relatives à son séjour irrégulier en France précédemment diligentées contre lui sous d'autres identités, on l'a même une fois reconnu pénalement irresponsable.

Apparemment, dans ses moments de crise, il n'est pas particulièrement violent ou agressif, mais il entend des voix et perd le fil de la réalité pour vivre, quelque temps, dans un autre espace…

Il va d'ailleurs survenir, dans le cadre de la procédure de garde à vue, un débat sur sa capacité pénale à y rester, et *a fortiori* à faire l'objet d'une première comparution et d'une mise en examen. Un premier expert psychiatre l'examine et conclut non pas qu'il est irresponsable et que son état nécessite un placement d'office, mais que « la question pourra être posée », ce qui ne veut rien dire. Un second médecin, autrement dit un contre-expert dont le parquet préférera l'avis, déclare au contraire que les troubles décrits par Aziz n'abolissent pas son discernement – ce que confirme, d'ailleurs, le déroulement de la journée – et qu'il est dès lors un justiciable comme un autre. On l'amène par conséquent au palais après deux jours de garde à vue pour sa mise en examen, la question de son incarcération provisoire étant, évidemment, posée.

C'est là que je rencontre Aziz pour la première fois, en fin d'après-midi d'un jour de permanence particulièrement chargée. Totalement désemparé, très volubile, ce grand gars me jure sur un ton doux qu'il n'a rien fait de mal et me parle de sa peur viscérale de la prison…

Je dois alors faire mon métier, lui expliquer, moi son avocat, en essayant pour autant de l'apaiser, qu'effectivement le parquet demande à ce qu'il soit placé en détention provisoire, et qu'en l'état de ce qu'on a, et surtout de ce qu'on n'a pas, je vois mal comment on parviendra à la lui éviter.

Je lui explique aussi ce qu'est l'instruction. Je lui dis qu'il a de la chance parce que le magistrat en charge de son dossier, qu'il va rencontrer dans un instant, est un juge modéré et objectif, mais aussi que la détention provisoire, dans l'attente de l'enquête que ce juge va maintenant mener, obéit à des critères légaux. Même si son juge est tout sauf un «justicier avant l'heure», la situation d'Aziz pose évidemment problème. Il a déjà utilisé maintes identités, ne dispose pas de la moindre adresse, ni en France, ni à l'étranger. Sans métier ni revenus, il n'a en clair aucune garantie de représentation. Les faits dénoncés sont graves et ont troublé l'ordre public, s'ils sont vrais ; il les nie, et le risque de pression sur la victime sera nécessairement évoqué, de même que la question de sa potentielle dangerosité, non encore clairement écartée, avec le risque de réitération qu'elle engendre... Cerise sur ce gâteau indigeste : il est en situation irrégulière en France, et le remettre en liberté serait en somme le replacer en situation d'illégalité...

En bref, je lui explique que pour ce soir, c'est plié, et qu'il va découvrir dans quelques heures la douceur de l'accueil d'une maison d'arrêt moderne et conviviale du Nord de la France, sans que j'y puisse rien...

S'il me donne l'impression de comprendre, il me répète constamment qu'il est innocent, d'une part, et que d'autre part il n'est pas bien dans sa tête, qu'il a besoin d'aide. Je soupire, lui prends les mains pour le réconforter, lui promets aide et assistance pour toute la procédure, et je plante mes yeux clairs dans ses yeux sombres et mouillés pour lui redire qu'aujourd'hui nous n'y pouvons rien, qu'il faut accepter, qu'il va se reposer et se faire aider, même «là-bas», qu'on va se battre ensemble par la suite.

En même temps, une fois de plus, j'ai le cœur blessé, et un sentiment de malaise que je continue à éprouver à chaque fois que je pense à Aziz.

Je suis un avocat raisonnable et sais bien que le juge, étant donné le contexte, n'a d'autre choix que de le placer en détention ; mais il se peut, il se peut même tout à fait, que j'aie dans mes mains à cet instant celles, tremblantes, d'un innocent, un vrai, un gars qui n'aurait rien fait d'autre que de rencontrer une jolie fille et de finir par coucher avec elle...

Comme bien souvent, puisque c'est mon métier, je me mets à la place d'Aziz. Si c'était moi et qu'effectivement je n'avais rien fait, si j'étais seul, loin des miens, démuni, comment aurais-je réagi, qu'aurais-je dit de plus ou de moins, face à de telles accusations, comment me serais-je défendu, avec ses moyens – et ses peurs – à lui ? La réponse est évidente : je me serais plus que probablement comporté de la même manière.

Oh, je sais : il est présumé innocent et, au vu du dossier, on ne peut pas dire que cette présomption d'innocence soit formellement renversée, on peut juste avoir des doutes...

Oui, mais ces doutes ne profitent-ils pas à l'accusé? Ne doit-on pas préférer cent criminels en liberté plutôt qu'un innocent en prison? Si, mais un autre jour, celui du jugement, lointain, dans deux ans au moins. Là, il n'est pas accusé mais va être mis en examen ; il ne sera pas condamné, mais fera l'objet d'une mesure de sûreté, la pire de toutes parce que d'évidence les autres ne suffiraient pas : la détention provisoire, la mesure de sûreté dont ils sont des dizaines, en France, à mourir chaque année.

Allez, je le crois totalement, il est innocent, Léa est dingue, ou elle s'en est voulu d'avoir accepté, ou je ne sais quoi d'autre, de tels cas sont loin d'être rares. Mais à ce stade, ai-je les moyens, avant de constater que je n'ai pas ceux de m'opposer à son incarcération, de contester sa mise en examen, d'obtenir par exemple qu'il ne soit que témoin assisté?

Non, sincèrement non. Le juge d'instruction ne juge pas la personne, il juge s'il existe ou non un dossier. C'est en ce sens qu'à la fin de l'instruction, il ne dira pas, dans son ordonnance de renvoi devant la cour d'assises, que le mis en examen est coupable: il dira seulement si des charges suffisantes existent contre lui pour que la question soit débattue devant une juridiction de jugement.

Ainsi, aujourd'hui, là, maintenant, la seule question qui se pose à lui est la suivante: existe-t-il à l'encontre d'Aziz «des indices graves ou concordants rendant vraisemblable qu'il ait pu participer, comme auteur ou comme complice, à la commission des infractions dont le juge d'instruction est saisi»?

Les accusations, immédiates et constantes, de la supposée victime, crédible et meurtrie; les premières dénégations totales d'Aziz; sa personnalité et son parcours, «à la marge»; et même, car pour une relation sexuelle consentie c'est un peu plus étonnant qu'en cas de viol brutal, l'abandon du préservatif dans le vagin de Léa: la réponse à cette question est évidemment oui, ce n'est pas sérieusement discutable.

Si, ça l'est: Léa ment peut-être, et dans ce cas, il n'y a plus rien.

Tout le problème, c'est qu'on ne le saura éventuellement que plus tard, avec les auditions des protagonistes et de leurs relations, avec les expertises psychologiques et psychiatriques, avec une confrontation, avec…

Mais pas maintenant – or c'est maintenant qu'il faut décider s'il existe des charges et décider si, en attendant toutes ces vérifications, on peut ou pas laisser Aziz dehors.

Même s'il est innocent.

Même si dans ce cas, son statut n'est plus celui d'un réprouvé qui aurait commis un acte immonde et lâche, mais celui d'un homme qu'on va injustement priver de liberté, en lui infligeant ce qu'on peut lui faire de pire à part le tuer : l'incarcérer par erreur.

Je l'interroge longuement sur tout ce qui pourrait m'aider, maintenant ou plus tard – mais rien ne vient, pas d'ami déclaré, aucune famille susceptible d'être contactée, rien…

J'ai de plus en plus de mal à regarder Aziz, de plus en plus de mal à ne pas lui dire la vérité vraie : non seulement il va perdre sa liberté tout à l'heure, mais je suis déjà certain que l'instruction n'apportera pas grand-chose, certain aussi que je n'arriverai pas, sauf miracle – la victime qui fond en larmes et s'excuse d'avoir menti, ce qui arrive peu, même lorsque c'est vrai – ou une éventuelle irresponsabilité pénale à laquelle je ne crois pas, à le faire remettre en liberté avant son jugement. Cela signifie qu'il part pour un an au minimum, sans doute plus. Il comparaîtra dans un délai qui, à sa place, me rendrait totalement fou si j'étais innocent, et peut-être même si j'étais coupable, avec le teint blafard des détenus de longue date, sans que j'aie pu avancer concrètement et utilement sur les éléments de sa défense, sinon en le connaissant un peu mieux.

Ce n'est que là, devant la cour d'assises, et dans ces conditions, alors que comme trop souvent je n'aurai jamais connu mon client autrement qu'enfermé comme un bâtard de chien oublié par les hommes, que nous pourrons, enfin, faire valoir le doute, et peut-être obtenir son acquittement – qui, et cela aussi me rend fou, est là, maintenant, presque de droit : il n'existe aucune preuve, objectivement, et même quelques éléments très à décharge, comme cette scène singulière où un gentil couple semblant amoureux se donne la main.

On toque à la porte du minuscule local dans lequel je m'entretiens avec Aziz depuis quarante minutes, au dixième étage du palais de justice, désert à cette heure comme pour mieux me laisser me débattre. C'est l'escorte qui, à la demande du juge, me demande si on « peut y aller »...

Je regarde Aziz, qui me remercie gentiment, de quoi mon Dieu... Oui, on peut y aller.

Je sors, vais voir le magistrat. Il a l'air fatigué et un peu triste lui aussi. Je lui confirme d'un ton accablé qu'Aziz ne fera aucune déclaration aujourd'hui, « pas la peine ». Nous échangeons un regard. « Oui, fait-il, j'entends bien. Je vais essayer d'aller vite, dans ce dossier... » Tout est dit, nous nous comprenons parfaitement, et je suppose que ses affres à lui sont proches des miennes.

L'interrogatoire de première comparution a lieu, et mes uniques et brillantes observations sur la mise en examen sont les suivantes, sans aucun défi, mais parce que c'est la vérité : « Monsieur le juge, cet homme est peut-être innocent. » Sans doute ai-je tort, j'ai même certainement tort de me contenter de cela, de ne pas combattre, de ne pas essayer réellement – « On a toujours tort de renoncer », me disait un vieil ami aujourd'hui disparu. Tant pis, c'est ainsi, je n'ai pas le courage de faire autrement ce jour-là, persuadé que cela ne sert à rien, mais aussi, et c'est beaucoup plus rare, qu'il serait indu de ma part de m'opposer à cette mise en examen, en un mot qu'elle se justifie...

Entre-temps, la juge des libertés et de la détention, déjà prévenue qu'elle aurait à statuer tardivement, et revenue au palais tout exprès, a pris une copie de la procédure. La voici prête, à quelques lectures près, lorsque nous arrivons devant elle une demi-heure plus tard.

Je plaide, cette fois, sur la possibilité d'innocence, mais autant l'avouer, je suis nul : le cœur n'y est pas. Elle délibère longuement, parce qu'elle motivera assez largement sa décision écrite. Pendant ce temps, j'explique à Aziz ce qui va lui arriver ce soir et les jours suivants. Il aura d'emblée un entretien médical, le juge a rempli la fiche en mentionnant le risque de suicide et les précédents psychiatriques. Je lui dis que je viendrai le voir le plus régulièrement possible, que nous essaierons de demander sa liberté, peut-être, plus tard, si nous parvenons à lui trouver un hébergement – un foyer, bien sûr, n'hébergera pas un clandestin soupçonné de viol et qui entend des voix de temps à autre. À quoi bon le lui préciser à ce moment-là ? Je veux tellement qu'il conserve un peu d'espoir, un but à atteindre – deux ou trois fils de vie...

La magistrate le place en détention, en indiquant que même si le dossier contient des éléments troublants, elle ne peut pas en l'état faire autrement, même si cette mesure n'est pas forcément durable, en fonction des éléments qui arriveront au dossier au fil de l'instruction. Elle dit attendre beaucoup de l'inévitable confrontation...

En attendant, Aziz s'en va entre ses deux policiers, pas fâchés que ce soit terminé car il est tard, maintenant.

Je sors du palais avec beaucoup de tristesse, je m'assieds devant, sur les marches, dans la nuit, pour prendre le temps de fumer une cigarette et de penser encore à tout ça, parce que je m'en veux. Je pourrais me dire pendant cent ans qu'il n'y avait rien à y faire, au regard des contraintes légales, des textes en vigueur, des précautions nécessaires, de ce que vous voudrez... C'est injuste. Forcément.

L'idée de cet homme-là en détention, pendant que je vais rejoindre mon confort et ma famille, me fouaillerait déjà s'il avait avoué.

Mais qu'il puisse y être sans avoir rien fait est vraiment un poids de plomb sur ma conscience, une honte de plus à gérer, le risque d'une injustice d'autant plus pesante que personne ne me la jettera au visage: Aziz n'a pas d'ami, pas de famille, il est tout seul, et j'ai baissé les bras quand j'aurais dû être son seul soutien...

Je jette ma clope, me persuade comme je peux que je ne pouvais pas faire autre chose, me jure que je me rattraperai, en évitant de penser que je ne sais pas du tout comment, et m'en vais, laissant le palais dans le silence et le noir, ce qui lui va bien ce soir-là.

Il n'y a, et il n'y aura jamais rien de certain, dans cette affaire. Si aucun des deux protagonistes ne change radicalement de version, personne, jamais, en conscience, ne pourra jurer que les accusations de Léa sont vraies.

Aziz est en prison, et dispose de si peu de moyens d'en sortir que, trois mois plus tard, je n'ai même pas déposé de demande en ce sens.

L'instruction avance, assez rapidement: la victime a été réentendue et maintient tout, confirmant *in fine* qu'elle

« ne mentirait jamais sur des trucs aussi graves, et qu'elle ne voit pas pourquoi elle mentirait ». Si elle a pu effectivement donner la main à Aziz dans le métro, c'est qu'il était gentil, qu'il y avait de la tendresse et un début d'amitié entre eux à ce moment-là, rien de plus.

Un transport sur les lieux, au départ peu identifiables par la seule victime, a été effectué avec Aziz, qui a permis leur localisation sans problème. Une expertise psychologique de Léa a scandaleusement conclu que « ses propos reposent sur des faits réels ». J'en ai demandé une autre en disant tout le bien que je pensais du premier expert, accordée et en cours. Les expertises d'Aziz sont ordonnées, c'est plus long...

Je n'ai pas d'acte à demander, la confrontation mise à part, que le juge d'instruction envisage de toute façon, mais que la victime a refusée d'avance, « morte de trouille » : nul ne peut la lui imposer, quelle que soit la réalité...

On verra les expertises à venir, on verra la confrontation, ou pas, on verra l'audition de fond, on verra bientôt les demandes de mise en liberté, fondées sur la présomption d'innocence, évidemment – « les demandes », oui, tant je suis persuadé qu'il en faudra plusieurs, et peut-être en vain jusqu'au bout...

Puis on verra l'ordonnance de renvoi, on verra, enfin et surtout, le procès...

Mais en attendant, Aziz vit en prison, où il me dit, ou d'où il m'écrit, qu'il est innocent, qu'il n'a pas violé Léa.

Il est régulièrement hospitalisé au SMPR[1] entre deux périodes plus calmes, lorsque « les voix » se manifestent

1. Service médico-psychologique régional, unité de soins en santé mentale au sein d'un établissement pénitentiaire.

à nouveau, toujours pas méchantes, apparemment, mais troublant sa réalité en lui faisant mal à la tête.

Des voix que, quand je pense à lui, je ne suis pas loin d'entendre, moi aussi.

LES CLÉS DU PARADIS

VOILÀ UN COUPLE DE VRAIS GENTILS. MIGNONS, TIMIDES, ILS se donnent la main pour s'encourager mutuellement et sont ainsi faits qu'on a tout de suite envie de bien les aimer – peut-être aussi parce qu'on sait que leur vie n'a été qu'une succession de drames et de galères, même s'ils n'ont pas encore cinquante ans à eux deux.

Lui, je l'ai rencontré deux années plus tôt. Jeune ouvrier sans parents, il bossait depuis déjà cinq ans et était venu me demander d'être partie civile à ses côtés contre les abrutis qui un soir, dans la rue, alors qu'il sortait de l'usine, l'avaient roué de coups pour lui voler sa pauvre montre, une Swatch un peu neuve, le laissant à moitié mort sur le trottoir. Je l'avais rangé dans mon puits sans fond personnel, cette terrible catégorie des «réprouvés de Dieu», des gentils qui n'ont jamais de bol et ne nuisent jamais à personne, trop occupés qu'ils sont à tenter de compenser le mal que la vie, si chienne parfois, s'acharne à leur faire subir quoi qu'ils fassent pour s'en protéger – et qui n'y arrivent jamais, comme s'il «était écrit» qu'ils sont nés pour se débattre dans de la vase trop molle pour en sortir. Ceux dont personne ne se souvient, qu'on voit à peine, et qui ne demandent que ça, qu'on ne se soucie pas d'eux.

La procédure bouclée, il avait obtenu des dommages et intérêts que le fonds de garantie avait couverts. Si «à quelque chose malheur est bon», ce qu'en général je ne crois pas, cette petite manne allait dans son cas lui permettre de quitter le cagibi insalubre qui lui servait jusque-là à dormir pour s'installer enfin dans un véritable logement.

Cela tombait bien. Pendant la durée de vie du dossier chez moi, il avait rencontré quelqu'un, une copine qu'il m'avait présentée lors de notre dernier rendez-vous, celui de la remise du chèque: une fille très gentille, très douce, qui lui allait comme un tuteur à une grande plante toute malingre tâchant de ne pas ployer sous le soleil. Elle aussi, comme par hasard, avait été solidement amochée par la vie autrefois, les malheureux savent bien que l'addition de bilans humains négatifs peut défier les lois mathématiques et faire que l'on se redresse…

Une de ces rencontres qui vous laisse, une fois les clients salués et que vous êtes sorti de leur vie, un sentiment de tendresse, un de ces dossiers où la dernière lettre de l'avocat leur souhaite bonne chance en se réjouissant qu'enfin ils aient l'air d'en avoir…

C'était il y a un an, et voilà que mon petit couple reprend rendez-vous. Je me réjouis de cette nouvelle rencontre tout en espérant *in petto* qu'une saloperie quelconque ne leur est pas encore tombée dessus et en sachant bien que si: on vient rarement dans un cabinet d'avocats juste pour le plaisir.

Ils entrent et me saluent, toujours aussi timides et respectueux. Ils n'ont pas changé d'un pouce et semblent contents de me revoir, ce qui me fait chaud au cœur. Apprenant qu'elle est enceinte, je les félicite puis, d'une petite voix, parce qu'ils sont presque ennuyés de devoir dire du mal de quelqu'un, ils finissent par m'expliquer la raison de leur présence.

J'ai beau savoir que «ça» existe, j'entre dans une rage folle. Il fallait que ça tombe sur eux, évidemment, eux qui sont les plus démunis de la terre face à une telle situation, eux qui n'ont pas d'armes. «Ça» ne devrait plus exister, jamais, pas à notre époque, pas avec tous les contrôles, toutes les aides, pas avec les scandales successifs, les lois sans cesse renforcées...

Ils ont emménagé il y a un an, dans une ville périphérique de Lille, plutôt chic, disons verte, résidentielle et plutôt friquée dans l'ensemble. L'appartement présentait à peu près bien pour ce qu'ils en connaissaient à l'époque. Pour la modique somme de cinq cents euros mensuels – tout sauf modique, donc, mais ils avaient, on l'a vu, un peu de sous –, ils ont loué leur premier logement «normal». À l'époque, tous deux avaient un emploi.

Cela s'est passé en été. Mais après, il y a eu la pluie, puis l'hiver, et leurs demandes, toujours respectueuses, n'ont jamais été suivies d'effet...

J'exerce un métier dans lequel personne ne niera le poids des mots, mais les cinq photographies que mes clients ont étalées sur le bureau parlaient très bien toutes seules, mieux que je ne pourrais jamais le faire, et m'ont mis en rage. Par ordre d'entrée en scène cauchemardesque et de gauche à droite, le chauffage antédiluvien qui n'a jamais fonctionné, la chaudière hors d'usage, le répugnant bac à douche, la cuvette des chiottes bouchée, et la fuite au compteur général d'eau, qui leur génère donc des factures uniquement afférentes à l'eau perdue, aucune autre ne pouvant être consommée dans ces lieux où même un porc n'accepterait pas de vivre.

Tout cela pour cinq cents euros par mois, religieusement réglés depuis un an, pas directement à la propriétaire, mais à une agence intermédiaire, pourquoi se refuser ses éminents services lorsqu'on possède un tel endroit, il ferait beau voir qu'on ait en plus à le gérer soi-même !

Premier détail amusant, mon client a perdu son travail peu de temps après l'entrée dans les lieux, n'a pu en retrouver depuis, et est trop jeune pour bénéficier du RSA, tandis que sa compagne gagne six cents euros mensuels. Il ne leur reste donc même pas cent euros par mois pour vivre, une fois acquitté le droit de dormir dans cette immondice !

Deuxième détail amusant, mes clients, tout timides, coincés et dépassés qu'ils sont par les procédures, ont cependant tenté de monter un dossier CAF pour obtenir l'APL, c'est fou ce qu'on se débrouille plus vite lorsqu'on crève de faim et de froid. La CAF n'a pas pu la leur accorder, du fait que la demande porte sur un « logement indécent » !

Ce galetas en voie de pourriture n'a donc jamais eu le moindre chauffage, pas plus que l'eau chaude. J'ai dix témoins de ce que mes clients se douchent et se lavent à tour de rôle à l'unique filet d'eau froide desservant l'appartement. Ses fenêtres laissent toutes passer l'eau et l'air, l'une d'elles est même cassée. La chasse d'eau ne fonctionne pas ni ne l'a jamais fait, si bien que mes clients défèquent dans du papier journal. Les murs, détrempés, ne sèchent pas. Tous les robinets fuient, y compris le général, toutes les évacuations sont bouchées, tout reste constamment humide, y compris les vêtements.

Étonné du montant élevé de sa note EDF, mon petit couple a fini par comprendre ce qui se passait. Les parties communes de l'immeuble sont raccordées à leur compteur, si bien qu'ils paient, en plus, la note d'une eau qui tombe au goutte-à-goutte dans un seau, et celle d'une électricité qui alimente les lumières de tout l'immeuble...

Lui présente désormais une allergie médicalement constatée. Après avoir vécu le plus clair de l'année écoulée dans le froid, la flotte, et les odeurs nauséabondes en provenance de la salle de bain, ils ont écrit plusieurs lettres. L'agence (mais de quoi ?) les renvoie à la propriétaire, laquelle ne les renvoie à rien, se contentant de ne rien répondre. Ils ont déposé une dizaine de demandes de logement social, mais étaient un peu trop riches il y a quelques mois encore, en tout cas pas prioritaires. Et ils ne le sont toujours pas.

Faute d'avoir pu changer de logement, ils continuent à payer leur loyer rubis sur l'ongle. Ils ont mis du temps à venir me trouver, c'est vrai, mais ils sont ainsi, ils ne croient pas qu'on puisse réellement les aider et ne veulent nuire à personne. Ils ont pensé que, bien sûr, la propriétaire allait enfin faire le nécessaire, que c'était un accident. Peut-être aussi qu'au fond d'eux-mêmes, ils ont doucement développé, année après année, ce « gène du réprouvé » qui les incite à croire que c'était leur destin, que tout le monde vit ça, qu'il ne faut pas se plaindre lorsqu'on a déjà un toit, malgré tout...

Et puis, pas de logement social, pas de RSA, pas de CAF, pas de chiottes, pas d'eau chaude, pas de droits, pas de vagues, pas de plainte, pas de réponses : dans leur logique à eux, ils avaient, me semble-t-il, quelques raisons de penser que rien ne changerait. On peut difficilement le leur reprocher. Ce qui les a finalement décidés à venir chez l'avocat, c'est, contre toute attente, la chaleur estivale. Ils savaient bien que ça ne durerait pas, qu'il allait vite falloir affronter un nouvel hiver, avec un petit à venir. Ce qui les a motivés, et je n'exagère pas, c'est la peur.

Lorsque je prends un dossier civil, en général, je le fais en étant plutôt apaisé. Pas là. Ce n'est pas du pénal, mais ça devrait.

Bien sûr, on va saisir l'ARS[1] et les services de la ville en urgence, accélérer la demande d'aide juridictionnelle pour qu'un huissier puisse rapidement et dûment venir faire un constat, obtenir du juge des référés qu'il les autorise à consigner leurs loyers. Je veux, non, j'exige, que cette vieille carne de propriétaire ne touche plus un centime. On va aussi demander au juge du fond de la condamner à tout mettre enfin en état, et à verser tous les dommages et intérêts qu'on pourra lui faire cracher. Au-delà, comme on dit en politique, on va «activer les réseaux» qu'on a la chance d'avoir, pour se dépêcher de leur obtenir un véritable logement. Elle attend leur enfant, ça va aider, paraît-il.

Mais, bon sang, comment peut-on faire du profit de cette façon-là, et avec l'argent de ces gens-là, dans ces conditions-là? Comment cette propriétaire, dont je vois sur le bail qu'elle habite une autre ville voisine de Lille, la plus riche, la plus cotée, maisons et appartements hors de prix avec souvent vue sur le golf, et peut-être dans l'avenue la plus luxueuse de ladite ville, comment peut-elle sereinement, le soir, éteindre son écran plat, ôter ses pantoufles et se glisser dans ses draps frais, sans qu'aucune des images de son gourbi insalubre vienne la hanter? Comment les demandes de plus en plus pressantes de ses jeunes locataires, adressées par voie de recommandés hors de prix, truffées de fautes d'orthographe, mais aussi de formules de politesse et de suppliques naïves, ne l'empêchent-elles pas de s'endormir?

1. Agence régionale de santé, organisme chargé de toutes les questions de santé publique et, entre autres, de la lutte contre l'«habitat indigne».

Comme je le leur ai dit, ce serait vraiment bien, une loi qui autoriserait, dans de telles circonstances d'abus manifeste et même de dénégation totale de ce qu'est un être humain, juste un échange, celui des domiciles respectifs, pour la même durée…

Ce type de situation n'est malheureusement pas rare en France, les greffes des tribunaux d'instance, partout, doivent en déborder. Mais même s'il est malade, si elle est enceinte, et qu'ils doivent sortir de chez eux puant la merde – il n'y a pas d'autre mot – pour utiliser la douche salvatrice d'un ami, cela n'entame pas leur profonde gentillesse et leur douceur : je crois que personne n'y arrivera jamais.

Ils m'ont, par exemple, demandé en partant, après que nous eûmes téléphoné ensemble à une pléthore d'organismes divers et variés et aussi d'assistantes sociales, de bien vouloir les « excuser pour le dérangement »…

Certaines personnes ont tellement souffert qu'elles n'ont aucune, strictement aucune méchanceté en elles. Ce sont des proies faciles, mais elles inspirent aussi un drôle de respect.

Une fois de plus, j'ai reçu, en pleine face, la dignité des gens frappés d'injustice.

P.-S. : Quelques mois plus tard, la propriétaire a été contrainte de remettre le logement à neuf et s'est exécutée. En attendant l'achèvement des travaux, ses locataires avaient été autorisés à consigner leurs loyers entre mes mains et à ne plus rien verser à Mme Thénardier. Un procès est toujours en cours : nous avons demandé sa condamnation à des dommages et intérêts que nous obtiendrons probablement en bonne partie. Par un curieux hasard, ceux-ci correspondent à l'addition des loyers payés depuis leur entrée dans les lieux et de la somme consignée. Mon petit couple a trouvé que «ça faisait beaucoup». Moi pas.

NOËL

C'EST UN MONSTRE.

Tout jeune avocat, je veux défendre des types comme lui, le plus possible et toute ma vie. Mais j'ai beau être sensible, voire hypersensible, à la misère du monde en général et à celle de mes clients en particulier, il n'en reste pas moins que Noël aurait pu être enfanté par Frankenstein et Nosferatu, s'il leur était venu la mauvaise idée de copuler.

Jeune, on est enclin à attraper au vol les idées plutôt qu'à attendre de se faire les siennes. Le rencontrer ne va pas m'inciter à vieillir : Noël, oui, ressemble à un monstre, et les faits qu'on lui reproche d'avoir commis sont justement assez monstrueux.

À trois, avec son épouse, Laurie, sorte d'ectoplasme tuberculeux dont le QI atteint péniblement les 10-12, et leur unique ami, Denis, un débile profond, au sens médicolégal, qui présente la triple particularité d'être muet, de mesurer un mètre cinquante-deux et de fumer constamment, ils ont, il y a environ deux mois, trouvé dans la rue encore plus pauvre, plus idiot et surtout plus malheureux qu'eux, Gérald.

Sorte de rugbyman magnifique, réellement beau mais sale, Gérald est lui aussi peu intelligent, totalement perdu et presque enfantin dans ses réactions. Il pleure beaucoup dès qu'on ne l'aime pas ou qu'il ne se sent pas aimé, pleure tout autant devant quelque chose de joli ou de triste, comme dans *Les Aristochats*, lorsque la maman cherche ses petits éjectés de la moto du méchant Edgar, et sourit aux anges lorsqu'on lui promet quelque chose de beau ou de gentil, par exemple manger, avoir des amis, faire la fête, être câliné... Comme tout le monde, donc. Mais en infiniment, infiniment plus fruste. Et sincère.

Après avoir partagé deux packs – ils disent « pactes » – de bière dans la rue, à l'aube, là où Gérald dormait avant qu'ils le réveillent, mes trois ivrognes lui ont proposé le paradis : un logement, le leur. Ils ont à peu près le même âge que lui, entre 25 et 28 ans, un appartement, et veulent bien être ses amis : Gérald a souri comme un enfant, vous pensez ! Il les a donc suivis, heureux.

Il a cessé de l'être dès qu'il a débarqué dans le logement social du trio, véritable porcherie qui obligera plus tard les policiers à n'y entrer que munis de masques, tant l'air y est suffocant et nauséabond. Une porcherie dépourvue du moindre meuble, à part deux sacs-poubelle remplis d'habits divers, et trois matelas défoncés d'une saleté répugnante posés à même le sol, au milieu d'innombrables détritus et de bouteilles vides.

Il y trouve cependant, ce matin-là, une unique oasis, dont il n'aura jamais le droit de s'approcher, et qui taraudera les experts, par la suite : dans un coin à l'opposé de l'entrée, le sol a été nettoyé sur deux mètres carrés, on voit nettement la moquette d'origine ; les deux murs d'angle l'entourant sont tapissés, sur un mètre cinquante de haut, de photographies et images découpées dans tout ce qu'on a pu trouver, patchwork improbable de Pelforth, Vache-qui-Rit et Stop Immo, mais dont l'aspect est finalement rieur et coloré. Le pan de vitre surplombant l'ensemble est le seul à avoir été frotté au chiffon. Toute la lumière de la pièce provient de là.

Surtout, pile au centre de ce rectangle incroyable, se trouve un landau violet, un landau double place. À l'intérieur, paisiblement endormis lorsqu'ils débarquent tous les quatre vers 6 h 30, cet été-là, il y a les jumeaux, Kevin et Samantha, huit mois, fruit des amours improbables de Noël et Laurie.

Ils sont dodus et sentent bon – sous le couchage du landau, dans le panier, on trouvera tout le nécessaire à bébé habituel, biberons, lingettes, couches, liquide physiologique, savon de pH neutre – alors que le reste de l'appartement est apocalyptique : il n'y sera découvert plus tard ni savon, ni brosse à dents, ni serviette hygiénique, ni liquide vaisselle, ni même, les enquêteurs pâliront un peu plus en l'écrivant, la moindre feuille de papier hygiénique…

Gérald sourit d'une oreille à l'autre en découvrant cette image d'Épinal, la plus jolie chose qu'il ait vue depuis bien longtemps. Naturellement, il veut s'avancer vers les enfants endormis, pour les voir de près et s'attendrir un peu plus. Il lâche son pauvre sac sur place, mais il ne fera que deux pas : dans son dos, Noël a hurlé « tape ! » à Denis, et Denis, lui obéissant comme d'habitude instantanément, s'est saisi d'un tube de métal posé dans le coin de l'entrée, et a frappé de toutes ses forces les jambes de Gérald, qui s'est écroulé en criant, transpercé par une douleur fulgurante – c'est ce que ça fait, une jambe cassée d'un coup de morceau de gouttière.

C'est là, allongé dans la merde, terrifié de douleur et de peur, pendant que Laurie se précipite vers ses petits pour s'assurer qu'ils n'ont pas été réveillés, et que Denis s'adosse à la porte d'entrée, refermée et verrouillée, son bout de métal à la main, le regard vide, que Gérald, péniblement, comprend que ses nouveaux amis ne sont pas des amis.

Noël s'agenouille à côté de son visage, et lui explique ce qu'ils ont décidé en cachette en le voyant dans la rue, plus misérable qu'eux : il va être leur esclave. À partir de maintenant, il exécutera tous leurs ordres. Ils auront le droit de le taper et de lui faire mal comme ils le voudront et quand ils le voudront, et s'il crie ou pleure, ce sera encore pire. Les quatre seules règles, c'est de leur obéir, se laisser faire, ne pas crier et ne pas s'approcher des bébés. En échange, il aura droit aux restes, et il sera au chaud avec eux. Est-ce que Gérald a compris ? Gérald souffre le martyre. Sa trouille est telle qu'il vient d'uriner dans son pantalon. Il fait signe de la tête qu'il a compris. « Non, t'as pas compris, fait Noël, sinon t'aurais dit : "Oui, Noël" », et il lui écrase sa cigarette sur la joue, juste sous l'œil droit.

Gérald hurle, porte les mains à son visage par réflexe, mais Noël les lui écarte, s'assied sur lui à califourchon, lui écrase les deux bras au sol avec ses pieds, sort son briquet et lui brûle l'oreille droite, longtemps, en lui répétant les règles, en beuglant qu'il ne doit pas crier, et en lui demandant si cette fois il a compris. Il faudra un certain temps pour que Gérald parvienne à ne plus crier, et réussisse à dire « Oui, Noël, j'ai compris, Noël » – exactement, en fait, le temps que met une oreille humaine à brûler complètement, ou qu'il faut à des jumeaux pour se réveiller. Leurs pleurs vaudront à Gérald quelques coups de pied de Noël, qui s'est relevé d'un bond à l'appel de sa femme lui demandant d'arrêter ses conneries et de venir les bercer, ce qu'il fait aussitôt.

Cela va durer deux mois.

Sur ordre de Noël, Denis a fabriqué une sorte d'attelle pour Gérald, avec deux bouts de balai – c'est la seule fois, à part pour une autre brûlure dans le dos faite avec une résistance électrique de barbecue, sur laquelle, effrayés par les marques profondes, ils poseront des tranches de pomme de terre, qu'ils le soigneront.

Ils lui ont attribué un coin, dans l'une des deux chambres, plus repoussante encore que le salon si faire se peut, où il dort, à même le sol, sans vêtements ni couverture.

Ils le déguisent rapidement en soubrette, en l'affublant d'un tablier sous lequel il ne porte qu'un slip sale, et il leur sert effectivement à tout, dans la journée, et notamment de souffre-douleur.

En réalité, ces sont les deux hommes qui s'en prennent à lui, au gré de leurs envies du moment : Laurie ne le frappe jamais. Elle laisse faire, le plus souvent, et parfois, quand ça va trop loin, essaie de s'interposer un peu, ce qui lui vaut quelques beignes bien senties – elle lui donne aussi parfois un peu d'eau, en cachette, ou bien un peu de crème pour une brûlure, comme il en attestera à l'audience, mais sans jamais lui dire un mot.

Gérald est en général réveillé par le fait que l'un des deux tortionnaires lui urine dessus, à même le sol, où il dort désormais enchaîné à une grille de ventilation. L'on découvrira, avec un frisson, au cours de l'instruction, que la grille n'était plus scellée au mur depuis longtemps, et qu'il aurait suffi de tirer dessus pour dégager la chaîne rapportée un matin par Denis… Mais Gérald l'ignorait, et n'aurait jamais osé.

Les deux hommes le conspuent sans cesse, le bousculent et le frappent avec les mains, les pieds, et tout objet utile, pour rien, juste pour l'asservir un peu plus ou parce que c'est rigolo, et que ça assied leur domination. Ils sont tous deux gringalets, plutôt maigres et pas très grands. Gérald, lui, fait près de cent kilos au moment de leur rencontre, pour un mètre quatre-vingt-dix, il n'en ferait qu'une bouchée... Mais il n'en aura même jamais l'idée, comme un enfant de quelques années n'aurait pas celle de s'opposer physiquement à son père.

Il est chargé de leur faire à manger, avec des aliments volés ou récupérés par les deux maraudeurs. Gare à lui si ce n'est pas bon, et ça ne l'est jamais...

Noël et Denis dorment l'après-midi, pendant la sieste des jumeaux, et Gérald reste là, assis par terre, à les regarder. Il apprécie, dira-t-il, ce moment où on ne lui fait pas mal.

Il craint en revanche terriblement la deuxième partie de l'après-midi, après leur réveil, quand ils se remettent à boire. Là, en général, au prétexte de sa saleté et de son odeur, effectivement épouvantables (prétexte qui constituera plus tard l'essentiel de leur défense, «on voulait le laver, il puait, il avait des poux...». L'hygiène, oui, sans rire, qui semble bien avoir servi de moteur à des idées épouvantablement tordues...), ils lui font subir toutes sortes de sévices, manifestement entraînés dans un concours de la torture la plus vacharde et la plus moche.

Ils lui font souvent couler de la cire de bougie sur tous les endroits poilus du corps, attendant qu'elle sèche sur la brûlure ainsi faite pour arracher la croûte brutalement. Parfois, ils enlèvent celle-ci avec une lame de rasoir, ce qui occasionne à Gérald des coupures et entailles profondes – il racontera qu'il a appris à ne plus crier, à leur grande satisfaction, mais qu'il était confronté à un dilemme bien trop grand pour son petit cerveau: s'il criait, il était puni, mais s'il ne criait pas, ils faisaient semblant de croire que ce qu'ils lui faisaient subir ne le dérangeait pas, et continuaient... À y réfléchir, un dilemme trop grand pour n'importe qui.

Il n'a pas non plus le droit de saigner, car «ça tache», si bien qu'ils cautérisent ses nombreuses blessures avec diverses matières : sel, moutarde, merde, re-cire, mais qu'on laisse cette fois sécher dans la blessure…

Dans la série «parce qu'il ne se lave pas et qu'il a des poux», on lui arrache souvent des mèches de cheveux, ce qui lui ouvre la peau du crâne en maint endroit – il est parfois obligé de les manger, ensuite.

Comme son haleine est fétide, on lui fait boire régulièrement toutes sortes de produits détergents, et notamment une fois de l'eau de Javel pure, ce qui le rendra très malade (cette fois-là, Laurie lui donnera un verre d'eau en cachette, il dira qu'elle lui a sauvé la vie…).

Lorsqu'il a une saleté quelconque à un endroit du corps, on la coupe, et la peau avec ; mais parfois aussi, plus efficace, on la brûle à la cigarette. En médecine légale, ce type de brûlure est très facile à identifier, très caractéristique, un trou rond et net dans la peau… Là, le médecin légiste qui examinera Gérald en dénombrera au moins cent vingt, et précisera qu'il y en a «sans doute beaucoup plus, certaines ayant été masquées par d'autres lésions plus larges»…

On lui brûlera même le moignon de son oreille déjà brûlée le premier jour, mais c'est surtout la gauche, celle qui lui reste, dont Gérald se souvient : un soir, Denis a fait comprendre à Noël que ce serait désormais leur cendrier, et de fait, depuis, il est convenu que toute cigarette allumée dans ce gourbi finira de se consumer dans l'oreille de Gérald, qui à la fin n'est plus qu'une plaie croûteuse et sale.

Et puis, il y a le balai. Un manche cassé, en fait, avec, côté cassure, cette longue pointe ébréchée que font les morceaux de bois rompus de force.

Gérald pue particulièrement de la zone génitale et de l'anus : évidemment, il ne se lavera pas une seule fois en deux mois et a ordre d'uriner et de déféquer là où il dort. On retrouvera d'ailleurs le sordide matelas de matières fécales là où il l'avait dit, comme moulé autour de l'empreinte de son corps.

Les deux hommes vont donc rapidement s'en prendre à ces parties-là : un jour, après lui avoir « rasé » les couilles à la cire et au Gillette ébréché, ils demanderont à Gérald de se tenir sur le dos, jambes levées, et lui frapperont les testicules au manche à balai. Là, Gérald sera incapable de retenir ses cris. Il se souviendra que ça n'a pas trop duré, et, au bord de l'évanouissement, avoir entendu Noël dire à Denis d'arrêter, que ça « faisait trop mal à regarder ».

Ce qui ne s'arrêtera jamais, en revanche, ce sont les nombreuses intromissions du manche à balai dans l'anus de Gérald, « pour lui laver le cul », en force, profondément. Les fois où il aura été gentil, où il n'aura rien fait tomber, par le bout intact. D'autres fois, par l'autre bout, lui causant là encore des dégâts terribles, des saignements réguliers.

On lui brise aussi quelques doigts, soit à coups de talon de botte, soit avec un pied de chaise carré, posé délicatement sur une phalange, et sur lequel on tape du pied d'un coup sec – ça, c'est lorsqu'il lui arrive de lâcher un objet ou de renverser une cannette.

J'arrête là l'inventaire terrifiant des étapes du calvaire de cet homme, en oubliant une flopée d'autres violences, et aussi les injures, les humiliations, les rires gras, l'alcool, l'appétit conservé des tortionnaires se faisant servir des raviolis en boîte par un Gérald grimaçant, claudiquant, puant, sanglant…

Deux mois.

Une soixantaine de jours, et tous les jours ces horreurs, sans aucun espoir que ça cesse, ni aucune vision d'avenir : seulement l'espoir qu'ils s'endorment avant de lui infliger pis encore, qu'il puisse retourner se coucher dans sa merde, et tenter de lécher ses plaies…

Pour être complet, et expliquer peut-être en partie pourquoi les experts décideront plus tard que les trois bourreaux sont pleinement responsables de leurs actes, il faut souligner que Noël aura, pendant ce temps, fait le nécessaire afin d'obtenir de Gérald une procuration pour retirer son allocation mensuelle à La Poste, que les deux hommes boiront comme ils boivent les leurs. Seule Laurie utilise la sienne pour les enfants, exclusivement.

C'est Denis, exécuteur des basses œuvres, mais pas seulement, qui décide un jour qu'ils ont assez ri, que ça suffit, qu'il en a marre de Gérald et qu'il faut songer à s'en débarrasser.

Il faut dire que Gérald est maintenant terriblement affaibli : il ne pèse plus qu'une soixantaine de kilos, boite bas, fait tomber de plus en plus de choses, tremble…

La conversation a lieu devant lui, une engueulade terrible entre les deux hommes, qui vont jusqu'à s'empoigner, puis se calment à la demande de Laurie. Noël n'est pas d'accord, il peut encore servir, et il y a ses allocs, tandis que Denis est déterminé. Le ton de ses gémissements (il est muet mais Noël le comprend, depuis toujours) monte, de même que ses gesticulations : il faut en finir, y en a marre, exit le Gérald, il va finir par crever dans l'appartement !

Ce dernier argument porte, Noël cesse de s'opposer, on demande l'avis de Laurie. Gérald se souviendra qu'autant les deux hommes, contrairement à ce qu'ils prétendront plus tard, n'ont jamais eu ce jour-là la moindre pensée humaine pour lui, étaient loin de vouloir «abréger ses souffrances», et n'ont à aucun moment remis en cause le fait qu'ils devaient le tuer, autant Laurie parlera de «ce qui est mieux pour lui, tellement esquinté», et jugera elle aussi qu'il vaut mieux en finir.

Gérald se souviendra également très bien de sa peur de mourir, absolue – mais aussi d'avoir pensé qu'ils allaient arrêter de le blesser, et en avoir ressenti un curieux soulagement sans espoir.

La décision est prise. «D'accord, on le tue ce soir», tranche Noël.

Une nouvelle discussion démarre alors, suivie avec passion par Gérald désormais au bord de la folie, sur la manière de se débarrasser de lui, parce que bon, c'est bien beau de décider ça, mais comment on fait, surtout pour ne pas être impliqués?

Après avoir envisagé différentes pistes, toujours en présence de Gérald, qui pleure sans larmes et ne dit rien comme toujours, il est convenu qu'on le jettera dans la Deûle, ce fleuve glacial en ce mois de décembre qui traverse Lille, et qu'on ira faire «ça» au port fluvial, désert le soir, rempli de recoins sombres: là, on pourra s'assurer que Gérald, affaibli et en état de malnutrition comme il l'est, meurt bien dans l'eau froide, et coule – d'ailleurs, il faudrait lui attacher des pierres aux pieds pour être sûr.

S'ensuit une sorte de «dernière heure d'un condamné à mort». Noël demande à Denis de «sacrifier» une boîte de pêches au sirop, et l'offre à Gérald, qui dira que «le goût était le meilleur du monde», même avec l'amertume de la terreur dans la bouche; Laurie lui lave le visage comme elle peut, doucement ; on l'habille pour sortir, de ces mêmes fringues qu'il portait le premier jour, et n'a jamais remises depuis ; on lui offre une cigarette, même si Gérald a fait un bond de deux mètres en voyant Noël s'approcher avec le tube incandescent, « mais non, quel con, c'est pour toi »...

Et puis tout le monde se met en route, y compris Laurie et ses enfants, qu'on emmène en landau avec le petit groupe. Ça, c'est une idée de Noël, il a dit à Laurie qu'elle serait là « jusqu'au bout », et il était exclu de laisser les enfants seuls. En tout état de cause, ça éviterait les questionnements s'ils venaient à croiser quelqu'un : un couple, leurs amis et leurs enfants, une petite balade du soir, rien d'anormal.

Gérald a reçu des instructions : il marche, au bras de Noël, il la ferme, il regarde par terre. Sinon... Sinon, on revient à l'appartement. Menace – ou précaution – totalement inutile, Gérald le confirmera plus tard : il avait beaucoup trop peur d'eux désormais, et depuis longtemps, pour seulement songer à avoir l'idée de s'enfuir ou de héler un passant, comme il n'avait jamais eu celle de tirer sur sa chaîne, de partir la nuit pendant le sommeil sauvagement aviné des deux hommes, de téléphoner, de crier à la fenêtre. Il n'est qu'un puits de douleurs et de peurs dont la conscience se limite aux seules obsessions de tout faire pour ne pas avoir plus mal et pour ne pas avoir plus peur. À commencer par obéir.

Le trio infernal, comme le surnommeront plus tard les journaux locaux, chemine tranquillement, avec Gérald qui claudique en silence et les jumeaux que la poussette a endormis, vers le port fluvial, en marchant le long de rues où défilent des voitures et même des piétons attardés, sans aucun incident, et sans que Gérald tente quoi que ce soit.

Ils arrivent ainsi devant les grands bâtiments sombres des anciennes douanes, sur les bords de la rivière, de l'autre côté de rues bordées par des maisons où les gens honnêtes et normaux doivent s'endormir paisiblement, puis gravissent une petite butte parsemée de buissons, dominant l'eau sale et glaciale de la Deûle. Laurie reste en haut avec le landau, tandis que les trois hommes descendent le chemin de terre étroit qui borde l'eau. Gérald, maintenant presque inconscient de peur, doit être solidement tenu par les deux autres pour ne pas s'écrouler.

Là, sans un mot, Denis réunit ses deux mains en un seul poing/marteau et, avec l'élan de la rotation de ses épaules, frappe de toutes ses forces Gérald au visage, une dernière fois, ce qui fait chuter sa victime au sol et l'étend, pour le compte, même s'il reste conscient.

Noël lui attrape les bras sous les aisselles, Denis les pieds, et ils le soulèvent, le balancent deux ou trois fois, et le jettent dans l'eau noire.

Le froid ranime Gérald, qui bat des bras comme il peut, sur le dos, faiblement – il ne sait pas nager.

Denis ne s'y intéresse déjà plus, et remonte auprès de Laurie.

Noël, lui, reste là, comme hésitant, à regarder Gérald se débattre.

Une voix, féminine mais ferme, se fait soudain entendre au loin : « Attaque ! »

Les trois comparses sursautent, Laurie, la première, perçoit les grognements d'un chien qui manifestement court vers eux, venant des maisons, à deux cents mètres. Elle panique et s'enfuit en courant dans la direction opposée, le long de la berge, vers la lumière du carrefour qu'ils ont traversé tout à l'heure.

Denis est un peu plus bas, mais a entendu lui aussi, et se met à courir dans l'autre sens, vers les bâtiments encore plus sombres et plus éloignés du port, disparaissant très vite dans l'obscurité.

Noël ne saura jamais m'expliquer ce qui s'est exactement passé dans sa tête à ce moment précis – tout cela ne dure que quelques secondes. Quoi qu'il en soit, il saute à l'eau, nage vers Gérald qui flotte toujours, l'attrape par le haut du pull, le ramène vers la berge sur laquelle il le hisse, en un effort d'ailleurs considérable puisque lui reste dans l'eau. Puis il nage sans se retourner vers la berge opposée, pendant qu'un chien noir, grognant et soufflant, arrive en haut de la butte : il a le temps de l'apercevoir. Noël prend pied de l'autre côté, en se coupant d'ailleurs sur une vieille poutrelle rouillée, et disparaît lui aussi dans la nuit.

Il était 23 heures quand Raymonde, s'apprêtant comme tous les soirs à sortir promener son chien pendant que son fainéant de mari Robert dormait bouche grande ouverte devant la télé, est montée préalablement dans leur chambre pour jeter par la fenêtre un coup d'œil aux alentours. Elle le fait systématiquement : « Avec tout ce qu'on entend, c'est plus prudent, je sors jamais sans regarder si y a pas de la racaille prête à me causer des misères… » Robert témoignera avoir été réveillé en sursaut par un « nom de Dieu ! » hurlé par sa tendre épouse. Il la verra, ahuri, redescendre l'escalier aussi vite que sa corpulence imposante le lui permet, se ruer sur Rex, qui battait déjà de la queue en attendant sa promenade nocturne, le propulser littéralement jusqu'à la porte d'entrée, ouvrir grande celle-ci et gueuler « attaque ! » en pointant le doigt vers la Deûle. « Rex est dressé, témoignera-t-il. Il est parti comme une fusée. Moi, encore dans le sommeil, j'ai demandé à Raymonde si elle était devenue dingue, en plus Rex risquait de se faire écraser, mais là elle m'a vite expliqué, et on est sortis voir... »

Postée derrière ses carreaux, Raymonde avait aperçu trois ombres humaines sur le sentier, puis quand l'une s'était fait frapper, elle avait ouvert la fenêtre, vu les deux debout balancer la troisième forme dans le fleuve, entendu le « plouf » du corps. Elle n'avait pas hésité à dévaler les marches, sauvant très vraisemblablement la vie de Gérald – même si, plus tard, Noël assurera qu'il avait décidé de le repêcher avant d'entendre le chien...

Arrivé sur place, à cent mètres de chez lui, le couple n'en croit pas ses yeux : il y a là, d'abord, un landau abritant deux bébés endormis ; puis, juste en contrebas, avec leur chien Rex qui lui lèche le visage, un homme dégueulasse et « tout plein de sang », trempé, allongé sur le sentier, conscient mais qui a l'air dingue, et personne d'autre : « Ce con de chien ne sentait que le sang, au lieu de poursuivre les crapules ! »

« Je reste là, tu rentres les petits et tu appelles le Samu, les flics, les pompiers, qui tu veux, mais magne-toi pour une fois ! Et mets un pantalon ! » Robert déclenchera le fou rire général de la cour, moi inclus, lors du procès, en racontant cet épisode qui soulignait la force de caractère de Raymonde : « Trente ans de mariage, monsieur le président, et c'est toujours elle qui commande ! », mais témoignait aussi de sa bonne mémoire : « Ben oui, parce que faut vous dire que j'étais sorti comme j'étais, en calbut, même que ça caillait drôlement... »

Bref, dix minutes plus tard, pendant que le coin se remplissait de monde, et que Raymonde faisait du café pour qui voulait tandis que Robert racontait l'histoire à qui voulait, Gérald était emmené, pronostic vital engagé, vers les urgences, toutes sirènes hurlantes, le médecin urgentiste ayant été notablement impressionné par son état et ses multiples lésions.

On arrêtait Noël, seul, deux heures après : il était venu demander au policier qui gardait les lieux, où désormais s'affairait la police scientifique, si l'on savait ce qu'étaient devenus les jumeaux retrouvés dans la poussette, « détail » que personne, dans le public présent, n'était censé connaître…

Laurie était interpellée à son domicile juste après – elle était rentrée directement, ne sachant où aller, et avait vu arriver dix minutes plus tard un Noël trempé, qui s'était changé avant de repartir chercher les enfants…

Denis, enfin, se livrait le lendemain matin, à moitié gelé après une nuit passée dehors – lui non plus ne savait pas trop où aller…

Les deux hommes vont rester en détention provisoire pendant l'année et demie que durera l'instruction, tandis que Laurie, incarcérée également au départ, sera remise en liberté, sous contrôle judiciaire, au bout de quatre mois. Les femmes s'en tirent presque toujours mieux en pénal appliqué, et les faits ayant motivé sa mise en examen n'étaient pas les mêmes que ceux reprochés aux auteurs principaux : Laurie n'était poursuivie « que » pour complicité de tentative d'assassinat et non-assistance à personne en danger.

Noël et Denis, eux, le sont pour actes de torture et de barbarie commis en réunion, sur personne particulièrement vulnérable, et ayant entraîné une mutilation, viols ayant été précédés, accompagnés ou suivis desdits actes de torture, et tentative d'assassinat.

Tentative, oui, uniquement, car Gérald a survécu : mutilé de l'oreille droite, soigné pour tout le reste, il guérira physiquement, petit à petit, et se constituera bien entendu partie civile, les expertises psychiatrique et psychologique établissant, outre l'immense préjudice moral et la nécessité absolue d'une prise en charge psychologique durable, qu'il était une personne particulièrement vulnérable au sens de la loi, en raison notamment d'une débilité légère apparente, son QI étant comparé à celui d'un enfant de 14 ans.

Au plan physique, par-delà le fait qu'il n'a plus qu'une oreille et un trou à la place de l'autre, qu'il couvre de ses cheveux longs, Gérald présente de très nombreuses cicatrices, évidemment, la plupart externes, mais d'autres internes, celles qui auront nécessité le plus de soins. Je ne le sais pas encore, mais la déposition du médecin légiste, très connu dans le Nord, moustache soignée, petite voix et précision chirurgicale, justement, dans le descriptif de ses opérations et des constatations, sera terrible. Elle provoquera ce que je n'ai vécu qu'à une unique autre occasion : l'évanouissement ou le malaise durable de trois jurés, qui devront tous trois être remplacés, épuisant ainsi le nombre de jurés suppléants – le président vivra le reste du procès dans la crainte d'une nouvelle défection.

La première jurée en particulier, d'un certain âge, se lèvera soudain au beau milieu de la litanie des blessures égrenées par l'expert, et plus encore de leurs causes probables, dira, toute blanche, « ce n'est pas poss... », et s'écroulera, inanimée, sur le comptoir de la cour d'assises, s'occasionnant une belle bosse au front. Lorsque vous êtes assis dans le box de la défense, vous songez alors que rendre votre client un peu sympathique va être, comment dire… légèrement ardu…

L'expert avait introduit son propos en expliquant qu'il n'avait pas pu faire le dessin habituel d'un homme nu pour y situer les lésions, car il y en avait trop et que le dessin aurait été intégralement noir. Il le conclura, puisqu'il procède de sa riante mission de chiffrer les différentes sources de préjudices en retenant un *pretium doloris* (le prix de la douleur) de 6,5 sur 7, autant dire le maximum, en s'étendant longuement sur le fait que les brûlures sont reconnues comme causant habituellement les plus intenses douleurs.

Les trois tortionnaires encourent la réclusion criminelle à perpétuité, la « vraie », incluant une période de sûreté pouvant atteindre vingt-deux ans.

J'ai été commis d'office au soutien des intérêts de Noël, en début d'instruction. C'est donc lors de notre première rencontre en maison d'arrêt que je découvre ce type physiquement repoussant, qui ressemble comme deux gouttes d'eau à un vampire. Âgé d'une trentaine d'années, il est doté de cheveux blonds, naturels mais qui ont l'air teints, et qui m'ont enfin permis de comprendre réellement le sens du mot « filasse ». Propres ou pas, et dans son cas c'est « pas », ils ont l'air sales. Ils sont longs et disséminés par touffes inégales qui lui pendouillent dans la nuque et sur le front.

Front qui, justement, est l'un des plus hauts et bombés qu'il m'ait été donné de voir. Tout de suite, j'ai pensé à un muséum d'histoire naturelle, section préhistoire, d'autant que ce front appartient à un visage livide. Insérés dans deux fentes obscures, les yeux sont dépourvus de la moindre lumière, la bouche aux lèvres extrêmement fines s'entrouvre sur des dents jaunâtres et irrégulières. Les touffes de poils de barbe non rasée et ressemblant à du duvet clairsemé qui complètent l'ensemble lui ajoutent une petite touche de saleté dont on se passerait bien.

C'est en lui serrant la main que j'aperçois les siennes, qui m'ont marqué : elles sont extrêmement fines, les doigts presque transparents, et m'évoqueraient volontiers des mains de femme, si leurs ongles n'étaient jaunes de tabac, longs, cassés, et d'une saleté repoussante – je me promets *in petto* d'acheter des lingettes en sortant de détention...

Ce garçon me fout les chocottes rien qu'à le voir, et je suis son avocat. Je me dis qu'il va falloir beaucoup travailler, d'ici à l'audience, y compris sur l'hygiène, parce que là, dans le petit local du parloir avocat (même si on apprend vite qu'en détention, c'est malheureusement la règle la plus courante), il pue.

Il va me faire m'ébrouer, sortir de mes petites réflexions désobligeantes d'intellectuel propre sur lui, pour revenir définitivement à ma mission et à la défense d'un homme, car évidemment c'en est un, qui risque de finir sa – jeune – vie enfermé, et qu'il faut absolument tenter de comprendre.

« Alors, on envoie les jeunots à la corvée... Bonjour, maître. Vous avez trouvé facilement ? » me lance-t-il avec une sorte de coassement dont j'apprendrai que c'est son rire, qui découvre largement des chicots répugnants donnant l'impression qu'il va bouffer l'interlocuteur. Surpris, je le regarde déjà un peu différemment, et souris légèrement à mon tour : « On dirait pas, mais je connaissais déjà... Bon, on a un peu de boulot, je crois... »

Dès le départ, et après que nous avons fait connaissance, petit à petit, il me semble que certains éléments des accusations portées contre lui devront être discutés juridiquement. Mais l'essentiel du travail, comme si souvent, sera, pendant la durée de l'instruction, de dépouiller avec lui tous les éléments de sa personnalité, d'essayer d'entrer dans sa tête, avec les moyens et les acquis qui s'y trouvaient ou pas, lors de la commission des faits, pour tenter de comprendre et être à même d'expliquer le mieux possible, le moment venu…

Les carences extrêmes de ce jeune homme, intellectuelles, affectives, humaines, ne seront évidemment pas une surprise : dès que les crimes prennent une certaine ampleur d'atrocité, les ingrédients ayant mené à leur commission sont presque toujours les mêmes.

Noël ne connaît pas ses parents, a eu une enfance de violences et de privations, a été très tôt déscolarisé, puis il a vécu dans la rue, d'expédients et de vols, de violences et de coups de survie… Le profil des deux autres est identique. Ceux qui n'ont rien attirant ceux qui n'ont rien, il n'a qu'un ami, Denis, rencontré des années auparavant, et qui le respecte, et n'a connu qu'une femme, Laurie, qu'il aime sincèrement, et dont il ne cesse de louer les qualités de mère. Elle se prostituait à 16 ans, il n'est pas peu fier de l'avoir sortie de là.

Il est tout sauf inintelligent, mais il n'a pour bagage que la dureté, la démerde, la crasse, quelques mots, des souvenirs d'une enfance estropiée, zéro de tendresse jusqu'à Laurie. Nous avons le même âge, et j'ai eu de la chance. Tandis que je grandissais au chaud, lui rejoignait l'armée de mes ombres à moi, si chères à la justice, l'armée de ceux que je nomme les «réprouvés», et que j'aime tant défendre, toujours dans la douleur.

Le trio a vécu en totale autarcie, Laurie a décroché le logement social alors qu'elle était enceinte des jumeaux, un accident, mais que Noël ne regrette pas. Ce qu'il vit le plus mal en détention, c'est leur placement, et de ne plus les voir.

Sur les faits, il dit que rien n'était prévu, que les violences sont venues comme ça, parce que la première fois Gérald s'approchait des petits, et puis après par habitude, parce qu'il était vraiment sale. Ce motif, il n'en démordra jamais, provoquant chez moi un fou rire, de ceux qui surviennent dans les moments de tension, à l'instruction, lors de son audition de fond. Il reconnaîtra tout, en détail, et le juge recueillera, acte par acte, les explications de Noël sur chaque fait, lors d'un insoutenable inventaire: «Alors, la cire, monsieur?–Ben, il était sale des jambes, alors on a pensé l'épiler…» Les entailles au rasoir? «Ben des fois, ça partait pas, alors on insistait…» La javel? «Ben il sentait vraiment de la bouche, alors…» Le balai? «Ben il sentait vraiment du fondement, alors…» Bien sûr, à chaque fois, le magistrat demandera s'il n'y avait pas moyen de faire autrement, s'il n'y avait pas du sadisme et l'envie de faire très mal là-dessous, etc. Et à chaque fois Noël répondra que non, pas du tout, que c'était bien ça l'idée, presque pour le bien de Gérald, une éducation à la dure, rien de plus… Ça durera des heures, on évoquera tout, très péniblement, et chacune de ses déclarations et de ces pauvres «justifications» enfoncera Noël un peu plus, sans jamais que je puisse le lui faire entendre… Puis le juge en arrivera, quand même, à son argument massue: «Mais les cigarettes écrasées dans l'oreille, monsieur? Là, ce n'est pas par hygiène, n'est-ce pas? C'est d'ailleurs très peu hygiénique, les cigarettes dans l'oreille, non?» La réponse de Noël me fera rire jusqu'aux larmes, moitié par épuisement, moitié par surprise et surtout, en voyant la tête du magistrat, au point qu'on devra même suspendre l'audition: «Ben non: ça, c'est parce qu'on n'avait pas de cendrier.»

Ce sera sa seule réponse. Il refusera toujours, obstinément, de dire que Denis et lui ont trouvé rigolo, au minimum, de faire du mal à Gérald – et en réalité surtout, qu'ils voulaient le dominer totalement, régner sur lui, tels des borgnes au royaume des aveugles…

En «off», en vue de l'audience, on y arrive un peu, parfois: je crois absolument nécessaire qu'il parvienne à assumer ses actes, à en expliquer les véritables raisons, et parfois il reconnaît du bout de son absence de lèvres que oui, écraser, souvent au sens propre, ce pauvre bonhomme, le faisait exister, se sentir plus puissant, que la facilité, son absence de réaction violente ou même, rapidement, d'opposition, n'ont fait que le conforter dans cette puissance…

Et puis, on travaillera, souvent, sur la capacité qu'il a eue d'infliger des douleurs insupportables, d'en voir les effets et de continuer: dans ces cas-là, quand même, Noël se trouble, n'est plus sûr de rien, il dit que la violence, il sait ce que c'est. Il me montre des cicatrices anciennes, me raconte qu'il n'a jamais eu pitié parce qu'il n'a jamais pitié, parce que ça n'a pas de sens, qu'il ne réfléchissait pas; il charge un peu Denis et finit par lâcher que si, à la fin, lorsqu'ils l'ont balancé dans le fleuve, oui, là, pendant que Gérald se débattait dans l'eau, il a eu conscience qu'il allait mourir noyé, étouffé par la flotte, horriblement, et que c'est pour ça qu'il l'en a ressorti…

Petit à petit, sur ce dernier point, je le crois, et sur les autres j'essaie doucement, entretien après entretien, de le faire avancer, se rendre compte, en un mot s'humaniser : avocat, c'est souvent ça.

J'aurai toujours du mal a éprouver une véritable empathie pour lui, ce qui me handicape, j'en ai besoin pour bien défendre ; en même temps, il fait à l'évidence partie de ces hommes à qui la noblesse de mon métier est de prêter, le temps de leur défense, tout ce que j'ai eu, moi, la chance de recevoir : pêle-mêle, les mots, les outils juridiques, les sentiments, l'éducation, les repères humains, le cœur – les siens sont soit inexistants, soit coulés dans une chape de béton qu'il faudra à tout prix que l'audience fende, sous peine de ne servir à rien.

L'instruction passe et, un jour, les trois bourreaux de Gérald comparaissent devant la cour d'assises du Nord, sous les préventions exposées plus haut, et dans un climat d'audience très lourd et difficilement soutenable pour chacun, à commencer par les jurés. J'ai pu obtenir de Noël qu'il se rase à peu près soigneusement, mais pour le reste son physique ne s'est pas amélioré, la prison ayant encore renforcé sa lividité cadavérique naturelle.

La salle est vide : Gérald n'avait personne dans sa vie, et seule l'association qui l'a pris en charge depuis les faits est représentée ; les accusés n'avaient personne, et n'ont toujours personne.

Le président est un homme profondément humain, dont je sais qu'il va, avec douceur, réellement chercher à comprendre. C'est tout ce qu'on demande, mais c'est beaucoup, Noël a de la chance, ce n'est pas toujours le cas.

L'audience démarre d'autant plus mal qu'un incident plutôt rare, qui ne m'est heureusement presque jamais arrivé, va survenir, plaçant Noël, et un peu son défenseur, en bas d'une pente encore plus dure à remonter que prévu.

Je sais qu'il lui sera rapidement demandé, après lecture d'un acte d'accusation détaillé qui fera blêmir la plupart des jurés, dont à compter de ce moment les regards sont glacés lorsqu'ils se tournent vers le box des accusés, sa position générale sur les faits : en gros, s'ils sont reconnus ou pas, et s'il plaide coupable ou pas. Bien entendu, nous avons préparé sa réponse ensemble, il est convenu qu'il y assume l'intégralité des faits, sans chercher pour l'heure à les expliquer, et même, s'il y parvient, qu'il s'adresse d'emblée à la victime pour tenter, un peu, de lui en demander pardon.

Noël se lève, et clame haut et fort dans le putain de micro qu'il est innocent !

Pendant que mes yeux s'écarquillent, le président, qui a évidemment lu le dossier et n'ignore pas que Noël a reconnu, lors de sept auditions, l'intégralité des faits, qu'il a au demeurant décrits avec précision à maintes reprises, insiste, lui demande s'il est sûr, lui rappelle qu'il comprend l'appréhension de l'audience qui doit être la sienne, mais qu'il faut dire la vérité… Mais Noël persiste et signe, affirme qu'il a menti jusque-là, sous la pression de la police, du juge, de la terre entière, moi inclus. Il commence même à s'agiter et à hausser le ton, s'énervant stupidement. Le pire que vous puissiez faire pour un client, aux assises, est de le laisser démontrer aux jurés qu'il peut être colérique. Rien de plus catastrophique qu'une démonstration d'absence de contrôle de soi et de potentielle dangerosité.

Je me lève avant que ça ne dégénère vraiment, pour demander une suspension d'audience. Le président, qui n'attendait que ça, me l'accorde aussitôt – l'effet sur les jurés est lamentable, mais tant pis.

À Douai, où se trouvent les assises du Nord, la grande salle jouxte le poste de police, lui-même contigu, d'une part, à la salle où les accusés sont détenus, menottés à un banc, pendant les pauses ; et d'autre part, après un couloir de quelques mètres, à la salle des jurés, lesquels y sont donc repartis.

Je suis Noël, qui reste énervé, et gueule qu'il en a marre de mentir, que tout ça fait chier, etc. On le menotte à son banc, je m'assieds à côté de lui. Je sors mon paquet de Camel, échange un regard avec le chef de poste, cinq mètres plus loin, par la porte ouverte, qui me fait signe que c'est d'accord, et offre une cigarette à Noël, en m'en allumant une à ses côtés. J'attends un peu, il se calme apparemment, le visage buté figé vers le sol, puis je lui dis que je comprends sa peur, que je crois comprendre ce qui se passe, qu'il a honte, qu'il n'arrive pas à assumer, mais qu'il faut le faire, que de toute façon les faits sont avérés, que nier ne sert qu'à le discréditer d'emblée.

Brusquement, il se lève d'un bond, passe sa chaîne autour de mon cou et me saute littéralement dessus, me faisant chuter sous lui, au pied du banc, en hurlant qu'il en a marre, que je dois le défendre et pas l'accuser, que je suis un salaud…

J'ai quelques secondes de panique, il est réellement fou de rage, et je suis coincé dessous, ma clope toujours au bec, à gigoter comme un con, mais l'escorte a entendu, bien sûr, et accourt pour me délivrer, même si ça prend du temps tellement il est en colère – ils s'y mettent à trois pour le ceinturer, le soulever et lui faire enfin lâcher prise…

Pendant cette scène kafkaïenne et ô combien ravageuse pour sa défense, pendant qu'il ahane sur moi, que j'ai sa chaîne autour du cou et m'évertue à ne pas me brûler les lèvres avec ma cigarette, et pendant que trois flics tentent, au-dessus, de le maîtriser, j'ai le temps d'entrevoir les têtes du président, des assesseurs et de plusieurs jurés, dans l'encoignure de l'autre porte, totalement sidérés.

J'ai eu, je crois, la bonne réaction : pendant que les policiers rasseyaient Noël, lequel gesticulait comme un fou, sur son banc, avec double paire de menottes, je me suis relevé et leur ai assuré que tout allait bien, que c'était ma faute, que je l'avais énervé, mais que tout allait bien…

Ça a eu le don de le calmer. Quelques secondes plus tard, il marmonnait des excuses – non sans que j'aie entretemps remercié les membres de l'escorte, dont certains s'en souviennent encore aujourd'hui, de m'avoir tiré de là…

Noël avait eu son pétage de plombs et son exutoire : il était maintenant prêt à dire la vérité. Ce qu'il fit, le reste du procès.

À la reprise de l'audience, il est resté debout dans le box, et le président s'est aussitôt adressé à lui : « Alors, monsieur, en espérant que vous êtes calmé définitivement, vous avez réfléchi ? » Mon doux client a alors répondu : « Ben, comme m'a dit mon avocat, euh, je reconnais les faits, et je demande pardon. » Sa grande sincérité, sa spontanéité, ses remords poignants et son absence de dangerosité étant ainsi parfaitement établis, le procès pouvait réellement commencer…

Comme je l'ai évoqué, rien n'y a été facile, d'autant que les explications pitoyables et fumeuses des trois accusés contrastaient très radicalement avec celles, toujours gentilles, d'un Gérald qui parvenait à n'en vouloir à personne, remerciant même Laurie à plusieurs reprises de ses pauvres interventions…

Mais tout de même, on avançait. On établissait progressivement que ces gens, tout reconnus responsables qu'ils étaient, manquaient à tel point de moyens de se comporter en êtres humains normaux qu'on finissait par parvenir, un peu, à comprendre qu'ils n'aient pu le faire, et se soient assis sur les souffrances de leur victime comme un roitelet sur un trône de bois.

J'ai cru nécessaire d'interroger moi-même Noël pendant près d'une heure sur les faits, par le menu, pour qu'il les reconnaisse tous, pour que les jurés l'entendent les assumer, et pour qu'ils constatent aussi qu'il ne parvenait pas à en être effrayé. Une autre heure a été consacrée à essayer de lui faire raconter un souvenir heureux quelconque, n'importe lequel, en vain, à l'unique exception de la naissance des jumeaux. Après qu'une totale absence de vie « normale » a été ainsi exposée, j'ai terminé mon interrogatoire par une question toute simple, en substance : « Noël, on sait ce qui s'est passé, tout ce qui s'est passé… Essayez de décrire à la cour ce qui aurait dû se passer, normalement, si tout avait été normal, depuis la rencontre de Gérald. Comment ça aurait pu, comment ça aurait dû se passer, après ? »

Les jurés ont, je crois, ressenti comme moi son incapacité totale à répondre à cette question. Je n'ai obtenu qu'un mutisme et le spectacle d'un front plissé ; après d'autres questions entrecoupées de silences, il a fini par murmurer : « On n'aurait pas dû lui faire du mal », et, comme j'acquiesçais et l'encourageais à continuer, il a réussi à ajouter, pour solde : « Si on l'avait pas obligé, il serait pas resté. Je sais pas comment il serait resté… »

Noël était « normal », fruste, mais normal, oui. En même temps, c'était un réprouvé, un vrai, quelqu'un qui ne s'était pas construit normalement et ne pouvait donc pas construire normalement. D'une lâcheté et d'une faiblesse atroces, oui. Mais qu'on ne pouvait pas juger totalement délibérées.

Naturellement, le quatrième jour, ma plaidoirie porta principalement sur ce thème-là.

L'avocat général avait demandé la culpabilité pour l'ensemble des préventions et une peine de trente ans avec sûreté des deux tiers pour Noël, vingt ans avec sûreté des deux tiers pour Denis, et cinq ans pour Laurie.

La cour, après quatre heures de délibéré, a acquitté Noël des chefs de viols et de tentative d'assassinat, et Denis du chef de viols, les reconnaissant coupables, comme Laurie, des autres accusations.

Pour les viols, le débat était la connotation sexuelle (« tout acte de pénétration sexuelle ») des actes commis avec le balai : je considérais qu'il n'y en avait pas, qu'il s'agissait en fait de l'un des actes de torture parmi d'autres, et la cour a suivi. Pour la tentative d'assassinat, c'était nettement plus discutable, mais les débats avaient fait ressortir que le projet de tuer Gérald n'avait jamais été réellement ni voulu ni accepté par Noël – c'est bien même le seul acte qu'il n'ait pas voulu… Et que, s'il avait finalement participé, c'était pour avoir aussitôt, seul, sauvé Gérald, qu'on le veuille ou pas. Les débats avaient permis d'établir que ce sauvetage avait eu lieu de sa propre initiative, avant toute intervention extérieure : la cour a estimé pouvoir également l'en créditer.

Elle a finalement condamné Noël à quinze années de réclusion criminelle, assorties d'une période de sûreté des deux tiers, Denis à la même peine, et Laurie à quatre ans dont deux assortis d'un sursis avec mise à l'épreuve. Cette dernière comparaissait libre, et a été écrouée le soir même.

Noël n'a pas manifesté grand-chose. Comme il s'attendait à une lourde peine, je suppose qu'il était plutôt content, celle-ci était assez mesurée, même lui pouvait s'en rendre compte…

J'ai trouvé pour ma part que c'était une peine juste, que la cour avait réussi à trouver l'impossible équilibre : celui qui doit prendre à la fois en compte l'horreur des faits et la grande misère de ceux qui les ont commis.

J'ai su par hasard que Laurie avait refait sa vie à Paris, où elle travaille, après s'être remariée. Elle a récupéré, il y a longtemps, la garde des jumeaux, dont j'espère qu'ils grandiront normalement.

Quant à Gérald…

Quelques années plus tard, j'accepte un jour, peu de temps avant l'audience, d'assister une jeune SDF qui s'est fait sauvagement agresser, rouer de coups et violer, par deux marginaux vivant comme elle dans la rue.

J'ai pris place à côté d'elle, dans la même salle des assises de Douai, quand je vois arriver les deux types dans le box. On les démenotte, le plus grand des deux relève alors, de son poignet libéré, la mèche de cheveux qui lui pendouillait jusque-là devant les yeux, et mon cœur fait un énorme bond.

Mon confrère a vaillamment défendu Gérald, invoquant longuement le premier dossier, ce qu'il avait subi, la sauvagerie dans laquelle on l'avait plongé, et que des années après, il avait répétée, ressortie de lui, pour son malheur et celui de la victime…

Gérald a été condamné à dix ans de réclusion, pour viol aggravé.

PASSION

AUJOURD'HUI

« Pourquoi ? Pourquoi tu fais ça ? Pourquoi tu fais encore ça ?

Oh, putain, tu vas pas recommencer ! T'en as pas marre ? Écoute, on fait ce qu'on a dit, tu récupères le reste de tes affaires et tu pars. C'est fini, tu pars, d'accord ? »

Voilà. C'est comme ça qu'elle veut que ça se termine, c'est comme ça que ça va se terminer : deux ans d'amour fou, deux ans que je l'aime à en crever, j'ai tout fait pour elle, tout, je lui ai tout donné. Ma vie d'avant, je l'ai mise à ses pieds et voilà comment elle me parle, maintenant, avec Didier qui doit déjà être en route pour revenir prendre ma place, encore une fois, putain…

Elle est en colère, dégoûtée par moi, je le vois bien. Toujours aussi belle, d'ailleurs, même en colère, même en train de me gueuler dessus, appuyée au comptoir de la cuisine au milieu des casseroles et des couteaux, même avec cette espèce de folie ou de haine dans les yeux…

Avant-hier encore, elle me disait qu'elle m'aimait, juste après qu'on eut fait l'amour, alors que je venais de m'installer chez elle, avec elle, qu'on y était enfin, et cette fois pour de bon…

Je l'appelle du boulot, d'abord chez elle, mais ça ne répond pas. Du coup, je téléphone sur son portable : elle me raconte qu'elle est au supermarché en train de faire des courses, et je sais tout de suite qu'elle me ment, parce que je n'entends aucune musique, aucune annonce publicitaire en arrière-plan. Je décide de ne rien dire, je veux d'abord vérifier : je finis la conversation banalement, en lui disant que je l'aime et « à ce soir », mais mes yeux sont brouillés par les larmes, je sais parfaitement qu'elle est là-bas, avec lui, alors qu'il vient de partir de chez elle et que je viens d'arriver à mon travail…

Je raccroche, le ventre broyé. Les copains me demandent si tout va bien, et je réponds que non, un malaise, il faut que je rentre. Le contremaître y croit, je dois être vraiment pâle et, comme je suis très rarement malade, il m'autorise à partir.

Je monte dans ma bagnole pour foncer à Malo, chez Didier, là où il s'est installé après être parti de chez elle, je veux constater de mes yeux qu'elle y est, que je ne me trompe pas, même si j'espère, j'espère de toute mon âme que si, que je me trompe, qu'elle n'est pas retournée avec lui, elle ne m'a pas encore fait ça, pas cette fois, pas aussi vite…

Je roule trop vite – dangereux pour les autres, mais je m'en fous complètement. Je repense à nous, je repense à tout ça, je l'aime plus que jamais, je pleure et je crois bien que je gémis en même temps.

LES MOIS PRÉCÉDENTS

Il y a deux ans, quand je l'ai vue à la sortie de l'école, ce n'est pas que j'aie eu un choc, un «coup de foudre», non: c'est que le choc qui m'a estomaqué, au sens propre, n'a pas disparu, mon estomac est resté tordu en deux. Ce choc, je le ressens encore là, maintenant, en roulant vers chez ce connard...

Je sais très bien ce que j'étais à l'époque, et tout ce que j'avais – mais je n'arrive pas à regretter, puisqu'avant je ne la connaissais pas.

Des années que je bossais, un bon poste, suffisamment d'argent. Marié à une gentille femme, trois enfants, une maison bien arrangée et puis de bons copains, de chouettes soirées, pas de problèmes, plutôt beaucoup de rires et de gaieté...

Tout ça, c'est, comment dire, devenu... théorique.

Parce que ce jour-là, on s'est regardés, et non seulement j'ai ressenti aussitôt un désir et un amour absolus m'envahir, mais j'ai vu qu'il se passait exactement la même chose en elle.

On est restés plusieurs secondes cloués sur place, à quelques mètres de distance, dans la rue, avec nos enfants respectifs qui nous tiraient par les manches.

Elle n'est plus jamais sortie de ma tête.

Quelques jours plus tard, c'est elle qui m'a parlé en premier. On est allés boire un verre en sortant de l'école. On est devenus amants très vite, quand j'y pense. Fous amoureux.

Je n'avais jamais rencontré la passion, pour moi c'était un idéal, un truc d'intellectuel: je découvrais que ça existait vraiment. Je l'aimais de tout mon être.

On a pris quelques précautions, du moins au début, mais on avait du mal à se cacher – finalement on en a pris de moins en moins, à quoi bon, dans une petite ville, tout se sait assez vite. On se voyait le plus souvent possible, on se disait qu'on s'aimait, et on faisait l'amour.

L'hôtel au début, puis chez elle, dès que Didier partait travailler – il bossait dans la même usine que moi à l'époque, heureusement pas dans la même équipe : non seulement nos périodes horaires se succédaient, mais je connaissais les siennes…

On parlait de plus en plus, bien sûr, elle et moi, on se livrait totalement, on se racontait en détail nos deux « autres » vies, nos couples. Très vite, j'ai haï Didier. D'abord, c'est vrai, parce qu'il était avec elle, et le père de ses enfants. Ensuite, parce qu'elle m'a avoué qu'il jouait tout leur fric, qu'il buvait parfois et que dans ces cas-là, il lui arrivait de la battre…

Elle en avait marre, elle le craignait, elle était folle de moi, j'avais énormément d'affection pour ma femme, mais plus d'amour. On s'est mis à faire des projets, un surtout : vivre ensemble. Redémarrer nos vies en une seule, recommencer à zéro, officialiser notre passion et la vivre en toute liberté. Qu'elle soit heureuse. Tout ce que je voulais était là.

Il a su très rapidement que j'existais : les rumeurs, ma bagnole devant son immeuble dès qu'il n'était plus là, les voisins qui n'ont que ça à foutre de le lui dire…

Une fois, il a fait semblant d'aller au travail, il avait posé un congé bidon, et il m'a attendu – non, mieux, il a attendu que je me gare et franchisse son seuil, et après avoir attendu encore un peu, il est rentré.

On s'est mis sur la gueule, j'ai eu le dessus, je suis plus costaud et plus baraqué que lui. Je suis reparti assez dignement, quand j'y pense, après lui avoir dit que je voulais faire ma vie avec sa femme, que je l'aimais, que c'était terminé entre eux…

Ma femme, elle, dans les vingt-quatre heures, a eu un message anonyme collé sur son pare-brise de voiture : tant mieux, je n'avais plus qu'à confirmer. J'ai essayé de lui raconter ma passion, de lui expliquer que je n'y pouvais rien. Elle était très malheureuse, évidemment, mais elle non plus n'y pouvait rien…

Je lui ai parlé de mon affection pour elle, que je lui laissais la maison, bien sûr, et paierais encore pour les enfants, que je souhaitais simplement pouvoir les voir le plus souvent possible – puis je l'ai quittée.

Je me suis installé dans un gîte, pas loin de la ville. J'étais libre, libre aussi désormais de penser jour et nuit à celle que j'aimais, celle avec qui j'allais bientôt vivre. L'idée de la rendre heureuse me donnait l'impression d'être le plus puissant des hommes.

Maintenant, j'étais à elle, c'est ce que je lui ai dit dans les jours qui ont suivi. Elle m'a demandé de patienter un peu, un tout petit peu, parce que Didier avait ses problèmes, elle ne voulait pas l'abandonner comme ça, pas après toutes ces années, et puis, surtout, il y avait les enfants et ses profonds sentiments maternels – la dernière des trois était encore au biberon.

Je comprenais, il ne fallait rien brusquer. J'attendrais, j'allais l'aider à être tout à fait prête, à faire les choses bien, à ne pas souffrir, à faire souffrir le moins possible : j'étais amoureux d'elle, elle m'aimait aussi, nous allions vivre ensemble, oui. J'étais totalement heureux, je pouvais patienter…

Pendant quelques mois, j'ai vécu au gîte. Je voyais mes enfants à la maison quand ma femme était d'accord – elle avait lancé la procédure de divorce – ou bien «chez moi». Elle, je la voyais à chaque fois que c'était possible et, quand ça ne l'était pas, je l'appelais – on se parlait jusqu'à cinquante fois par jour au téléphone.

Elle avait raconté à Didier qu'elle et moi, c'était une passade, il avait vite compris que ce n'était pas vrai. Elle m'avait expliqué que pour ne pas la perdre, il avait fait un choix, celui d'accepter notre relation. Quand je lui disais que je ne comprenais pas, elle me répondait qu'elle l'habituait, qu'elle allait bientôt lui demander de partir, qu'on pourrait s'installer ensemble, qu'elle voulait juste que ça se fasse en douceur – je m'en foutais, je bouillais d'impatience mais je l'aimais et elle m'aimait aussi.

Un jour, elle m'a annoncé que ça y était, elle lui avait parlé, il était d'accord pour partir. Mon cœur s'est emballé. Seulement, puisque je lui volais sa femme, et puisque j'allais m'installer dans sa maison à elle, mais au milieu des meubles qu'ils avaient achetés ensemble, il ne voulait pas s'en aller sans compensation, d'autant qu'il n'avait rien pour se reloger: il réclamait de l'argent, pas mal, trente mille euros.

Ce qui comptait pour moi, c'était qu'il se barre. Il me restait le compte épargne que j'alimentais depuis vingt ans et ma voiture, j'avais laissé tout le reste à ma femme, la maison surtout: en vidant l'un et en vendant l'autre, ça irait, il me resterait de quoi m'acheter un petit véhicule d'occasion, j'en avais besoin pour me rendre au travail.

Elle lui a apporté l'argent une semaine plus tard, et je me suis installé chez elle le lendemain, aussitôt après son départ. Les enfants sont allés passer quelques jours chez sa mère à lui et il a été convenu pour la suite qu'une garde alternée serait mise en place, puisqu'il a trouvé rapidement un petit logement à Malo.

Trois journées de bonheur intense, les plus belles de ma vie.

Oh, bien sûr, les copains, ceux d'avant ou les patrons du gîte, ne trouvaient pas ça normal, ni cet homme qui acceptait la situation, restait puis finalement partait pour de l'argent, ni cette femme, plus jeune que moi de douze ans, qui aurait dû, selon eux, me rejoindre ou le virer. Ils me disaient que je n'aurais jamais dû payer pour l'avoir. Ils me reprochaient de ne leur parler que d'elle, d'être constamment au téléphone avec elle ou de lui envoyer des SMS quand j'étais à table avec eux. Même au boulot, je m'interrompais régulièrement pour l'appeler et lui parler, les collègues me répétaient qu'elle m'obsédait, je ne m'intéressais plus à rien d'autre…

Mais j'étais si heureux, et ils le voyaient tous tellement : je ne les écoutais pas ou je leur souriais en leur répondant que je l'aimais et qu'elle m'aimait. Que pouvaient-ils comprendre à ça ? Maintenant que je vivais avec elle, je la leur présenterais, ils allaient tous voir comme j'avais raison, ils allaient tous voir qu'elle ne me menait pas en bateau : enfin, nous étions ensemble !

HIER

Il s'est mis à pleuvoir sur la route de Malo, sans que je m'en rende compte, plongé dans mes pensées, dans tout ce bonheur perdu.

Je suis arrivé en contrebas de chez Didier, j'ai garé la bagnole discrètement, coupé le contact. J'ai regardé les fenêtres de son appartement. Je voyais passer une ombre, puis deux. J'ai pensé à la rappeler, mais je me suis contrôlé, j'espérais encore que la deuxième ombre n'était pas la sienne et, en même temps, je savais bien qu'elle était là-haut.

J'ai attendu dans la voiture sans quitter la façade des yeux, je voulais la choper en train de sortir et là, je lui téléphonerais. J'avais la tête vide, je n'arrivais pas à penser. Je ne pouvais que me souvenir : c'est tout ce qui me restait.

LES MOIS PRÉCÉDENTS

Ces trois jours de vie commune ont été si incroyablement beaux et bons que dans ma mémoire, ils sont comme une seule longue journée que j'aurais vécue sous amphétamines.

On a tout de suite formé un couple : j'ai pris un bain, elle a préparé le repas, on a fait l'amour, je ne sais même plus combien de fois, on a mangé, on a bu un peu, on a refait l'amour. On a fait le tour de mes amis, j'avais téléphoné à tout le monde, et ils ont vu à quel point elle était radieuse, elle aussi, à quel point on était heureux. Cette fois-là, ils se sont mis à l'aimer eux aussi, je l'ai bien senti…

On est allés faire des courses ensemble, main dans la main, fiers qu'on nous voie et que ce soit « pour de bon », on a parlé voyage et on est passés dans une agence prendre des tonnes de brochures, on a acheté une langouste et des desserts très chers, elle m'a mis la main aux fesses dans la pâtisserie et on a ri comme des collégiens en voyant la tête des clients ; on s'est offert un restaurant, on est rentrés, on a refait l'amour, à chaque fois mieux et plus fort, on a aménagé la maison pour le futur, en repeignant les murs dans nos têtes et en s'aimant plus encore parce qu'on aimait les mêmes couleurs.

Je travaillais, l'après-midi du troisième jour. Je l'ai embrassée sur le pas de sa, pardon, de «notre» porte, comme un mari fait à sa femme, puis je lui ai annoncé qu'on allait se marier. En souriant, elle a acquiescé, je suis parti heureux comme je ne savais pas qu'on pouvait l'être : ma vie avait un sens.

Je peux dire que j'ai travaillé sans même m'en rendre compte, sûrement avec un air béat, puis je me suis dépêché de rentrer «chez nous» cette première fois-là plus que n'importe quelle autre, avec ma bouteille de champagne glacée posée sur le siège passager, oui, j'allais la retrouver, cinq heures sans elle et je souffrais déjà !

Elle n'était pas là. Et il y avait un mot sur la table de la cuisine.

Elle m'écrivait qu'elle avait adoré tout ce que nous venions de vivre, tout, mais qu'elle n'arrivait pas à gérer sa culpabilité vis-à-vis de Didier ni celle qu'elle ressentait à vivre son bonheur avec moi seul, sans ses enfants, éloignée d'eux…

Elle disait qu'elle avait essayé, qu'elle voulait que je sois heureux, mais que c'était encore trop tôt, et qu'elle n'arrivait pas à l'être totalement.

Didier l'avait appelée, en larmes, menaçant de se tuer s'ils ne refaisaient pas «un essai» : elle voulait que je comprenne bien que pour elle, ça n'en serait pas vraiment un, elle m'aimait, elle savait bien qu'elle serait à moi, elle avait choisi, mais il était fragile. Elle ne voulait pas avoir sa mort sur la conscience. Elle était partie le rejoindre, mais surtout revoir et reprendre les enfants : elle espérait que je comprendrais, que je serais encore un peu patient. Elle me demandait de faire à nouveau place à Didier, de la laisser revenir chez elle avec les gosses, de lui donner du temps, encore une fois.

Elle me disait aussi que si je refusais, elle ne m'en voudrait pas, qu'elle continuerait à m'aimer mais qu'elle ne pouvait pas choisir entre les enfants et moi – qu'elle préférait me perdre si je décidais de ne plus l'attendre et de vivre sans elle…

Même si j'étais très malheureux, j'ai accepté. Il n'y avait rien d'autre à faire, de toute façon : je ne pouvais pas concevoir un instant de ne plus la voir, ma vie était suspendue à la sienne.

Je suis revenu au gîte, seul. Et tout a recommencé.

Cette tentative avortée m'avait fait terriblement mal, elle avait cassé un ressort à l'intérieur de moi. Tout le monde me le disait, et j'avais beau protester, au fond je le savais bien, je le sentais : je rigolais moins, j'étais plus colérique. Moi qui avais toujours adoré mon travail, je commençais à m'y ennuyer, je voyais moins de gens.

Elle et moi, on continuait à se voir, à s'aimer, je lui téléphonais encore plus qu'avant, plus longtemps. Je l'appelais parfois pour m'endormir en écoutant sa respiration, quand Didier était de nuit ou bien au casino ; on parlait, on se souhaitait bonne nuit comme si elle avait été dans mon lit, et le sommeil me venait avec le portable allumé à côté de moi…

Je mangeais moins, je m'étais un peu creusé du visage, j'étais plus fébrile. Mon ex-femme, quand j'allais voir les enfants, m'en a plusieurs fois fait la remarque, l'air inquiet, et ça m'a touché. Après tout ce que je lui avais fait subir, elle éprouvait encore des sentiments pour moi, elle me l'a dit. Selon elle, j'étais malheureux.

En réalité, je ne l'étais pas : j'attendais et j'étais mal d'attendre, je souffrais de ne pas avoir celle que j'aimais constamment à mes côtés, de ne pas l'avoir entièrement à moi, de devoir la partager avec un homme qui ne l'aimait pas. J'avais rencontré ses enfants de nombreuses fois et ils m'aimaient bien, je crois, mais je savais aussi qu'ils adoraient leur père, ils ne cessaient d'en parler. Même si je trouvais ça plus que normal, les choses n'en étaient pas simplifiées, et je ne voyais pas quand elle pourrait couper le lien pour me revenir enfin.

Alors non, je n'étais pas malheureux – c'était impossible, elle m'aimait. Malgré tout j'étais abîmé, les nerfs usés par cette attente, je ne pensais qu'à elle, bien plus qu'à ce « nous » futur qui s'éloignait.

On s'est mis à s'engueuler, toujours à ce sujet-là : je la pressais, elle me comprenait, disait-elle, mais elle ne voulait pas d'un nouveau faux espoir, elle voulait que les choses se fassent quand elles seraient prêtes à se faire. Je lui répondais que je voyais mal comment, si on ne les provoquait pas, le ton montait, je sortais de ces disputes très malheureux, pour le coup, et toujours perdant.

Le sentiment qui me dominait désormais, c'est que notre relation, notre amour vrai, avait cessé d'être parfait. Cette idée-là m'était insupportable.

J'ai sombré, à un moment donné, dans ce que le médecin a appelé une dépression, j'ai découvert les cachets qui font dormir et ceux qui au contraire peuvent maintenir calme et éveillé. Je lui disais en souriant tristement que tant qu'on n'aurait pas inventé les cachets qui peuvent aider celle qu'on aime à prendre une décision, ou ceux qui peuvent permettre d'arrêter de penser à celle qu'on aime et qui n'arrive pas à prendre de décision, je ne risquais pas de guérir…

Mon médecin a fini par rejoindre la cohorte des amis et des proches qui me mettaient en garde, ou croyaient le faire, m'assurant qu'elle jouait avec moi, que contrairement à ce que j'espérais, elle ne me rejoindrait jamais, que son mec avait besoin d'argent pour jouer, qu'ils s'étaient bien foutus de moi et qu'en fait, elle ne m'aimait pas, sinon elle ne me laisserait pas devenir malade, devenir fou. À les entendre, j'avais tout perdu par sa faute. Pourtant, je continuais à ne parler que d'elle.

Ils ne savaient rien. Ils ne la connaissaient pas. Refusant d'entendre ces horreurs sur elle et moi, je leur coupais la parole ou je m'en allais. Parfois, je gueulais pour qu'ils se taisent, qu'ils cessent de juger notre amour, qu'ils se rendent compte à quel point tout était difficile pour elle… Et quand au fond de moi, une petite voix commençait à me parler de la même façon, à me dire qu'ils n'avaient peut-être pas tout à fait tort, je l'étouffais aussitôt.

Un jour, Didier et elle se sont engueulés suffisamment fort pour qu'il décide de partir, de la quitter. Elle m'a appelé aussitôt, bien sûr, et je suis venu la retrouver. C'était très différent de la première fois, moins affolant, moins excitant, mais ça a été à nouveau un vrai bonheur, plus profond je crois, et aussi un tel soulagement!

Je jouais avec les enfants et m'en occupais comme si ça avait toujours été le cas. Je voyais bien qu'elle nous regardait tendrement, qu'elle aussi était soulagée que ça se passe bien entre eux et moi.

Dès le premier jour, on s'est construit une vraie vie de couple, au quotidien cette fois, avec l'école, le boulot, les courses, tout le tintouin. J'adorais ça, je le vivais aussi fort que la fête de la première fois – juste plus calmement. Et aussi, juste avec un peu de crainte: que ça recommence, qu'il se manifeste, la fasse chanter et qu'elle reparte. Je la questionnais beaucoup, j'écoutais quand elle parlait au téléphone, je jetais souvent un coup d'œil par la fenêtre pour voir si la voiture de Didier ne traînait pas dans le coin.

Un jour, j'avoue que j'ai fait semblant de partir au boulot, je me suis caché pas loin, puis je l'ai suivie alors qu'elle allait faire ses courses. Elle m'a vu, on s'est engueulés, elle a compris que j'avais peur, mais elle m'a dit que je lui faisais peur aussi, que je la surveillais trop, que j'étais devenu moins tendre.

C'est passé, cette fois, mais quelques jours plus tard, j'ai trouvé un message de Didier sur son portable, des phrases qui prouvaient qu'ils s'étaient revus, qu'ils devaient encore se revoir. Là, ça n'est pas passé du tout, on a eu une scène terrible, moi parce que j'étais fou de jalousie et de douleur, elle parce que je l'avais espionnée. Elle s'est mise à hurler qu'elle n'avait rien fait de mal, voir le père de ses enfants n'était pas interdit, rien n'était interdit d'ailleurs, j'étais devenu possessif et jaloux, méchant... J'ai hurlé moi aussi, les enfants braillaient, l'envie m'est venue de la frapper – et plus encore quand elle m'a gueulé qu'il allait mal, qu'il était à nouveau ruiné et lui avait demandé un prêt. J'ai crié « Et moi, putain de merde, et moi ? », en boucle, les yeux hors de la tête, certainement un peu dingue.

Cette fois-ci, on a rompu. J'ai décidé de m'en aller sans attendre que Didier revienne. Elle, de son côté, en larmes, me demandait pardon, elle me disait à la fois qu'elle m'aimait mais qu'elle ne pouvait plus supporter que je veuille à ce point la posséder, qu'il fallait que je parte, que c'était fini entre nous.

Je lui ai confirmé que c'était fini, je lui ai dit que je l'aimerais toujours, que je ne pouvais pas cesser de l'aimer mais que je la voulais désormais à moi seul, ou plus du tout, je préférais être malheureux plutôt que d'avoir seulement un bout de bonheur avec elle.

J'ai rassemblé mes affaires, je suis monté dans ma voiture, et je suis parti.

Il y a eu un tout petit bruit, au fond de ma tête – «clac». Mais je ne l'ai pas entendu, je pleurais beaucoup trop.

HIER

Elle a fini par redescendre de chez Didier. Au fond, j'aurais préféré ne pas la voir, mais c'était bien elle qui remontait maintenant dans sa voiture, une bonne heure avant qu'en principe je ne quitte mon travail, et reprenait la direction de la maison…

Au lieu de l'appeler, je l'ai suivie: je n'avais pas le courage de l'entendre me mentir encore, prétendant qu'elle était chez une amie ou au supermarché. Elle s'est garée au pied de chez elle, il y avait une place libre juste derrière sa voiture. Je crois qu'elle a compris immédiatement que je ne sortais pas du boulot et que je savais d'où elle venait.

J'étais glacé.

Elle n'a rien nié. Elle m'a seulement dit qu'elle ne pouvait pas se décider, qu'elle n'y arrivait pas, qu'elle n'y arriverait jamais.

À nouveau, elle m'a demandé de partir. Définitivement.

Comme j'avais trop d'affaires pour tout emporter en une fois, nous avons convenu de deux voyages: un tout de suite et le second le lendemain, en début d'après-midi. Nous devions déjeuner chez mes meilleurs amis, je lui ai expliqué que je ne voulais pas décommander, que j'irais seul, je passerais ensuite prendre le reste de mes affaires et lui dire adieu.

Totalement anéanti, je n'avais plus la force de lutter.

Elle a semblé surprise que ce soit aussi facile, qu'il n'y ait pas de hurlements, que j'aie l'air d'accepter. Je crois que nous étions vraiment à bout, tous les deux, mais déjà je ne pensais qu'au lendemain en début d'après-midi, à ce moment où je reviendrais la voir pour la dernière fois. Le fait de n'avoir que ça en tête m'a effrayé : cela voulait dire que là, maintenant, j'étais conscient de l'avoir perdue à jamais.

Je suis parti.

LES SEMAINES PRÉCÉDENTES

J'étais au fond du gouffre.

Deux années s'étaient écoulées depuis notre rencontre et je n'imaginais toujours pas qu'il me soit possible de vivre sans elle, ou sans l'espoir d'elle. Je m'en voulais constamment de l'avoir quittée, de lui avoir dit par bravade que je la voulais à moi seul ou pas du tout, alors que sans elle, il ne me restait plus rien.

Pire, j'avais appris qu'au lendemain de mon départ Didier s'était réinstallé chez elle. Pas une semaine après, non, le lendemain. Elle l'avait sans doute appelé après notre dispute : j'espérais qu'ils n'avaient pas convenu de ça avant, pendant que je les surveillais assis dans ma voiture…

J'étais abominablement malheureux, abominablement triste. Je ne savais plus quoi faire, il n'y avait plus rien à faire.

Si j'avais pu trouver un moyen pour la chasser de mes pensées, un moyen de me dire que je pouvais survivre sans elle… Je n'en voyais aucun et me rendais malade de tristesse chaque jour un peu plus, avec mon putain de portable qui clignotait comme pour m'inciter à l'appeler, sans que je n'ose désormais le faire…

Elle a su, par mes gosses, je crois, qui l'avaient appris de leur mère venue me voir à l'hôpital, que j'avais tenté de me pendre. Les gens du gîte l'avaient prévenue, ce sont eux qui m'avaient décroché, en parents adoptifs qu'ils étaient devenus depuis ces longs mois, désolés de me voir souffrir, désolés de me voir dépérir et me rendant visite au moins deux fois par jour. J'avais commis ce geste, c'est vrai, quelques minutes avant l'heure à laquelle ils frappaient d'habitude à la porte, mais je jure que je ne l'avais pas calculé, je crois juste que je n'avais pas réellement envie de mourir, ou plutôt que je n'y étais pas prêt, pas encore, pas en acceptant ainsi de la perdre définitivement, pour de bon…

J'ai été hospitalisé, pas tant pour ma gorge un peu abîmée que pour mon état général – j'avais beaucoup maigri – et ma dépression.

Et elle est venue me voir.

Je ne sais pas comment le dire… Je vais paraître imbécile, mais c'était la Fée Bleue de Pinocchio, ça m'a fait exactement le même effet que lorsque, gamin, je l'avais vue de mes yeux donner la vie à la marionnette de bois, et puis, à la fin, la transformer en un vrai petit garçon. Je ne sais pas en parler autrement, même la lumière était la même.

On n'a pas échangé un seul mot, cette fois-là. On s'est regardés, de pauvres sourires tristes accrochés à nos visages – Dieu, qu'elle était belle… Puis elle s'est approchée, s'est assise sur la chaise à côté du lit, m'a pris la main. Et on a pleuré, longtemps, tous les deux, avant qu'elle dégage doucement sa main, et reparte.

Je n'ai cru à rien, je n'ai rien voulu penser. Simplement, je me suis dit que je ne l'avais pas perdue.

On pourra me répéter mille fois que je n'aurais pas dû, ou qu'elle n'aurait pas dû, ou que nous n'aurions pas dû, mille fois je répondrai la même chose : je le referais si je devais le refaire, malgré tout ce qui est arrivé, je le referais encore, parce qu'il n'y avait aucune autre solution, aucune autre issue. Nous avons recommencé à nous voir.

À nous aimer.

Prudemment d'abord, comme des convalescents, comme des animaux rendus craintifs par leur maître d'avant, qui les battait ; puis de mieux en mieux, de moins en moins douloureusement, et enfin joyeusement – parce qu'on oublie tout quand on en a envie, vraiment envie... Et que je m'étais remis à brûler d'amour pour elle, et elle pour moi, je le pense encore, sincèrement.

Ça semble incroyable aujourd'hui, même à moi, mais le temps des projets est revenu – très craintif, lui aussi, très prudent, mais on a de nouveau parlé de s'installer ensemble, on voulait tous les deux la vivre, cette vie à deux...

Elle souffrait toujours chez elle, Didier était devenu pire qu'avant, il jouait encore plus, buvait plus, gueulait plus, et elle m'assurait qu'elle avait cessé de l'aimer, même si nous nous disions les choses avec beaucoup de prudence, beaucoup de références aux précédentes scènes, beaucoup de « tu me l'as déjà dit »...

Cette fois, elle lui avait parlé pour de vrai, elle lui avait annoncé, avant même de revenir vers moi, qu'un jour prochain il faudrait qu'il sorte définitivement de sa vie.

Les gens diront qu'elle baratinait, qu'elle jouait encore, avec moi entre autres, qu'elle n'était soit pas sincère, soit pas fixée : je ne crois pas. Je crois qu'elle avait souffert au moins autant que moi, qu'elle n'arrivait vraiment pas à se décider, qu'elle se sentait largement responsable de mon état, mais aussi de celui de Didier – et je crois qu'à ce moment-là, elle avait décidé de le virer, sans pour autant me donner sa place.

C'est moi qui l'ai reprise, j'en conviens.

Il y a une semaine.

Quelques jours auparavant, il était reparti. Je n'avais rien demandé, cette fois-là, ils avaient fini par en décider seuls. Ils avaient même entamé les démarches pour une procédure, surtout pour les gosses, comme je l'avais fait moi-même il y a… combien d'années, déjà ?

La sagesse aurait sans doute été de la laisser tranquille, de venir la voir chez elle, bien sûr, comme je l'avais toujours fait, mais sans vouloir à nouveau l'avoir à moi, vivre sa vie entièrement…

Mais qui a dit que la sagesse arrive à nous guider ? Je suis revenu pour de bon, il y a une semaine, elle a protesté sans pour autant s'y opposer totalement, j'en avais tellement envie, tellement besoin, j'y croyais tellement, je lui ai tant promis…

Je voyais bien que les choses avaient changé entre nous, j'étais plus directif, je l'espionnais encore beaucoup, je voulais lui parler sans cesse, plus qu'avant si c'était possible. Et puis je rangeais différemment ses affaires, je réaménageais déjà ce qui à mon avis devait l'être.

Elle m'en faisait parfois reproche, ou bien me regardait étrangement, l'un de ces regards qui signifient « je me suis trompée » ou « il a changé » – mais on en avait tant bavé : je la regardais à mon tour, avec dans les yeux toute la tristesse des moments durs d'avant. La discussion ne démarrait pas, elle se contenait, passait à autre chose, tandis que je m'efforçais d'effacer son homme précédent, que je tentais le plus possible de m'approprier sa vie à elle, désormais avide de me rassurer définitivement…

Jusqu'à hier.

Jusqu'à ce que je l'appelle du boulot, d'abord chez elle puis comme elle ne répondait pas, sur son portable, et qu'elle me dise qu'elle était au supermarché, en train de faire des courses, et que je sache tout de suite qu'elle me mentait…

HIER

J'ai roulé vers le gîte, la tête vide, aux limites de l'épuisement, les pensées gelées.

J'y suis resté jusqu'au lendemain matin, sans manger, sans bouger, sans dormir, assis sur le lit, dans le noir.

AUJOURD'HUI

Je suis parti au travail à l'heure prévue, sans même me laver ni me changer, au petit matin – les collègues m'ont tous trouvé étrange, livide, les yeux rouges. Bien sûr, ils se sont doutés que quelque chose avait déconné avec elle encore une fois, ils n'avaient rien vu d'autre m'atteindre ces deux dernières années. Ils n'ont rien dit, ils avaient renoncé à m'en parler.

J'ai terminé à midi et je suis parti comme prévu chez ce couple d'amis qui nous avait invités à manger – sauf que j'y allais seul.

Eux aussi ont évidemment tout de suite su, ils ont tenté de me raisonner, me demandant d'ouvrir les yeux, comme si je les avais tenus fermés tout ce temps, comme si elle ne dansait pas aussi bien devant mes paupières que devant mes yeux grands ouverts dans le noir...

En arrivant, je leur avais dit: «C'est fini, cette fois c'est fini, on s'est quittés... On est foutus, on a tout bousillé. On n'a plus qu'à se tuer.» Là-dessus, je n'ai plus décoché un mot.

Ils ont beaucoup parlé, ils ont essayé de me consoler, de me rassurer, ils ont voulu me dissuader à tout prix de «faire une connerie» – que peuvent les gens, dans ces cas-là, même ceux qui vous aiment vraiment?

J'ai dû faire un sourire tout pâle et marmonner «mais non, t'inquiète», avant de partir, ça a suffi pour que je puisse aller au rendez-vous convenu la veille avec elle, ramasser le reste de mes affaires... Et lui dire adieu.

Elle m'attendait, plutôt calme, comme moi.

J'ai commencé à ramasser mes trucs, surtout des habits, entassés là où je les avais jetés la veille, dans le couloir à côté de la cuisine, pendant qu'elle me regardait faire et les fourrer mécaniquement dans les sacs que j'avais apportés.

Et là, j'ai vu ses sacs, à lui...

D'un seul coup, j'ai vu ses putains de sacs!

«Clac», dans ma tête – cette fois, je l'ai bien entendu, mais je pense que quand on l'entend, il est déjà trop tard.

Je me suis redressé, hagard, et j'ai marché droit sur elle, en me vidant d'un coup de ces mois de tension, en lui reprochant de n'avoir même pas pu attendre que je sois réellement reparti. J'ai hurlé que j'aurais admis qu'elle ne m'aime plus, parce que j'avais toujours tout accepté, mais que je n'avais rien compris, et qu'en fait elle passait de l'un à l'autre sans se soucier de personne, qu'elle m'avait volé ma vie d'avant et qu'elle me reprenait celle-là aussi facilement... Et beaucoup d'autres choses encore: mon impression, même si je n'y avais jamais cru et que je n'y crois toujours pas, qu'elle avait joué avec moi, profité de mon fric, tout donné à Didier qu'elle reprenait maintenant qu'il n'y avait plus rien à tirer de moi, qu'ils n'attendaient que ça, peut-être? Qu'elle était une salope, que j'étais foutu, que je la haïssais, que j'allais le buter...

«Pourquoi? Pourquoi tu fais ça? Pourquoi tu fais encore ça?

Oh, putain, tu vas pas recommencer! T'en as pas marre? Écoute, on fait ce qu'on a dit, tu récupères le reste de tes affaires, et tu pars. C'est fini, tu pars, d'accord?»

Voilà. C'est comme ça qu'elle veut que ça se termine, c'est comme ça que ça va se terminer... Elle a la même haine et la même folie que moi dans les yeux à présent. Elle a reculé, s'est appuyée au comptoir de la cuisine, à côté des couteaux.

Je lui fais peur, elle en prend un et le braque vers moi: «Je te préviens, n'avance pas! Reste où tu es, ou je te plante!»

Non, mon amour, je ne peux plus rester là où je suis, c'est trop tard, beaucoup trop tard.

Je lui arrache le couteau des mains, je la bloque avec le bras et je la frappe, je ne sais pas combien de fois, je ne la vois plus et je ne ressens rien, je sais que je suis en train de la prendre, pour moi tout seul, que cette fois, je ne la rendrai à personne; elle résiste au début, elle arrive même à bloquer le couteau et me frappe aussi avec ma propre main, au cou et au flanc, mais je ne sens rien, je me dégage, frappe à nouveau de toutes mes forces, tout à coup, je plante le couteau dans son ventre, jusqu'à la garde, elle devient molle, elle ne bouge plus, elle s'écroule sur moi, dans mes bras.

Je frappe encore, un peu, mais je finis par m'arrêter. Je lui parle. Je lui redis à quel point elle est belle, à quel point on va être heureux, à quel point on sera unis, réunis, en fusion, comme elle est dans ma tête, comme je la veux, ma Fée Bleue…

Je glisse dans le sang, il y en a partout dans la cuisine, partout sur nous, du sien et du mien, mélangés.

Je me casse la figure sur elle, on heurte le carrelage, je lâche le couteau, mais je ne la lâche pas, elle, je ne la lâcherai plus jamais. J'amortis le choc avec ma main sous sa nuque, sa tête ne touche pas le sol mais ma main casse, je ne le sens même pas, «là, là, mon bébé, doucement, doucement…».

Je m'allonge à côté d'elle, je lui caresse les cheveux, je lui parle encore, je lui raconte comment nous vivrons, bientôt…

Mes yeux se portent sur le seuil de la cuisine, où je découvre le plus grand de ses enfants qui nous regarde, figé, horrifié.

Merde. À quel moment est-il descendu? Je bondis, une violente douleur au ventre, je le repousse dans le couloir, ferme la cuisine derrière nous et lui ordonne d'aller jouer dans le jardin. Il proteste, choqué, j'entrebâille la porte d'entrée, le pousse dehors puis je mets le verrou.

Les gosses…

Je me sens faiblir, j'ai une plaie importante au côté, elle saigne beaucoup et commence à me faire mal.

Je monte malgré tout à l'étage, où les petits jouent encore, fais irruption dans leur salle de jeu et les prends chacun par la main, «on va dehors, chut…». Ils pleurent, je dois avoir l'air effrayant, mais il faut qu'ils sortent de là. Je leur fais dégringoler les escaliers, ils braillent, en les flanquant dehors à leur tour, j'ai juste le temps de voir que le grand n'est plus là.

Il y a un poêle au salon, et un bidon d'essence toujours rangé à côté. Je le soulève avec difficulté, je dois me dépêcher parce que je m'affaiblis de plus en plus, j'en déverse le contenu partout dans le salon, dans le couloir et jusqu'à la cuisine – mais pas sur elle, je m'arrête à la flaque de sang. Je m'en suis collé partout, l'essence me rentre dans le ventre, ça me fait hurler mais ça me ranime, et j'ai encore à faire.

Je jette le bidon vide, je regagne le salon, où j'attrape un briquet pour mettre le feu au canapé, qui s'embrase tout de suite, je l'ai imbibé en premier.

J'attends un peu, je veux être certain que tout va cramer, puis je la rejoins.

Je la regarde depuis l'entrée de la cuisine. Même là, même maintenant, allongée dans la flaque de sang, les cheveux tout collés, elle est belle. J'ai l'impression qu'elle sourit, son visage est paisible… Comme un con, je lui demande si ça va.

Une nouvelle douleur au ventre me plie en deux.

Je ramasse le couteau, je m'allonge à côté d'elle. Je mets le couteau dans sa main, je referme la mienne dessus, et je me frappe au ventre, deux fois, en la remerciant de m'emmener avec elle, en lui promettant qu'on ne se quittera jamais, plus jamais.

Je perds connaissance.

Quand je rouvre les yeux, une épaisse fumée noire a envahi la cuisine, et je vois de grosses flammes dans le couloir. Je prends peur, je vais brûler vif.

Je me mets à quatre pattes, et je la prends sous les bras pour tenter de la traîner jusqu'à la fenêtre, essayer de nous sortir de là – mais je n'arrive à la déplacer que de quelques centimètres, elle est devenue lourde, beaucoup trop lourde…

Je ruisselle, j'ai très mal, mais dans un effort monstrueux je me relève et titube vers la fenêtre que je brise avec mes deux avant-bras.

Elle explose. L'appel d'air ramène d'un seul coup de grandes flammes jusqu'au milieu de la cuisine, une terrible chaleur m'envahit. Je la regarde encore une fois, les flammes vont bientôt l'atteindre, je n'y peux plus rien. J'arrive je ne sais comment à basculer sur le châssis, je me plante du verre un peu partout, et je tombe dans le jardin, inanimé.

Ma dernière impression est qu'elle touche ma main, dans le noir.

TROIS ANS PLUS TARD

La cour d'assises vient de me condamner pour la deuxième fois, en appel.

J'espérais moins, pourquoi le nier? Mais c'est comme ça, ce n'est pas moi qui décide – et, au fond, je m'en fous.

Il s'est passé tellement de choses dont je me foutais, depuis le jour du drame…

Les secours m'ont retrouvé dans le gazon. Ils ont réussi à éteindre le feu juste avant que la maison ne s'écroule. J'étais gravement blessé, mais encore vivant.

On m'a soigné, puis on m'a mis en examen pour assassinat et dégradation volontaire par incendie, avant de m'écrouer.

J'ai expliqué les choses comme je pouvais. Ça a été compliqué, parce qu'il n'y avait plus que moi pour dire tout ce que nous avions vécu, vu de l'intérieur. À entendre la plupart des témoins, qui ne savaient pas la vérité, j'étais progressivement devenu dingue, parce qu'amoureux de cette femme à un point déraisonnable ; pour Didier, elle n'avait en réalité jamais eu d'amour pour moi, c'est moi qui m'en étais progressivement persuadé, au point de la harceler de plus en plus, au téléphone comme physiquement : elle le lui aurait dit…

J'avoue avoir menti au début, ce qui ne m'a pas servi. J'ai prétendu qu'elle avait voulu qu'on meure ensemble, que nous avions tous deux souhaité mourir, une fin passionnée comme l'avait été notre histoire…

Rapidement, j'ai dit la vérité. J'ai indiqué avoir frappé par rage, une rage aussi forte et incontrôlée que l'étaient mon amour et ma peur de la perdre. On ne m'a pas vraiment cru, on m'a répondu que justement, j'avais sans doute voulu la garder pour moi, définitivement, égoïstement – le contraire de l'amour…

Personne ne sait.

Si, ils savaient ce qu'ils pouvaient constater eux-mêmes : elle avait reçu seize coups de couteau en tout, et – je l'avais appris avec un immense soulagement – elle était morte assez vite, en tout cas avant que les flammes ne l'atteignent.

J'avais cinq coups de couteau dans le corps, aucun n'était mortel en lui-même, mais j'avais perdu beaucoup de sang, ils se demandaient comment j'avais pu physiquement mettre le feu à la maison, puis en sortir.

Le grand m'avait vu allumer l'incendie, par la fenêtre du salon. J'espérais et j'espère toujours qu'il ne m'a pas vu tuer sa mère…

Il y a deux camps, dans notre ville : ceux qui pensent que j'ai été manipulé par un couple qui n'en voulait qu'à mon argent – en gros, mes amis ; et ceux qui croient que je l'ai harcelée et que je me « suis fait un film », jusqu'à ne pas supporter qu'elle m'écarte définitivement. J'aurais alors « pété un plomb ». Ça, je le sais par mon ex-femme, qui a demandé un permis de visite pour venir me voir en détention, et qui continue depuis.

Elle m'a pardonné, persuadée que sa rivale m'a fait perdre le sens des réalités et qu'il a fallu le drame pour me le faire retrouver. Le drame et une mort. Elle veut qu'on reprenne la vie commune quand je sortirai. Je suis le père de ses enfants et elle n'a jamais cessé de m'aimer, malgré tout. Elle sait, parce que je lui ai dit, que je l'aime bien, que j'ai de l'affection pour elle – mais aussi que je ne l'aime pas, pas au sens où elle le voudrait. Je ne peux pas, on ne peut aimer qu'une fois comme ça, j'en suis sûr… Elle l'accepte.

J'ai rencontré des experts, psychiatres et psychologues : tous ont relevé la passion, tous ont exclu la folie, m'ont déclaré pleinement responsable. Je suis d'accord.

Le seul vrai débat, à l'instruction, a été de savoir s'il y avait eu préméditation ou pas – la différence entre un assassinat et un meurtre, mon premier avocat, que je n'ai pas beaucoup vu, me l'avait expliquée… J'ai toujours nié avoir prémédité tout ça, mais il y avait le témoignage des gens m'ayant vu ces deux jours-là, « l'air pas comme d'habitude », « les yeux fous », et surtout, même si j'ai remarqué qu'ils avaient de la peine à le dire, mais ils n'ont pas voulu mentir et ils ont bien fait, le témoignage de ce couple d'amis chez qui j'ai déjeuné, une heure avant mon crime, cette fameuse phrase prononcée chez eux…

Finalement, j'ai été renvoyé devant les premières assises sous la qualification de meurtre, non pas que la juge d'instruction m'ait cru sur parole, mais apparemment elle a estimé n'avoir pas la preuve formelle que j'avais prémédité mon acte.

J'ai trouvé ça juste – même si encore une fois, je m'en foutais.

J'ai été condamné à dix-huit ans de réclusion criminelle. Ma femme n'a pas compris, elle espérait nettement moins, elle a convaincu mon premier avocat de faire appel. Je ne contestais pas la peine, qu'est-ce que j'en avais à foutre, moi, de la peine? Ce qui est sûr, c'est que je n'étais pas arrivé à m'exprimer au premier procès, j'avais eu peur, j'étais maladroit, mal préparé, et ça, je le regrettais.

Parce que j'aime parler d'elle, et raconter tout ce qu'on a vécu. Essayer de dire à quel point c'était… tout.

J'ai donc été d'accord pour l'appel, espérant que j'y arriverais mieux.

Ma femme a pris rendez-vous avec un autre avocat, il a accepté d'intervenir, et je l'ai pas mal vu pendant les quatre mois dont nous avons disposé. Il trouvait la peine trop importante. « Vous n'avez pas abattu un passant dans la rue en braquant une banque, vous avez tué la femme que vous aimiez passionnément en tentant de la suivre dans la mort: c'est un crime passionnel, ça ne l'excuse pas, mais on doit en tenir compte. »

Je ne savais pas s'il avait raison, mais en tout cas il m'a appris comment parler. On a même simulé, ensemble, plusieurs fois, les questionnements du futur procès.

Cette fois-ci, j'étais prêt, et c'est vrai que je me suis beaucoup exprimé, j'ai tout dit, je crois, longuement, sur ce point j'ai été satisfait. L'avocat et ma femme, eux, ont été très déçus par la nouvelle peine prononcée contre moi: dix-sept ans, cette fois. Je leur ai expliqué que ça m'était égal.

Ma femme et moi, on s'est organisé une sorte de vie, entre les parloirs où elle est seule et ceux où elle amène les gosses, qui changent et grandissent sans moi, et qui m'attendent, eux aussi…

Mais pas autant qu'elle.

J'ai sa photo, sur le mur, au-dessus de mon lit – prise au début, au tout début.

Je lui parle très souvent. Tous les soirs, à vrai dire…

Et je lui dis, le plus souvent possible, le seul truc qui compte vraiment, ce qui me maintient en vie, ce qui fait de moi un homme et m'évite de devenir vraiment fou…

« Je t'aime. »

DEUX SECONDES

CETTE BOÎTE DE NUIT A MAUVAISE RÉPUTATION, MÊME SI OMAR l'ignore. Située au cœur du Vieux Lille, à deux pas du palais de justice, dans une espèce de cave sous un immeuble vétuste, il ne se passe pas une semaine sans qu'il s'y déroule une bagarre ou qu'un incident quelconque éclate à la sortie des poivrots, qui traînent encore passé la fermeture.

Omar, 33 ans, n'y a jamais mis les pieds, de même qu'il ne boit jamais, mais il doit ce soir-là y retrouver un ami perdu de vue depuis longtemps, originaire du même pays d'Afrique que lui. Arrivé à Lille quelques jours plus tôt, cet homme travaille dans un restaurant voisin : il a été convenu que, si ce vendredi il n'avait pas encore fini son service vers minuit, Omar l'attendrait au bar de la boîte d'à côté.

C'est pour cela qu'il se trouve dans la cave bondée, debout, accoudé au comptoir, sans savoir que cette attente ne va pas durer quelques minutes, comme prévu, mais l'entraîner dans un périple judiciaire kafkaïen de plus de six années.

Omar est donc là, en train de boire tranquillement un verre de jus d'orange, lorsque l'incident éclate. Dans la foule se trouve un groupe de trois jeunes hommes, à l'évidence ivres morts, déguisés en femmes. Tout à la sainte mission qu'ils se sont fixée, à savoir l'enterrement de la vie de garçon du plus grand d'entre eux, qui se marie le lendemain, ainsi qu'ils le hurlent constamment, ils passent leur temps à projeter l'heureux élu sur d'autres danseurs en s'esclaffant comme des abrutis au moment de l'impact.

Omar a suivi ça un moment, du coin de l'œil. Certains, a-t-il constaté, repoussent amicalement le futur jeune marié tandis que d'autres, visage fermé, le virent plus fermement. Dans les deux cas, le type rigole, sa perruque blonde de travers, son maquillage dégoulinant sous la chaleur.

Quelques instants plus tard, Omar est accoudé au bar lorsqu'il reçoit le bonhomme dans le dos au moment même où il portait son verre à ses lèvres. La chemise couverte de jus d'orange, il se retourne et se trouve nez à nez avec le type, qui pue l'alcool et arbore un sourire d'idiot congénital. Il le repousse d'une main, l'envoyant valdinguer sur ses deux copains. Tous trois s'écroulent mollement par terre. Comptable de son état, Omar est par ailleurs sportif et costaud.

Tandis qu'il demande de l'eau au barman pour sauver sa chemise, le plus grand, le futur marié, qui s'est relevé le premier dans son dos, attrape Omar par l'épaule. L'ayant contraint à se retourner, il lui crache au visage en éructant, sans plus sourire désormais: «C'est pas toi qui vas me foutre par terre», et lui met un coup de tête. Omar encaisse le choc, qui lui ouvre le front. Comme l'autre marche à nouveau sur lui, cette fois en armant son bras droit, il a deux réflexes: il enlève ses lunettes de la main gauche, les jette sur le bar et dans le même temps balance son poing droit dans le visage du gars, oubliant qu'il tient toujours son verre. Celui-ci éclate lors du choc, et le bonhomme s'écroule en arrière, en hurlant.

Le barman attrape Omar, qui se laisse ceinturer sans résistance. L'autre, le visage ensanglanté, reste au sol avec ses amis. La foule se disperse, des gens appellent la police et les secours, ça crie et ça court partout. Omar, qui a calmement expliqué au barman qu'il n'allait pas s'enfuir, si bien que l'homme l'a lâché, est désolé, évidemment, mais il ne se sent pas coupable, vraiment pas. Il veut s'agenouiller à côté du futur marié, mais les copains de celui-ci s'interposent, l'œil mauvais. Alors, il attend.

Deux types s'approchent, lui remettent une carte avec un numéro de téléphone : si jamais il avait besoin de leurs témoignages, ils ont tout vu. Omar les remercie et leur indique qu'il ne devrait pas en avoir besoin, il n'a fait que réagir à l'agression gratuite du gars. Les deux types en conviennent, mais l'un d'eux lui conseille de garder quand même sa carte, on ne sait jamais.

La police arrive en même temps que le Samu, elle trouve Omar debout devant le bar au milieu de quelques clients, une entaille au front. Séparé de lui par l'épaisseur de deux costauds de la sécurité qui ont fini par intervenir, le trio titubant, soit deux mecs en soutenant un troisième, tous déguisés en femmes. Le futur marié a fini par se relever. Le visage en sang, les faux cheveux collés au visage, il est en train d'invectiver Omar, sans que l'on comprenne grand-chose à ce qu'il raconte.

Est-ce parce qu'il est debout, justement, et que la scène évoque à ce moment-là une rixe sans grande gravité, ou bien par négligence, ou la fatigue – il est 1 heure du matin, et ce n'est pas la première intervention de la nuit, comme tous les vendredis ? De fait, la police ne retient personne sur place, et ne réclame les coordonnées d'aucun témoin, à l'exception de celles des deux amis du gars ensanglanté, dont l'un se trouve être son futur beau-frère. Elle leur demande de venir déposer demain à la première heure, puis les laisse partir avec le blessé et les gars du Samu, direction le CHR de Lille.

En quelques mots, le barman a expliqué la situation, de toute façon assez lisible : sous un prétexte qu'il ignore, puisqu'il n'a pas suivi le début, Omar et l'autre se sont alpagués, l'emperruqué a bousculé Omar, qui l'a repoussé, il est revenu à la charge, Omar l'a alors frappé en plein visage, avec son verre. Le barman n'a pas vu non plus le coup de tête, il était occupé à chercher une serviette pour permettre à Omar, justement, d'éponger sa chemise.

Après un bref passage à l'hôpital avec les policiers, le temps qu'on suture sa petite plaie au front, Omar est placé en garde à vue et entendu sous ce régime. Bien sûr que non, il ne demande pas d'avocat, quel intérêt ? Il se contente de faire prévenir sa femme, à charge pour elle d'avertir son employeur qu'il ne sera pas là au moins le lendemain matin, et raconte son histoire, à plusieurs reprises, sans en modifier une virgule.

Il tient même constamment à être très précis, parce qu'en cours de garde à vue il apprend, comme les policiers, que l'affaire est en définitive un peu sérieuse. Après avoir confirmé aux enquêteurs que le blessé, François, avait à son arrivée un taux d'alcool dans le sang de près de trois grammes par litre, le CHR leur annonce qu'on est en train de tenter de sauver son œil gauche, atteint par un éclat de verre.

Nettement plus inquiet désormais, et surtout consterné par la suprême idiotie de cette histoire, Omar s'appliquera à décrire la scène à trois reprises, et notamment, sur questions, le déroulement exact de son « passage à l'acte » :

« Il avançait à nouveau vers moi, menaçant, après son coup de tête. J'ai agi sans réfléchir, pour me protéger.

J'ai ôté mes lunettes, j'avais peur d'un nouveau coup à la figure, et, dans le même temps, j'ai balancé mon bras dans sa direction, je voulais le repousser. Vous me demandez pourquoi j'ai frappé avec mon verre : je n'avais même pas conscience de l'avoir encore en main…

– Vous dites avoir enlevé vos lunettes et porté en même temps un coup de poing violent. Ces deux gestes semblent peu compatibles. Êtes-vous certain de n'avoir pas conçu le projet de frapper, et d'avoir d'abord enlevé vos lunettes pour éviter de les casser si une bagarre devait suivre ?

– Non, tout s'est passé en même temps, j'ai enlevé mes lunettes avec ma main gauche et mon coup est parti tout de suite. Je n'ai pas réfléchi. »

Le barman ayant confirmé que François avait déjà ennuyé plusieurs consommateurs, les policiers se montrent compréhensifs, d'autant qu'Omar n'a jamais eu le moindre souci judiciaire, contrairement à François dont le casier fait état de deux condamnations mineures pour des violences volontaires au cours des quatre années précédentes.

C'est le lendemain dans la matinée, avec l'arrivée au commissariat des deux seuls « témoins » des faits, le beau-frère et le meilleur ami de la « victime », encore un peu ivres, d'ailleurs, que les choses se sont compliquées. S'ils convenaient avoir énormément bu – c'est le principe même de l'enterrement de vie de garçon – et ennuyé « sans penser à mal » plusieurs clients de la boîte, s'ils convenaient aussi que François, propulsé par eux, avait bousculé Omar, aucun des deux, malheureusement, n'avait vu le début de la scène suivante (ils mentaient, suffisamment malhonnêtes pour aider un ami, mais pas assez pour prétendre au contraire qu'il n'y avait eu aucune agression de sa part : le plus commode était d'avoir raté le début), se contentant de constater que leur ami revenait vers Omar, probablement pour s'excuser (oui, ils étaient tout de même assez malhonnêtes), lorsque celui-ci avait empoigné son verre avant de le frapper violemment. La plaie au front d'Omar? Ils ne savaient pas, probablement lors de la bousculade...

Les policiers se sont déplacés au CHR pour entendre François, à la fois encore ivre, le visage bandé, et dans l'attente d'une intervention chirurgicale. Il a confirmé cette version mot pour mot: aucun coup de tête, la bousculade; s'étant relevé et dirigé vers le type pour lui parler, il n'a pas eu le temps de dire un mot qu'il a reçu le coup en plein visage. Évidemment qu'il portait plainte, et comment! Il devait se marier le jour même: à la place, on lui avait annoncé qu'il risquait de perdre un œil...

Omar a dû de nouveau tout expliquer aux enquêteurs, désormais un peu moins sympathiques. Il s'est souvenu tout à coup de la carte laissée par l'un des deux autres témoins, neutres quant à eux: il a expliqué comment il l'avait obtenue, et qu'elle se trouvait dans sa poche.

Le policier a appelé le numéro de portable qui y figurait. Sur le procès-verbal correspondant à cette audition, quatre lignes font état du fait que l'homme travaillait, ce qui l'a empêché de se déplacer immédiatement; il était disposé, en tout état de cause, à témoigner du comportement antérieur de François ainsi que de la scène finale, mais lui non plus n'avait pas vu le coup porté par la victime...

Celle-ci, toujours aux urgences, ne pourrait pas être réentendue dans le temps limité de la garde à vue et encore moins confrontée à Omar. Aussi, le lendemain après-midi, le parquet a donné l'ordre aux policiers de poursuivre l'enquête préliminaire, dans l'attente d'informations complémentaires sur l'état de santé de François, et de remettre Omar en liberté, quitte à le convoquer de nouveau plus tard.

Un policier le lui ayant très gentiment conseillé, Omar a porté plainte, avant de partir, contre François pour violences volontaires n'ayant pas entraîné d'ITT[1].

Les choses en sont restées là. Omar a repris le cours de sa vie et n'a plus entendu parler de cette affaire pendant près de deux ans : il n'a plus jamais été convoqué, et est demeuré sans nouvelles des suites de sa plainte – dont il se fichait, l'ayant déposée seulement au cas où, comme le policier le lui avait suggéré – ni, surtout, de la plainte de François. Il était donc persuadé qu'on avait estimé qu'il n'avait fait que se défendre et ne serait pas poursuivi.

C'est une lettre émanant de la CPAM de Lille qui allait le détromper et, à vrai dire, le paniquer totalement : la caisse lui demandait de verser sans délai trente-quatre mille euros, somme à laquelle elle avait obtenu qu'il soit condamné trois mois plus tôt devant le tribunal correctionnel de Lille : le jugement l'avait, notamment, reconnu responsable des dommages subis par François…

Comprenant enfin, mais un peu tard, que certaines choses lui avaient échappé, Omar s'est alors décidé à consulter un avocat. Six mois auparavant, il avait changé d'adresse sans penser à en avertir le parquet, comme 99 % des gens normaux en attente d'éventuelles suites judiciaires qui mettent – ou pas – de longs mois à se transformer en d'hypothétiques poursuites.

1. Incapacité temporaire de travail. C'est, en quelque sorte, l'« unité de mesure » d'un préjudice physique ou moral, la durée pendant laquelle la personne n'est théoriquement pas en mesure de travailler.

Lorsqu'il m'a parlé de son déménagement, j'ai compris aussitôt qu'il avait eu grand tort, et espéré que le jugement fatal avait été rendu par défaut[1].

C'était le cas, heureusement, si bien que ce jugement était susceptible d'opposition, opposition que nous avons régularisée le jour même de notre première rencontre. Omar pourrait, en conséquence, être à nouveau jugé par le tribunal, cette fois en sa présence et avec ses arguments.

Encore que… Comme dans toute affaire mal embarquée, celle-ci allait ne jamais cesser de l'être.

Pour commencer, elle avait subi *ab initio* une cochonnerie procédurale majeure, sans que nous y puissions grand-chose : Omar ayant donc, lui aussi, de façon fort intelligente et préventive, déposé plainte à l'encontre de François, le tribunal avait joint les deux affaires. Autrement dit, il avait considéré qu'il s'agissait du même dossier, et qu'il pouvait statuer par un seul et même jugement dans les deux cas. C'est fort de cette jonction qu'il avait condamné Omar, mis en cause pour les faits commis sur François, tout en relaxant François des faits commis sur Omar, cette fois partie civile.

Sans entrer dans les détails de procédure, alors qu'à ce stade la condamnation d'Omar se trouvait être réduite à néant, la relaxe de François était, quant à elle, strictement définitive. L'on ne pouvait plus y revenir.

Quoique gênant, cet état de fait n'était pas si grave, en tout cas pas au point de nous empêcher de tenter d'établir qu'Omar n'avait fait qu'agir en état de légitime défense.

1. Décision rendue en l'absence de la personne condamnée, qu'on n'a pas pu valablement convoquer (adresse inconnue par exemple) ; si on la retrouve et qu'on lui notifie la décision, elle a le droit de demander un nouveau jugement qui annulera l'autre et le remplacera.

Cet état, la jurisprudence l'encadre dans une série de conditions strictement définies et appliquées, telles que l'immédiateté de la riposte ou la proportionnalité de celle-ci à l'agression, si bien qu'il n'est pas facile de le démontrer. Heureusement, je suis d'un naturel optimiste, c'est même mon métier. Et puis j'ai été immédiatement convaincu de la bonne foi d'Omar. En entretien, je l'ai découvert calme et doux, de même que son épouse. Tous deux étaient manifestement désolés des conséquences de son geste, pas seulement pour eux-mêmes. L'évidence commandait de constater que rien ne destinait cet homme-là à frapper ce soir-là un parfait inconnu, ni l'alcool, ni un tempérament violent, ni le moindre précédent avéré.

Malgré tout, mon expérience, que je maudis souvent, regrettant les premières années où aucun souvenir cuisant d'échec n'altérait encore ma fougue, venait tempérer mon ardeur. Je sais qu'une victime ensanglantée a très souvent raison, plus que n'importe qui, devant n'importe quel tribunal. Juste ou injuste, peu importe, les magistrats, pour la plupart, sont avant tout des êtres humains : mettez un type bien propre et bien droit à côté d'un autre, abîmé, couvert de sang et à genoux, sous les yeux de n'importe qui, l'empathie spontanée ira toujours vers le blessé.

Quelle qu'ait été son attitude imbécile le soir de l'enterrement de sa vie de garçon, François avait de quoi être plaint : il avait définitivement perdu l'usage d'un œil… Or, les violences volontaires prévues et réprimées par le Code pénal sont punies d'autant plus gravement que leurs conséquences sont lourdes, si bien qu'Omar avait finalement été poursuivi pour des faits de violences volontaires ayant entraîné une mutilation ou une infirmité permanente. Il risquait donc, en théorie du moins, dix ans d'emprisonnement.

J'écrivis à la CPAM qu'elle pouvait conserver sa petite note au chaud, puisque je frappais le jugement d'opposition, et attendis, confiant malgré tout, une date d'audience. Il fallait que le nouveau jugement soit différent, non seulement parce qu'il serait cette fois réellement contradictoire, non seulement parce que c'était juste, non seulement parce qu'Omar n'avait rien demandé à personne et au final avait eu pour seule intention dolosive un geste de réflexe, mais aussi parce qu'en dehors des trente-quatre mille euros de la caisse, François avait personnellement obtenu près de cent mille euros en réparation de son préjudice, toutes causes confondues.

Omar et son épouse gagnaient à eux deux dans les deux mille cinq cents euros nets mensuels. Avec deux enfants et une petite maison toute neuve à rembourser, il va sans dire qu'ils ne pouvaient envisager une seule seconde de verser de telles indemnisations…

À cet égard, une autre sympathique complication procédurale pesait dans la balance : comme il en avait le droit, après la condamnation d'Omar, l'avocat de François avait immédiatement saisi la CIVI[1] afin d'obtenir le versement effectif des dommages et intérêts obtenus qui lui avaient, de fait, d'ores et déjà été payés par le fonds de garantie.

Rien de grave en soi là non plus, mais modifier la condamnation entreprise et, comme je l'espérais, relaxer

1. Commission d'indemnisation des victimes d'infraction. Elle permet aux victimes de certaines infractions, notamment en matière de mœurs ou de violences suffisamment graves, d'obtenir le paiement par le fonds de garantie (donc par l'ensemble des citoyens, qui y cotisent) des dommages et intérêts auxquels elle a droit ; le fonds se retournera ensuite contre l'auteur de l'infraction afin d'être remboursé.

Omar du chef de l'infraction pénale, ou même, à titre subsidiaire, au plan civil, limiter en tout cas sa responsabilité impliquait donc non seulement de supprimer (ou diminuer) l'indemnisation du préjudice de François, mais aussi de le contraindre à rembourser tout ou partie. La bataille n'était pas gagnée…

Un an jour pour jour après le premier jugement, nous repassions devant le même tribunal, et pas seulement en termes de localisation, puisqu'il s'agissait des trois mêmes magistrats. Je me suis démené. J'y croyais vraiment et, à vrai dire, j'y crois toujours : l'agresseur initial était bel et bien François, Omar n'avait fait que s'en défendre, sa riposte entrait dans le cadre d'une légitime défense, le malheur ayant voulu qu'il tienne son verre au moment de porter le coup sans en avoir aucunement conscience. Deux témoins, non entendus à l'époque, les seuls impartiaux, en attestaient. Omar n'avait aucune prédisposition à la violence, et l'on peut même se demander ce qui se serait passé s'il n'avait pas bloqué le second assaut. Le cœur du débat était donc le suivant : riposte, main « armée » d'un verre, proportionnelle ou pas – au sens du texte – à l'agression, effectuée à mains nues. Je soutins pour ma part qu'Omar n'avait jamais eu conscience, toujours au sens légal, d'être armé…

Un an et deux heures après la première décision, le tribunal prononçait un nouveau jugement, contradictoire cette fois, strictement identique, à la virgule près, au précédent, sur le principe et de la culpabilité et des condamnations civiles. Seule la peine était modifiée. Elle avait été initialement d'une année d'emprisonnement avec sursis. Le tribunal décidait cette fois qu'elle serait de trois mois, ce qui aurait dû me faire plaisir, mais qui m'indifférait totalement, et Omar encore plus…

J'étais, à vrai dire, tellement persuadé que nous obtiendrions gain de cause que je m'étais contenté d'attestations circonstanciées des deux témoins qui avaient laissé leurs coordonnées à Omar. J'avais eu tort. Leurs témoignages avaient manifestement été balayés d'un revers de main.

Interjetant appel, je me promis de faire citer à comparaître ces deux garçons qu'Omar ne connaissait pas, et dont l'objectivité ne pouvait être mise en cause.

Mais décidément, lorsqu'une affaire judiciaire part mal, c'est comme dans la vie : vous pouvez ramer à toute force avec votre barque pourrie qui prend l'eau, et même, à force d'efforts, vous rapprocher petit à petit du bord, il n'en demeure pas moins qu'en réalité, vous êtes bel et bien en train de couler.

L'audience qui s'est déroulée devant la cour deux ans après le premier jugement a été très dure, et même, de mon point de vue, parfaitement odieuse, tant par le traitement réservé à mes deux témoins, clairement soupçonnés d'être de complaisance, que par celui qu'on a infligé à mon client et moi. Ainsi, par exemple, on a demandé à ces témoins, en guise de prologue et en ma présence, s'ils m'avaient déjà rencontré ou parlé ! J'en ai sur-le-champ perdu mes moyens. Si l'on a l'idée saugrenue de me suspecter de malhonnêteté, tout spécialement dans le cadre de mon métier et plus encore en audience publique, j'éprouve, je le sais à cause des rares fois où l'on s'est permis cela, ce que les pilotes d'avion appellent le « voile rouge » : tout le sang du corps, soit à cause des manœuvres violentes de l'avion, soit à cause des « G » encaissés par le pilote, passe dans le haut du corps et aveugle l'impétrant.

Bref, coups de gueule réciproques, incidents d'audience et même interruption, donner acte[1] successifs... Folle ambiance de la cour, devant laquelle j'ai plaidé plus d'une heure, ce qui déjà était sacrilège, mais de plus, en hurlant souvent, écœuré.

En sortant sans connaître encore la décision, je savais que j'étais dans mon tort, même si je n'avais pas pu faire autrement. J'ai demandé pardon à Omar, qui m'a assuré qu'il me comprenait, compte tenu du ton détestable de l'instruction et des débats, et qu'il avait pris la mesure de mon engagement à ses côtés.

Pourtant, j'ai continué à m'en vouloir. Je m'en suis voulu plus encore en recevant l'arrêt: confirmation du rejet de la légitime défense, et partant, de la culpabilité; augmentation de la peine, «celle prononcée par les premiers juges étant sans rapport avec la gravité des faits», laquelle repassait à un an d'emprisonnement, toujours avec sursis, heureusement. Cerise sur mon gâteau, ou plutôt sur ma tarte, confirmation des dispositions civiles et refus de mon subsidiaire, à savoir un partage de responsabilité entre l'auteur et la victime. La cour, au contraire, pour faire bonne mesure, ayant considéré que «l'absence de proportion entre la riposte et l'éventuelle attaque fait, comme pour le rejet de l'excuse de légitime défense, obstacle au partage de responsabilité plaidé par la défense», avait décidé qu'Omar devait être intégralement responsable. Il

1. En droit pénal, la procédure est majoritairement orale, mais il arrive qu'une partie souhaite voir acter un incident ou tel ou tel point dont elle pense nécessaire de garder la trace – un incident pouvant ultérieurement permettre une annulation: la juridiction lui en donne alors acte, c'est-à-dire le fait prendre en note par le greffier.

avait aussi à « répondre civilement du risque qu'il a pris de blesser gravement celui qui lui faisait face » : le genre de formule que vous recevez en pleine face en vous demandant si à un moment, quelqu'un a réellement fait l'effort de descendre dans cette cave, de se mettre un instant, fût-ce une fraction de seconde, à la place d'Omar buvant son verre et se prenant un coup de boule…

La cour refusait donc la légitime défense en considérant que ce que je plaidais, le fait qu'Omar ait tenu inconsciemment son verre à la main lors du coup, était impossible, d'autant qu'il avait pensé à ôter ses lunettes, preuve ou à tout le moins signe de réflexion : je suppose aujourd'hui, très franchement et avec le recul, que ça se discute – mais à l'époque, non.

Quand vous lisez un tel arrêt, dans le silence et le recueillement de votre cabinet, le jour du délibéré (vous n'avez pas fait à nouveau le déplacement devant la cour, vous avez demandé à un confrère local de le relever pour vous et de vous le faxer), vous souffrez et vous êtes en colère ; vous vous en attribuez la responsabilité, au moins partielle, même quand vous n'y êtes objectivement pour rien – mais là, *a fortiori*, je savais très bien que j'avais indisposé les juges…

À ce premier affrontement avec vous-même succède une autre solide épreuve : vous appelez aussitôt votre client.

Les délais de pourvoi en cassation sont extrêmement brefs, cinq petits jours après le prononcé de l'arrêt, de sorte qu'il faut rapidement cesser de se lamenter, essayer de digérer la casse tant bien que mal et prendre une décision, sachant qu'on n'introduit jamais un pourvoi en cassation à la légère, ne serait-ce que parce qu'il entraîne des frais importants.

J'étais, je l'avoue, persuadé que la chambre criminelle refuserait d'exercer son contrôle sur la réalité ou pas de la légitime défense, dont l'appréciation ressortissait selon moi à un problème de fond, échappant donc à sa compétence pour demeurer de celle de «l'appréciation souveraine des juges du fond». Malgré tout, Omar ne pouvait se résoudre à avoir désormais un casier judiciaire ni à devoir rembourser à la CPAM et au fonds de garantie (qui avait donc avancé des fonds, mais se retournerait contre lui pour se les faire rembourser) l'équivalent du prix de sa maison, pendant des années, et nous convînmes qu'il fallait le tenter.

Je régularisai donc ce pourvoi en cassation, et mandatai, pour ses suites devant la haute juridiction, mon excellente avocate habituelle à la Cour de cassation, aux côtés de laquelle nous allions travailler quelques mois à la mise en forme de nos éventuels moyens.

Sans entrer dans les détails, nous soulevions deux moyens, l'un pénal – oui, la légitime défense –, l'autre civil – le partage de responsabilité.

Trois ans et demi après le premier jugement, nous recevions l'arrêt de la chambre criminelle, et perdions définitivement au pénal, la cour considérant qu'«en l'état de ses constatations procédant de son appréciation souveraine et dont il résulte qu'il y a eu disproportion entre les moyens de défense employés et la gravité de l'atteinte subie, la cour d'appel a justifié sa décision»: fin définitive des débats sur ce point, qu'il fallait bien se résigner à accepter, même si franchement je ne parviendrais jamais à être vraiment d'accord.

Nous obtenions en revanche gain de cause au civil: «Mais sur le second moyen de cassation, [...] attendu que tout jugement ou arrêt doit comporter les motifs propres à justifier la décision; que l'insuffisance ou la contradiction des motifs équivaut à leur absence; que, pour déclarer le prévenu entièrement responsable des dommages subis par la victime, l'arrêt énonce que l'absence de proportion entre la riposte et l'éventuelle attaque fait obstacle au partage de responsabilité plaidé par la défense; qu'en prononçant ainsi, sans rechercher si, malgré le rejet de l'excuse de légitime défense et la relaxe de la partie civile du chef de violences, celle-ci n'avait pas commis une faute qui avait concouru à son propre dommage, la cour d'appel n'a pas donné de base légale à sa décision; d'où il suit que la cassation est encourue de ce chef.»

Soulagement amer, donc, mais soulagement malgré tout: la cour cassait l'arrêt uniquement en ses dispositions civiles, renvoyant pour qu'il soit statué sur celles-ci devant la même cour d'appel, autrement composée cette fois.

Il ne nous restait plus qu'à attendre une nouvelle date d'audience, en vue de laquelle je résolus de prendre des conclusions[1] uniquement civiles, en plaidant plus que jamais un partage de responsabilité. De rage, mais pourquoi pas, je demandai que les sommes demeurant à la charge d'Omar représentent au maximum 20 % du total. Bien sûr, la difficulté était la suivante: la légitime défense étant définitivement écartée, le partage de responsabilité espéré reposait sur le fait qu'Omar n'avait fait que se défendre, ou en tout cas, désormais, riposter à une agression préalable.

À propos de partage, depuis la procédure devant la cour d'appel, nous étions sans nouvelles de François, qui ne

1. Document rédigé par un avocat contenant ses demandes et les motivations de celles-ci, juridiques et factuelles.

s'était pas constitué en cassation, et ne le ferait pas plus devant la cour d'appel de renvoi : la longueur des procédures n'use pas seulement les défenseurs des prévenus, semble-t-il…

Cinq ans après le premier jugement, la cour, au terme de plusieurs renvois procéduraux liés notamment à l'absence de la partie civile, dont on ne parvenait plus à retrouver la trace, statuait, enfin, définitivement, sur cette question du partage de responsabilité civile, et la tranchait en considérant que chacun en portait la moitié.

Nous ne nous sommes pas pourvus en cassation à l'encontre de cette décision, estimant qu'il serait difficile d'obtenir mieux, et qu'en tout état de cause la Cour de cassation, cette fois, ne pourrait que s'en rapporter à l'appréciation souveraine de la cour d'appel de renvoi : le procès, ce petit procès standard pour des faits malheureux, et finalement banals, survenus sept années plus tôt, était terminé.

Omar a repris le cours de son existence, remboursant par échéances la moitié des débours de la CPAM encore à sa charge, mois après mois, tandis que le fonds de garantie s'adressera un jour à lui à même fin, pour près de cinquante mille euros. Comme me le disait son épouse, à la fin de notre dernier entretien, « c'est seulement de l'argent, on s'en sortira. Seulement, ce n'est pas juste… »

De son côté, François a dû poursuivre sa vie (nous avons ainsi su, à un moment donné, que le mariage avait eu lieu malgré tout), avec un œil en moins et sans doute beaucoup d'amertume à cause de la stupidité totale de ce soir-là, dont il a certainement gardé rancune à Omar…

Ni l'un ni l'autre ne sera plus jamais le même après que la justice est passée, en un long périple. Elle a finalement eu pour seule charge, dans ce drame, de juger exactement deux secondes, deux secondes en tout et pour tout : Omar saigne légèrement du front, il est un peu étourdi, surpris aussi, et quand François revient à la charge, le poing tendu, le bras d'Omar part et lui casse son verre sur le visage.

Le droit pénal revient fréquemment, en définitive, à faire ce qui est interdit lorsqu'on est historien : juger et réécrire l'histoire *a posteriori*.

Omar avait-il conscience d'avoir ce verre en main, a-t-il délibérément frappé avec ce verre, a-t-il même délibérément frappé, dans quel arc de temps peut-on employer le mot « réflexe », par opposition au mot « réflexion », pourquoi n'a-t-il pas simplement fui, ou esquivé, quelle a été la part réelle de volonté dans son geste ? De lâcheté ? D'orgueil ?

Cette histoire rappelle à quel point le combat judiciaire peut parfois être complexe et long, à quel point il faut parfois simplement tenir. Et je vous pose la question que je me suis si souvent posée au sujet de ces deux secondes-là : si elles avaient été deux secondes de votre vie… qu'auriez-vous fait ?

PETITE FILLE

JADE A MAINTENANT 7 ANS. C'EST UNE JOLIE PETITE FILLE, AUX immenses yeux bleus. Elle vit cette année 2000 avec toute la joie des gamines de son âge, et ne regrette qu'une chose : ne pas voir son père plus souvent. Ses parents se sont séparés il y a deux ans, elle vit chez sa mère, qu'elle adore, mais son père, qu'elle revoit les week-ends et les vacances, lui manque. Elle n'est pas malheureuse, elle a compris que c'était comme ça et tout le reste va bien : son petit frère Ilan, quatorze mois de moins qu'elle, avec qui elle joue beaucoup, l'école où elle est bonne élève, sa maman, aide-soignante, c'est pratique, elle lui guérit ses bobos, Lydie, sa meilleure amie, la fille des voisins, avec qui elle dort de temps en temps, son carnet intime, qu'elle remplit tous les soirs de mots simples et d'une écriture toute ronde…

Oui, tout va bien, Jade est une petite fille pleine de beauté et de joie, comme tant d'autres.

C'est au milieu de cette année-là que Paul, le nouveau copain de maman, vient habiter à la maison.

Jade ne l'aime pas, d'abord parce qu'il n'est pas son papa et ensuite parce qu'elle le trouve tarte, elle ne comprend pas pourquoi maman l'aime bien, mais bon, c'est maman qui décide, alors… Et puis il fait des efforts, Jade s'en rend compte, il est gentil et il essaie de se faire bien aimer.

La mère de Jade change de service à l'hôpital et doit maintenant travailler la nuit : elle fait deux nuits, a droit à deux jours de repos puis enchaîne trois nuits, et ainsi de suite. Elle attend le soir que Paul rentre de son travail pour s'en aller après avoir surveillé le bain, mis les enfants en pyjama et les avoir fait dîner. Parfois, Paul rentre un peu plus tard, alors elle demande à la voisine, ou à une cousine qui n'habite pas loin de venir garder les petits, en attendant.

Ça se passe comme ça pendant deux mois environ. Paul connaît mieux les enfants maintenant, et le soir, il fait un truc rigolo avec Jade, après avoir couché Ilan dans la chambre voisine de la sienne, enfin, il juge ça rigolo, Jade s'en fiche, elle trouve que c'est un jeu de bébé mais ça a l'air de lui faire plaisir, alors… Il rejoint Jade en bas pour la coucher à son tour, mais avant, il prend le foulard bleu de maman, le lui noue autour des yeux, puis il trempe son doigt dans des trucs – du sucre, du chocolat, de la confiture, du miel – et le met dans la bouche de Jade, qui doit deviner ce que c'est : trop facile, vraiment. Sauf que des fois, ça a un drôle de goût : elle ne trouve pas ce que c'est mais en tout cas, elle n'aime pas.

Ce soir, d'ailleurs, elle en a marre de ce goût dégueulasse, elle ne sait toujours pas ce que c'est, alors elle décide de tricher : elle soulève un coin du foulard qui lui bande les yeux. Et elle voit. Elle voit son visage à lui, Paul, un peu rouge, bizarre, on dirait qu'il retient sa respiration ; et elle voit que ce n'est pas son doigt qu'il a mis dans sa bouche, c'est son zizi.

Elle recrache ce soir-là le sexe de Paul, se met à pleurer parce qu'elle ne comprend pas, elle lui demande d'arrêter, elle trouve ça dégoûtant, elle comprend maintenant que ça puait la pisse, elle ignore pourquoi il fait ça mais elle sent que ce n'est pas normal, que ça ne se fait pas. Il arrête, et il lui explique qu'il ne faut rien dire à personne, que c'est leur secret, qu'il ne faut pas le dire à maman, surtout, sinon il lui racontera aussi les bêtises que Jade et son frère font parfois le soir et que lui ne punit pas.

Cette fois-là, il s'en va.

Jade essuie ses larmes, elle a envie de vomir mais elle n'ose pas sortir de sa chambre. Elle est affolée, mais ne sait pas du tout quoi faire, et elle a peur, pas tant des menaces de dénonciation à sa mère, mais de l'homme lui-même – il avait un regard très dur, un regard méchant, elle sent bien que ça ira très mal si elle parle…

Elle reste longtemps allongée dans le noir, puis finit par se relever sans faire de bruit, allume sa petite lampe de chevet rose et va chercher son journal intime, dans lequel elle écrit ce qui s'est passé tout à l'heure, qu'elle intitule « Se soir il ma fé sa ».

À partir de ce soir-là, beaucoup de choses vont changer pendant les quatre mois où Paul habitera encore chez eux.

Il vient maintenant la voir tous les soirs où maman part travailler, tous. Il ne se sert plus du bandeau, il ne fait plus semblant de jouer avec elle : il lui met son zizi dans la bouche, souvent violemment, elle a l'impression que ça cogne au fond de sa gorge, il ne bouge plus mais il lui empoigne la nuque, et il bouge sa tête à elle sur son zizi, très vite et fort, il lui serre tellement la nuque que des fois ça lui fait encore mal le lendemain. Elle a souvent envie de vomir, mais elle ne peut pas parce qu'elle étouffe à moitié – deux fois elle a vomi quand même, une fois c'était parce qu'il y avait un liquide vraiment mauvais au fond de sa gorge.

En plus maintenant, souvent, il lui prend une main qu'il pose sur son zizi, et il lui ordonne de la bouger très vite. La plupart du temps, elle ferme les yeux, elle ne voit pas vraiment comment il est, mais une chose se grave dans sa mémoire, ce sont des gémissements, elle l'entend gémir pendant ce temps-là.

Une fois, il s'est allongé, son sexe sorti, il l'a attrapée et a essayé de l'enfoncer en elle – elle a eu très mal, elle a crié, il s'est arrêté et elle a eu très peur, parce que sa pépette saignait. Il n'a rien dit, il est parti, et Jade a dormi cette nuit-là avec la main posée sur le sexe, pour arrêter le sang et ne pas tacher ses draps.

Elle est terriblement malheureuse, maintenant, et ne vit que dans la terreur de l'arrivée du soir, les nuits où sa mère travaille. Pourtant, elle ne dit rien à personne, surtout pas à ses parents. Elle sait que ce n'est pas normal, elle sait que c'est sale, mais elle se dit que sa mère, qui a déjà été si malheureuse quand son père est parti, le serait encore plus si elle lui racontait, pour Paul. Elle a peur de lui, d'ailleurs, il faudrait encore qu'elle ose. Et puis Ilan est très malade, on vient de l'apprendre, maman passe beaucoup de temps à le dorloter, Jade aussi, c'est normal, elle voit bien que sa mère a peur pour lui, elle ne veut pas l'accabler encore plus. Et puis elle a peur qu'on ne la croie pas. C'est tellement… anormal.

Elle se sent dégoûtante. À l'école, ses camarades s'insultent souvent avec des mots sexuels, ou font semblant de faire des trucs cochons avec les filles, elle sait que ce que Paul lui fait n'est pas pour rire, que c'est un truc de grands, que c'est sale, mais que du coup maman ne la croirait sûrement pas…

Elle n'ose pas non plus en parler à papa, parce qu'elle ne veut pas gâcher les rares moments où ils se retrouvent, et parce que son père est assez colérique, c'est même pour ça que maman et lui sont séparés : elle pense qu'il la croirait peut-être, lui, c'est un homme et il doit savoir ce que c'est, mais il irait sûrement taper Paul et ça ferait encore un drame avec maman…

Alors elle se tait, elle apprend doucement qu'on peut se faire pipi dessus rien que par peur, en pensant à ce qui va se passer dans une heure, et elle fait ces soirs-là ce que Paul lui demande de faire. Elle a de moins en moins envie de vomir, elle veut juste qu'il ait fini vite, et se retrouver seule.

Lydie, du haut de ses 8 ans, trouve que depuis quelque temps sa copine Jade a changé.

Elle rigole moins souvent. Certaines fois, quand tous les copains sont là, elle s'isole, sans rien dire ; d'autres fois, Jade reste à l'écart, à la récré ou même dans son jardin, et Lydie voit bien qu'elle pleure, que ça ne va pas. Elle l'a questionnée, c'est sa meilleure amie, elle sent bien qu'il y a quelque chose, mais Jade ne lui dit rien, elle se force à sourire.

Un soir, Jade a la permission de dormir chez sa copine, dans la maison d'à côté. Les deux amies jouent comme d'habitude, la mère de Lydie doit même les gronder parce qu'elles font les fofolles, et comme à chaque fois les filles la tannent pour dormir ensemble, dans la chambre de Lydie, ce qu'elle leur accorde en souriant.

Dans la nuit, Lydie est réveillée par les hoquets de sa copine, elle la prend dans ses bras, et la questionne à nouveau, dans le noir, tendrement. Jade, qui tremble encore, explose en larmes, et lui chuchote : « Paul, il met son zizi dans ma bouche. » Lydie est sciée, ça ne veut rien dire, c'est dégueulasse – mais elle n'a pas un instant l'idée de ne pas croire son amie, dont les larmes ne cessent de couler, plus fort qu'elle n'a jamais vu quelqu'un pleurer. Jade lui fait jurer de n'en parler à personne, et elles finissent par s'endormir dans les bras l'une de l'autre.

Le lendemain matin, Lydie attend que Jade soit repartie chez elle, puis prend une décision qui va changer la vie de sa copine, même si elle ne le mesure pas: elle raconte tout à sa mère. «Tu sais, maman, je trouvais que Jade, elle était souvent triste. Eh ben, cette nuit...»

La mère de Lydie est horrifiée. Elle connaît suffisamment Jade pour savoir qu'elle n'est pas le genre de petite fille à raconter n'importe quoi; 8 ans ou pas, elle ne conçoit pas que ça ne puisse être vrai – en y réfléchissant, justement parce qu'elles ont 8 ans, bon sang... Nous sommes début 2001, ces dégueulasseries, ça existe, on en parle même à la télé. Sachant qu'à cette heure-là Paul est parti au boulot, elle se rend immédiatement chez sa voisine, la réveille et lui raconte tout.

Jasmine l'écoute, la regarde, et son univers s'effondre à la seconde même. Elle veut quand même vérifier, même si confusément elle sait déjà que c'est vrai. Paniquée, en pleurs, elle appelle Jade et la questionne le plus doucement possible, à genoux devant elle, ses deux mains posées sur les épaules de l'enfant.

Jade n'émet pas un son, mais fond en larmes, silencieusement, ses grands yeux bleus plantés avec toute la détresse du monde dans ceux de Jasmine. Celle-ci sent soudain un liquide chaud lui mouiller les genoux: sa fille vient de se faire pipi dessus, debout, ce qui la fait pleurer encore un peu plus. Jasmine prend Jade dans ses bras et la serre à l'étouffer, Jade ferme les yeux et se cache dans le cou de sa mère, et elles restent là, longtemps...

Le soir venu, les yeux de Jasmine sont enfin secs. Elle a appelé son frère aîné, qui est avec elle dans le salon, devant toutes les affaires de Paul, empaquetées à la va-vite. Lorsque celui-ci franchit le seuil, Jasmine lui lance : « Jade a tout raconté. » Son frère explique à Paul qu'il ne veut rien entendre, pas un mot, qu'il est seulement là pour que les choses se passent correctement, et que Paul doit partir tout de suite, définitivement. Paul les regarde et sans un mot ramasse ses sacs et s'en va.

Cachée dans la cuisine, Jade se dit seulement : « C'est fini. » Elle notera cette phrase telle quelle dans son journal tout à l'heure. Elle commence aussi à s'en vouloir de ne pas avoir parlé plus tôt, mais pour l'instant c'est la joie, le soulagement absolu, qui dominent.

Jasmine commet une erreur, dans les jours qui suivent. Elle a réglé le problème immédiatement, mais a le cœur bien noir. Elle était amoureuse de Paul, elle se retrouve profondément trahie et oscille entre l'incompréhension et la haine… Et aussi, même si elle ne la sent pas encore clairement venir, la culpabilité d'avoir abandonné sa fille aux mains de cet homme-là.

En tout cas, aidée par un conseil de famille, qui s'est tenu le jour même, au sein d'une famille où l'on ne parle pas de ces choses-là, elle décide de ne pas porter plainte. Paul ne peut plus faire de mal à Jade, sa petite fille n'a que 8 ans, il faudrait l'amener chez les flics, tout raconter en détail. Jasmine elle-même ne les connaît pas, les détails, Jade a refusé de se livrer plus avant, ça ne facilite rien parce qu'elle ne sait ni combien de fois, ni comment, ni si des actes plus ou moins graves que ceux-là, cette saloperie, ont été commis…

Inconsciemment, lui pèse aussi le fait qu'il faudrait expliquer pourquoi elle n'a rien vu, pourquoi, par exemple, elle n'a pas tiqué sur la petite rougeur qu'elle avait remarquée deux semaines plus tôt sur le sexe de sa fille – si c'est lié, parce qu'elle n'en sait rien…

Et il faudrait aussi mettre le père de Jade au courant, cet homme qu'elle a aimé, qui adore sa fille, mais dont elle connaît, justement, les réactions extrêmes.

Non, il n'y aura pas de plainte. On va maintenant se soigner, tâcher de guérir, la vie va continuer, on mènera de front ce combat et celui pour la santé d'Ilan.

En classe, Lydie, qui n'était pas rassurée d'avoir trahi sa meilleure amie, reçoit un petit mot plié en quatre : « Merci ! » Elle relève la tête et voit Jade qui la regarde depuis sa table, un grand sourire aux lèvres. Elle lui sourit à son tour, heureuse.

En 2003, Ilan est définitivement guéri de l'horrible maladie qui faisait craindre pour ses jambes. Jade prend la décision de jeter son journal intime, les moments de peur obscure et de dégoût sont loin… Même si, depuis, elle est devenue spasmophile, dès que quelque chose la panique, elle fait une crise, qui parfois la tétanise au sol et nécessite son hospitalisation. Même s'il y a les cauchemars, toujours exactement les mêmes : sa mère se remet avec Paul, celui-ci lui dit « Bonjour, Jade » avec un sourire étrange, qui la terrorise, ou bien elle est dans sa chambre, toute nue, et il entre, nu aussi, avec un sexe énorme, elle se réveille affolée, avec ce goût, toujours, dans la bouche… Même si elle n'a pas d'amoureux et a décidé, du haut de ses 11 ans, qu'elle n'en aurait jamais.

Jasmine, au fil des mois, est de plus en plus consciente du fait que les choses ne sont pas simples pour Jade, qu'elle a gardé des séquelles, qu'il ne suffit pas de claquer des doigts pour qu'elle redevienne la petite fille qu'elle avait si brutalement cessé d'être. Elles en reparlent, parfois, mais Jade ne lui livre rien de plus, elle ne veut pas, et sa mère respecte son silence, prenant bien garde de ne pas alourdir encore les choses.

En 2005, Jade fête ses 13 ans à la maison, notamment avec Lydie, qui si faire se peut est encore plus sa meilleure copine qu'avant. Le téléphone sonne. Comme Jasmine est dans la cuisine, à démouler les gâteaux que les petites vont massacrer joyeusement, Jade décroche et un voile rouge sang lui voile les yeux, avec une brutalité inouïe, quand elle reconnaît la voix: «Salut, Jade, c'est Paul. Ta mère est là?» Elle lâche le combiné, en proie à une terreur absolue, elle suffoque, et perd connaissance.

Un peu plus tard, lorsqu'elle rouvre les yeux, sa mère est penchée sur elle, une main sur son front, le regard tout mouillé. Jade n'a pas le temps de se souvenir de ce qu'elle fait là, d'entendre à nouveau la voix de Paul. Jasmine lui dit qu'elle a eu tort, lui demande pardon, et surtout si elle se sent suffisamment remise pour aller au commissariat déposer plainte; Jade acquiesce d'un mouvement de tête.

Elles se rendent à pied au commissariat, expliquent pourquoi elles sont là, et sont immédiatement reçues par un officier, qui les entend l'une après l'autre, en commençant par Jade.

Si, devant sa mère, elle était incapable de dire les choses, elle lui raconte tout, à lui, par le menu. Oh, ça n'est pas facile, elle pleure beaucoup, il lui faut poser de nombreuses questions, mais l'officier a malheureusement une grande habitude, ainsi qu'une grande compassion. Il voit très vite à quel point la gamine est en souffrance...

Jade termine ainsi sa longue déposition: «Je ne voulais pas y penser, avant. Mais maintenant, je voudrais qu'il meure, ou bien que les policiers le tuent.» Le policier sourit, pas parce que l'idée est bonne, il en a tant entendu, mais parce qu'il la trouve certes très marquée et fragile, mais aussi très combative. Il pense qu'il s'agit là d'une réaction positive, il se dit qu'il y a de l'espoir pour cette gamine adorable.

Ce soir-là, et dans les jours qui suivent, il entendra Jasmine à trois reprises, notamment sur les raisons de son inaction, qu'il cherche à comprendre, sans la juger, et puis aussi Lydie et sa mère, bien sûr.

Entendue à son tour, l'institutrice de Jade confirmera que celle-ci lui avait dit un jour que son «beau-père» était «malsain», mais sans rien ajouter: ayant convoqué la maman, elle avait appris que le «beau-père» n'était plus là et n'avait donc pas donné suite.

Jade sera «expertisée» par une psychologue, qui lui posera elle aussi beaucoup de questions, mais la vanne a été ouverte par le policier, elle répondra à toutes. Ses dires seront jugés crédibles et sa souffrance intense, voire alarmante, quatre années après la fin des actes subis. La psychologue recommandera vivement un suivi que Jade entamera à ce moment-là et dont elle bénéficiera encore longtemps.

Estimant disposer à ce stade d'éléments suffisants, l'officier de police voudra entendre Paul. Seulement, ce que ni lui ni Jade ne savent, c'est que lorsqu'il a appelé, Jasmine a repris le combiné du téléphone, après l'évanouissement de sa fille. Elle lui a demandé, ou plutôt, elle a hurlé «qu'est-ce que tu veux?», et, sans lui laisser le temps de répondre, a crié que ça suffisait, qu'elle aurait dû «le» faire avant, mais que cette fois elle allait la déposer, la putain de plainte, avant de raccrocher, folle de rage, pour s'occuper de Jade.

Paul a pris peur et s'est enfui. Les policiers n'arrivent pas à le convoquer ni à le localiser. Sa famille ignore où il est parti aussi précipitamment.

Au vu de ces conditions particulières – mais elle l'aurait été de toute façon –, une instruction judiciaire va rapidement être ouverte à la demande du parquet de Lille, du chef de viols aggravés. Le dossier est confié à une jeune juge qui va d'abord s'employer à tenter de retrouver Paul. Elle lance un mandat d'arrêt, fait entendre toute la famille de celui-ci, à la fois d'ailleurs sur sa fuite et les endroits où il pourrait se trouver, et sur la personnalité de cet homme, étayant ainsi du même coup le dossier.

Ses frères, ses sœurs, ses parents, ses meilleurs amis, son ex-femme : fait plutôt rare, tous en dressent un portrait accablant. Tous ont été au moins une fois trahis par lui. Les termes de «menteur», «trouillard», «manipulateur» reviennent sans cesse dans leur bouche, tandis qu'on découvre au fil des témoignages qu'à tous il a laissé des souvenirs liés à des histoires sexuelles, son ancienne femme l'accusant par exemple de l'avoir violée à maintes reprises, lorsqu'elle ne voulait pas, ou un autre d'avoir couché avec son épouse…

Cet homme semble méprisé par l'ensemble de ses proches, sans aucune exception. En revanche, personne ne sait où il se trouve, et l'enquête demeure bloquée pendant près d'un an, pendant lequel il ne donne de nouvelles à personne, pas même à sa mère.

Jade avance. Sa mère et elle ont désormais un avocat qui les tient informées de l'évolution du dossier. Le premier entretien a été très dur, elles ne disaient pas un mot. Il demande alors à voir Jade seule et là, ça se passe un peu mieux, elle le trouve sympa, il fait le con en rendez-vous pour la faire sourire, elle le tutoie, la confiance vient doucement.

L'avocat lui dit qu'il lira d'abord le dossier, ne lui demandera pas d'en répéter une fois encore le contenu et, ce qui était sa grande crainte, précise qu'il est avant tout son avocat à elle, et ne dira rien à sa mère ou à son père, sauf si elle le souhaite – car les parents de Jade ne savent rien encore de ce qui s'est passé exactement.

Elle est suivie psychologiquement et pour ses crises de spasmophilie, mais elle tient le coup malgré tout, notamment à l'école. Il faut dire qu'il y a énormément d'amour entre la mère et la fille, et le père aussi, que ce drame a rapproché de Jade… Celle-ci trouve que c'est très long, elle voudrait un procès demain, mais il faut patienter : elle attend, en essayant d'y penser le moins souvent possible.

Paul commet enfin une bêtise, là où il est : il travaille et s'inscrit aux prestations sociales de son nouveau pays, la Belgique, sous son vrai nom. Questionné par les organismes sociaux belges, son ancien employeur se souvient avoir été interrogé auparavant par les policiers et communique à l'officier en charge des recherches le formulaire qu'il avait reçu, avec une adresse belge.

Cet élément est transmis au cabinet d'instruction, mais alors qu'il suffit de trois bouts de papier pour pouvoir enfin avancer, l'affaire subit un nouveau retard du fait du remplacement de la juge par une collègue qui doit reprendre tout son cabinet. Ce dossier n'est pas le plus urgent : les détenus d'abord...

En mai 2007, enfin, un mandat d'arrêt international – obligatoire puisque le présumé coupable a passé une frontière – est lancé, qui va permettre son interpellation à la fin de l'année. Il a encore fallu que la paperasse franchisse les frontières, et pendant ce temps, Paul a changé d'adresse. C'est finalement presque par hasard, en pleine rue, dans une ville située à cinquante kilomètres à peine de Lille, qu'il sera identifié et arrêté, près de deux ans après le dépôt de plainte, plus de cinq ans après l'arrêt des viols.

Il est présenté au magistrat. Entendu une première fois, il nie tout en bloc, indiquant qu'à l'époque Jasmine l'a viré de chez elle sous ce faux prétexte qu'il s'en serait pris à sa fille, à laquelle, assure-t-il, il n'a jamais rien fait. Il dit aussi qu'il n'a jamais pris la fuite, mais qu'il est simplement parti travailler en Belgique, sans plus. À cause de l'ancienneté des faits supposés et malgré le risque qu'il disparaisse à nouveau, il est laissé en liberté sous contrôle judiciaire. Il a obligation, bien sûr, de ne pas contacter Jade, sa mère ou leurs proches.

L'avocat informe Jade et Jasmine de son arrestation, dont elles avaient déjà connaissance, le policier du début les en avait averties, de ses dénégations, dont elles se doutaient, elles le connaissent, et de sa remise en liberté. Il réside désormais en France, dans le Nord, pas très loin de Lille. Jade a énormément de mal à entendre cette dernière nouvelle, elle dit à l'avocat qu'elle a encore peur de Paul, et il doit beaucoup argumenter pour la rassurer, pour la convaincre qu'il ne peut plus rien lui infliger.

Malgré tout, il hante encore ses cauchemars de toute jeune adolescente, lorsqu'elle en fait, notamment avant les rendez-vous avec l'avocat, et ça, personne n'y peut rien.

Une troisième magistrate est nommée à la tête du cabinet d'instruction en charge de l'affaire, une de ces juges qui a la réputation, non usurpée, d'être opiniâtre, mais qui doit elle aussi reprendre à nouveau tout un cabinet. Paul est libre, et l'affaire n'est pas prioritaire…

Lorsqu'elle l'aborde, en avril 2008, elle s'aperçoit que le dossier est déjà fourni, et qu'il ne reste pas tellement d'actes à accomplir pour que la décision finale, renvoi pour jugement ou non-lieu faute de charges, puisse être prise. Aussi, elle convoque Jade et l'entend à nouveau, longuement, constatant ses difficultés, mais également la constance de ses propos.

Ce sera l'une des seules fois où l'avocat, comme il est acté dans le procès-verbal, tiendra la main de l'un de ses clients pendant trois heures…

La magistrate interroge Paul à trois reprises, lui soumettant les déclarations, les éléments à charge. Rien n'y fait, l'homme continue à tout nier en bloc, sans donner d'explications aux accusations portées contre lui, mais comment le pourrait-il, dans tous les cas?

De nouvelles expertises, psychiatriques et psychologiques, sont ordonnées et réalisées, confirmant d'une part le traumatisme profond de Jade, d'autre part les traits de personnalité de Paul décrits par sa famille.

Et parce qu'il nie, parce que c'est dans son droit d'être mis en face de son accusatrice, parce qu'il le faut, une confrontation est organisée entre Jade et l'homme qui lui enfonçait son sexe dans la bouche quand elle était petite.

Son avocat et elle s'y sont préparés, mais au jour dit, il est effrayé de la voir livide, tremblante, les yeux cernés. Il fait ce qu'il peut, puis finit par renoncer parce qu'il a réellement peur pour elle : il installe Jade dans le couloir, loin de l'agresseur, qui discute avec son avocat devant le cabinet d'instruction, et lui annonce qu'il va dire à la juge qu'il faut annuler la confrontation, tant pis pour le dossier, on s'en fout du dossier, elle n'est vraiment pas bien.

Il est en train de parler à la juge lorsqu'on frappe à la porte du cabinet. Jade apparaît, s'avance comme un zombie et annonce qu'elle est prête, qu'elle veut cette confrontation.

Elle a 16 ans, elle est terrorisée, elle souffre, mais elle a séché ses larmes et s'est levée. Seule, elle s'est avancée dans le couloir, vers son violeur qu'elle n'avait pas revu depuis 2001, elle est passée devant lui, et elle vient demander à lui être confrontée.

L'avocat est bluffé, il se dit qu'il y a en elle des forces terribles, énormes. Il adresse un petit sourire plein de respect à la jeune fille, puis ils s'asseyent, en attendant que Paul entre dans la pièce.

Ça a été terriblement dur pour tout le monde. Chacun a dû, à un moment ou un autre, se retenir pour ne pas pleurer. Mais elle l'a fait. Elle a répété ses accusations devant Paul, elle a dit à quel point il avait ruiné sa vie, celle de sa mère. Il n'a pas fondu en larmes en demandant pardon, non, il a continué à nier, maladroitement, comme il a pu. À la fin, la juge a prononcé la phrase rituelle : « Je n'ai plus de questions. S'il n'y en a pas des avocats, avez-vous quelque chose à ajouter ? » Paul a répondu : « Non, sauf que je suis innocent », et Jade a répliqué : « Tu mens, mais c'est parce que tu as peur. » La confrontation s'est achevée là-dessus.

En sortant, Jade ne tremblait plus, elle a déclaré à son avocat qu'elle se sentait mieux, que ça lui avait fait du bien. Avant d'appeler Jasmine, il l'a embrassée et lui a dit qu'elle était une sacrée fille.

Comme cela arrive parfois et même souvent, la magistrate, qui estimait avoir suffisamment de charges pour faire juger Paul, a questionné l'avocat des parties civiles sur la possibilité de correctionnaliser le dossier, c'est-à-dire de faire semblant – uniquement au plan du droit, bien sûr, les actes dénoncés restant les mêmes – d'oublier qu'il s'agissait de viols pour ne plus parler juridiquement que d'agressions sexuelles. Un délit plutôt qu'un crime, le tribunal correctionnel à la place des assises, on propose cela pour un tas de raisons. La première, et la plus fréquente, répond au souci de désencombrer la cour d'assises surchargée. Un dossier avec un accusé libre met souvent trois ans à se trouver «audiencé», alors que là, tout avait déjà été très long.

En correctionnelle, les peines encourues étaient moindres (dix ans tout de même…) mais surtout, l'audience serait bien différente, réduite à deux ou trois heures contre deux jours aux assises. On ne s'exprimerait pas aussi totalement, par la force des choses. D'un autre côté, moins de solennité, moins de lourdeur, pas de jurés inconnus devant lesquels raconter une fois de plus ce qu'on avait subi…

L'avocat, qui aurait préféré les assises, a expliqué tout ceci à Jade, pesant devant elle le pour et le contre, lors d'un ultime rendez-vous dont il est ressorti qu'elle était désormais terriblement pressée d'en finir. À la toute fin de l'année 2008, l'ordonnance de renvoi a – comme son nom l'indique – renvoyé Paul devant le tribunal correctionnel pour des faits d'agressions sexuelles aggravées par personne ayant autorité sur mineur de moins de 15 ans.

Restait à attendre qu'une place se libère devant la chambre spécialisée dans ce type d'infraction. Une première date d'audience a été fixée, à la mi-2009. La veille, l'avocat de Jade apprend que celui de Paul, en congé, demande le report de l'affaire. Il ne peut guère s'y opposer, confraternité oblige, même si là, c'est un coup dur : elle le veut tellement, ce procès…

Lorsqu'il s'ouvre enfin, huit ans se sont écoulés depuis les faits. Jade est une ravissante jeune fille, une presque femme de 17 ans. Ses parents assistent à l'audience. Eux aussi font preuve de courage : ils entendront nécessairement les faits tels qu'ils seront détaillés par la présidente. Jade a confirmé qu'elle souhaitait leur présence à ses côtés, comme si elle voulait en « profiter » pour qu'enfin ils sachent tout.

Moi qui suis son avocat, j'ai dit à Jade ce que je dis toujours : ce qui est important pour elle, et même vital, ce n'est ni la peine ni les dénégations de Paul, ni même son éventuelle relaxe ; tout cela ne lui appartient pas. En revanche, elle doit absolument vider son sac, dire ce qu'elle veut exprimer sans retenue ni pudeur, ni rien d'autre que sa sincérité, réfléchir à ce qu'elle veut que lui entende, et c'est tout. Il faut qu'elle laisse ce tas de merde dans la salle, autant que faire se peut, qu'elle en sorte lavée, en tout cas dans sa tête. Voilà ce qui m'importe et ce qui doit lui importer.

Même si l'instruction du dossier par la présidente ravive tous les souvenirs affreux, elle tient le coup, et comment ! Au moment de l'exposé en détail des sévices endurés, son père quitte précipitamment la salle. Il y revient ensuite, encadrer sa fille avec Jasmine. Jade doit entendre à nouveau les dénégations de Paul, entendre à nouveau qu'elle est une menteuse, que sa mère l'a instrumentalisée, que tous les mauvais témoignages sont mensongers, que Lydie s'est mise d'accord avec elle, à 8 ans, pour accuser à tort…

Nous avions convenu qu'elle ne témoignerait pas si elle ne s'en sentait pas le courage, que cela ne posait pas de problème, mais Jade est prête. Lorsque la présidente lui demande de venir à la barre, je me lève pour couper la route des regards entre Paul, assis un peu en retrait à ce moment-là, et elle, ainsi qu'elle me l'a demandé. Je baisse le micro à sa taille. Elle se tient à cette barre qu'elle a tant attendue et elle parle, non pas des faits en eux-mêmes, déjà tellement acquis que ce n'est plus nécessaire, mais d'elle, de ses peurs, de son ressentiment. Elle exprime, je crois, ce qu'elle voulait absolument qu'il entende, haute comme trois pommes, sa petite voix entrecoupée de larmes. Elle lui décrit ses cauchemars en s'accrochant au béton de la barre comme une noyée à son radeau, elle lui dit qu'elle pourra peut-être un jour avoir un ami, accepter une relation, mais pas encore, pas maintenant… Elle lui met sous les yeux et dans les oreilles, une bonne fois pour toutes, le mal qu'il lui a fait.

Avez-vous déjà contemplé une plage après une tempête, quand le soleil glisse à nouveau sur le sable mouillé et lisse, les couleurs, les nuages dans le ciel redevenu bleu et le reflet de ce bleu dans les flaques et la mer, et cette impression que la mer est lavée, que les vagues refluent, désormais ?

Nous reprenons nos places, je lui murmure « bravo », Jade me regarde, épuisée, avec un sourire timide, et son visage est cette plage.

Reconnu coupable des faits dénoncés, Paul est condamné dans la soirée à une lourde peine de prison ferme. L'essentiel, sans doute, n'est pas là.

Tu le rencontreras, ton bonhomme, Jade, tu as tout le temps, maintenant. Je pense qu'ils se bousculeront, je crois aussi que son regard à lui, tu ne le rateras pas... Et comme tu m'as dit le souhaiter, tu feras des enfants avec lui que tu protégeras à ton tour, avec Jasmine.

Bonne vie à toi, Jade. Tu as fait naufrage, tu as survécu et tu seras à l'évidence, puisque tu l'es déjà en tout point, une femme magnifique.

PLAINTE

«JE VAIS LA MASSACRER. JE VAIS LA DÉFIGURER.»

Laurence est figée devant le SMS, elle n'arrive pas à penser, elle sent la sueur qui lui inonde le dos, elle n'a qu'un mot en tête, écrit avec des pierres, qui écrase tous les autres : elle a peur.

Le problème est qu'elle le connaît, Igor, elle ne le connaît que trop, au bout de vingt ans, et après l'accélération qu'elle a constatée au long de l'année : ce n'est pas une menace en l'air. Il est en rage, à nouveau. Il va s'en prendre à Nathalie, il va lui faire du mal…

Elle panique, regarde autour d'elle, se sent impuissante. Prévenir Nathalie, ainsi que Stéphanie, oui, mais comment ? Et, de toute façon, quoi, après ? Les trois femmes n'ont qu'un endroit où aller, leur maison, le «domicile conjugal». Où Igor les attend, comme tous les jours, probablement déjà armé de sa rallonge électrique habituelle, celle qu'il tient, pliée en deux, pour la fouetter, elle, son épouse adorée, lorsqu'il en ressent le besoin.

Parfois, plus rarement, il s'en prend à leurs filles, de la même façon et de bien d'autres encore. C'est dans ces cas-là que Laurence souffre vraiment ; elle essaie de s'interposer, il l'annihile alors d'un coup de poing, dirigeant sa folie furieuse contre elle, cette salope qui passe sa vie à le tromper – mais elle n'a pas mal, elle a détourné la colère de Dieu sur elle-même, elle jubile intérieurement qu'il soit assez con pour ne pas s'en apercevoir, même le sang qui lui coule du nez a une odeur de petite victoire, ces fois-là…

Aujourd'hui, c'est différent, elle le sent, elle le sait. Les scènes sont allées crescendo ces derniers mois, jusqu'à devenir quotidiennes et de plus en plus violentes. Là, il vient de tomber sur la preuve, selon son système de valeurs tyrannique, que Nathalie, l'une des filles, a enfreint une règle, qu'elle l'a trahi, elle aussi : d'après le bulletin de son lycée professionnel, elle a pris deux jours de congé, dont, évidemment, il n'a pas été informé au préalable – alors que, bordel de merde, il doit TOUT savoir, on ne doit JAMAIS lui mentir.

Lui mentir, c'est déjà, en soi, commettre un péché mortel, mais, de plus, cette sale pute de Nathalie a forcément fait quelque chose d'interdit pendant ses deux jours d'absence. Quoi ? Hein, QUOI ? Elle est sortie en boîte ? Elle a flirté avec un mec ? Avec plusieurs ? Allez, salope, tu es leur mère, tu es leur complice, dis-le-moi, qu'est-ce que ta PUTE de fille A FAIT???

Ça, c'était le premier appel téléphonique, en tout début d'après-midi. Laurence a raccroché. Au bureau, personne ne devait savoir. Il a rappelé, peut-être vingt ou trente fois, elle sentait le vibreur dans sa poche, elle a tenu bon, et a fait semblant de continuer à bosser malgré les maux de ventre qui la reprenaient – en fait, elle cherchait une explication à donner, une excuse valable aux yeux de ce malade, tout en sachant qu'aucune ne le serait jamais.

M. Pourol est passé lui parler d'un rapport de ventes reçu la veille et des options à définir, avec son habituelle amabilité, un peu surannée. Elle a souri, comme d'habitude, ne s'est pas plus confiée à lui qu'elle ne l'avait fait jusque-là. Elle n'avait sûrement pas l'air en grande forme : il lui a demandé si tout allait bien, lui a dit qu'elle semblait un peu fébrile, « toute pâlotte » ; elle l'a rassuré. Que répondre d'autre, surtout ici, dans cette société où elle travaillait déjà lorsqu'elle a rencontré Igor, vingt ans plus tôt – elle était simple secrétaire à l'époque. Celle de M. Pourol, justement, qui l'a aidée à gravir les échelons, voyant le travail qu'elle fournissait, prenant acte de ses formations du soir, jusqu'à ce qu'elle parvienne à son poste d'aujourd'hui, cadre dit supérieur, responsable des ventes en Amérique du Sud, salaire à l'avenant – il avait bien fallu, quatre bouches à nourrir, sur ses seuls revenus à elle.

Elle adorait cette boîte qui lui avait donné sa chance et où elle était respectée pour ce qu'elle valait ; personne, jamais, même parmi les quelques amies proches qu'elle s'y était faites, n'avait entendu parler de l'enfer qu'elle vivait chez elle : impossible – et dangereux.

Les marques de coups qu'elle portait parfois étaient savamment maquillées, et quand elles se voyaient, Laurence trouvait toujours une explication plausible, à commencer par sa prétendue grande maladresse. Mais ses maux de ventre, de plus en plus fréquents, ont attiré l'attention de ses collègues et de sa hiérarchie – Pourol, le chef des ventes, son mentor, en tête. Ils survenaient sans crier gare et la pliaient en deux. Elle fonçait alors aux toilettes, prétextant des gastros à répétition, une petite fragilité de ce côté-là, en cours de traitement. Elle restait assise sur la cuvette, attendant dans le noir que les douleurs s'estompent, puisque consulter un médecin impliquerait forcément de dire des choses, ce qui était inconcevable, et riant jaune en pensant aux blagues que ses collègues devaient échanger entre eux...

Après les appels qu'elle a persisté à ignorer, le vibreur du téléphone, dans sa poche, a finalement changé de fréquence: des SMS, trois coup sur coup, lui toujours, elle le savait – peu d'autres personnes avaient son numéro de portable. Elle a hésité, vérifié qu'elle était seule, puis jeté un coup d'œil. Igor, 15 h 50: «Tu ne réponds pas? OK, je vous attends. Les trois. On va discuter...» Igor, 15 h 56: «TU AS TORT. JE VAIS LUI ARRACHER SON CLITO!»

Et le dernier message, à l'instant. Panique absolue. Les pensées de Laurence s'entrechoquent, puis se réordonnent un tout petit peu. Elle est, comme depuis leurs naissances, tendue vers un seul but: protéger les filles, vaille que vaille... En même temps, la peur la paralyse: elle n'a jamais rien fait d'autre que de s'interposer entre elles et lui – et là, elle le sait, elle n'a pas cette possibilité. Non seulement il lui faudrait mentir pour pouvoir partir immédiatement, mais les filles vont bientôt sortir de cours et elles vont, comme tous les jours, foncer prendre leur bus, sans saluer personne, sans dilapider une seconde: leur père connaît les horaires par cœur, il a depuis longtemps chronométré le trajet, et tout retard, fût-il de trois minutes, déclencherait une scène épouvantable, nécessiterait des heures d'explications et de promesses, non, les filles n'ont parlé à personne, non, elles n'ont traîné avec aucun garçon, non, elles n'ont pas été subrepticement dans une boutique quelconque de fringues ou de maquillage, elles étaient juste un peu fatiguées, juste un peu plus lentes, non, elles ne recommenceront pas, c'est juré...

Elle travaille trop loin, elle ne pourra pas y être à temps, elles sortent tôt aujourd'hui – 16 h 15.

Et elle ne peut pas les appeler non plus : en plein cours, elles ne décrocheront pas, elles craindront que ce ne soit leur père, qui, une fois de plus, souhaitera vérifier qu'elles ne sont pas en train de sécher l'école pour flirter – elles, les puces, qui ne font que bosser, bosser, bosser, et ne reçoivent jamais personne, ne vont jamais à aucune fête… À chaque pause, en revanche, et dès qu'elles quittent la classe, oui, tous les jours, elles ont ordre de rallumer leur portable, il appelle, vérifie, leur demande parfois de ne pas raccrocher tout en marchant, juste pour s'assurer que personne ne les aborde, que personne ne leur parle, ne leur dit des mots doux… Mais là, elles ne répondront pas. Téléphoner à l'instant où elles sortent reviendrait à bloquer la ligne de l'une ou l'autre et, s'il appelle au moment où c'est occupé, il est capable de sauter dans le métro, il l'a déjà fait…

Reste un SMS. Laurence ne leur en envoie que très rarement : de temps en temps, le soir, il confisque les portables de ses filles ou celui de sa femme. Même s'il ne travaille pas, il est informaticien. D'après l'historique des appareils, il peut savoir, elles l'ont déjà toutes les trois douloureusement constaté, si des messages ont été envoyés, et à quel numéro. S'ils ont été effacés, il les retrouve et c'est encore pire, parce que, avec sa possessivité tyrannique, sa jalousie maladive, il en déduit que sa femme le trompe, ou que ses filles font des « cochonneries », ce qui, une fois de plus, déchaîne l'enfer…

Mais là, c'est un cas d'urgence. Elle ne VEUT pas que Nathalie rentre à la maison. Elle ignore ce qu'elles vont pouvoir faire, mais il faut, au minimum, mettre rapidement au point une version commune pour cette histoire de congés, qu'elle a aidé Nathalie à poser, tant elle la voyait pâle, amaigrie, tant elle sentait que sa fille avait besoin de cette pause secrète. En fait de garçon, elle est juste allée voir une copine souffrante. Laurence se demande à l'instant si elle n'a pas inconsciemment espéré, en lui accordant ces deux jours, que les deux filles se confient l'une à l'autre, que Nathalie dise à son amie ce qui se passe chez elle…

Fébrile, elle compose un message qu'elle envoie simultanément à ses filles: «Votre père est fou de rage. Il sait pour l'absence de Nath. Il veut lui faire du mal. Il faut qu'on se voie, qu'on trouve une solution. Rappelez-moi. Maman.» Ses mains tremblent lorsqu'elle appuie sur la touche «envoyer», elle imagine ce que ferait Igor s'il lisait ce texte. Elle l'efface aussitôt et se met à attendre: 16 h 10, 16 h 15… Enfiler les manteaux, sortir rapidement, descendre en vitesse, se retrouver devant les portes du lycée, ouvrir les téléphones si ce n'est déjà fait, lire ce putain de message, vite. Vite. 16 h 20. Elles n'ont pas rappelé, ce n'est pas possible, en principe, à cette heure-ci, elles prennent le bus… 16 h 25, toujours rien, elle pleure maintenant, elles ne l'ont pas eu, elles vont bientôt arriver près de la maison, mais quelle conne, appelle-les, APPELLE-LES!

Elle compose enfin le numéro de Nathalie, mais son téléphone sonne au même moment. Elle hurle presque en décrochant: «Allô, Nath, bon sang, je crevais de trouille! Pourquoi tu…» Une voix calme, froide, neutre, lui coupe la parole: «Pourquoi tu crevais de trouille, grosse vache? Et qu'est-ce qu'elles foutent, les filles? Je n'arrive pas à leur parler, aucune des deux ne décroche…» Laurence se fige, comme s'il venait de lui enfoncer un pieu en travers du corps. Elle le connaît, ce ton-là, elle sait exactement ce que ça signifie pour après, sa voix va enfler jusqu'aux hurlements, ses poings serrés vont partir… Tétanisée, incapable de trouver ses mots, elle bredouille : « Euh, je ne… elles vont… », mais son portable lui signale un autre appel entrant, reconnectant son cerveau à la situation, et l'impensable se produit : elle raccroche. Elle raccroche au nez d'Igor et de ses insultes. Comme ça.

Elle n'a pas le temps de s'en étonner, l'autre appel sonne et, cette fois, ce sont bien ses filles, pas Nathalie mais sa sœur, dont le diminutif s'affiche – merci, mon Dieu. « Steph ? » « Maman ! » Elles ont crié toutes les deux, en même temps, le cœur de Laurence se remet à battre, même si la peur est perceptible dans la voix de sa fille aînée.

Stéphanie lui explique qu'elles étaient déjà dans le bus quand elles ont eu son message, ayant retardé le plus possible le moment de rallumer leurs portables. Elles ont paniqué, surtout Nathalie, évidemment, qui s'est mise à sangloter, à trembler. Sa sœur raconte qu'elle ne savait pas quoi faire pour la calmer, qu'elle a décidé de descendre du bus deux arrêts avant le leur, Nathalie ne voulait pas la suivre, elle était terrorisée, elle s'accrochait au poteau, des passagers ont failli intervenir, finalement elles ont débarqué, elles sont sous la flotte, près de l'église.

« Maman, Nathalie tremble de partout, et papa a essayé plein de fois de nous appeler, on n'a pas répondu, mais, maman… Qu'est-ce qu'on va faire, maintenant ? »

Mélange de fierté, de panique, d'accablement, de terrible colère dans la tête de Laurence, en entendant les sanglots qui montent dans la gorge de sa fille aînée, les tremblements de sa voix, en les imaginant toutes les deux sous la pluie battante, au milieu de rien, sachant bien, comme elle-même, qu'elles ne peuvent plus rentrer, elles ont enfreint trop de règles. Ni rester là, évidemment, d'autant que l'autre salopard va se mettre en chasse, si ce n'est déjà fait… Nathalie, la plus chétive, plus jeune d'un an, en panique, qui ne va pas tarder à vomir de trouille, la malheureuse ; et Stéphanie qui doit la tenir par la taille, plus fonceuse, courageuse, qui aime tant sa petite sœur qu'elle a parfois assumé les « bêtises » à sa place et qui, à cet instant, n'a pas dit un mot d'elle-même, pas émis une seule plainte.

Il y a des instants où tout bascule. Quelques secondes, qui transforment votre vie. C'est ce que vous vous dites en y repensant plus tard. Une décision, un choix qui n'en sont déjà plus : alors que vous tourniez le problème dans tous les sens, que vous imploriez le Ciel, ou tout ce en quoi vous croyiez, de vous apporter, enfin, une solution… Tout à coup, brusquement, vous savez ce que vous avez à faire.

Pourquoi cette fois-là ? Nous en reparlerons souvent, plus tard, avec Laurence, sans trouver de réponse évidente. Des scènes de ce genre, il y en avait déjà eu, des moins graves mais aussi des pires, infiniment plus violentes et sans solution, celles-là, cloîtrées qu'elles étaient à la maison. Sa douleur, celle de ses filles, leurs peurs terribles, elle les avait déjà vécues quinze fois, cent fois, et subies tels des passages inéluctables, comme une infirmière capable de soigner les blessés en temps de guerre, pas de combattre elle-même, ou si peu…

Nous nous sommes dit que cette fois-là il avait commis une double erreur, celle d'annoncer expressément la couleur et de le faire alors qu'elles se trouvaient toutes les trois à l'extérieur. Mais cela aussi s'était déjà produit. Et les journées ne ressemblaient-elles pas, de plus en plus souvent d'ailleurs, à celle-là, en plus ou moins paroxystique ?

Ce que je pense, c'est que chacun possède son propre seuil de tolérance, voilà tout. Et que celui de Stéphanie et Nathalie était énorme, incommensurable. Leur père l'avait fixé lui-même alors qu'elles étaient encore enfants, et il exerçait sur elles une emprise d'autant plus absolue que, comme toutes les jeunes victimes d'un ascendant, elles avaient grandi dans son monde à lui et n'avaient pas encore connu le leur... Si cet instant-là n'était pas survenu, elles y seraient encore, dans son monde à lui, uniquement fait de soumission. Mais je pense qu'au même instant, le seuil de tolérance de leur mère, Laurence, qui, elle, avait connu autre chose et dont Igor avait pu meurtrir l'amour maternel sans évidemment le détruire totalement, a enfin été atteint.

Il avait fallu toute cette violence, toutes ces scènes, ces insultes et ces coups, jour après jour, dans une crainte grandissante, pour que ça se produise, pour que *ça suffise*, pour que la coupe déborde, définitivement.

Et je sais aussi qu'il a fallu ce soir-là à ces trois femmes un courage surhumain pour aller au bout – et qu'elles se le sont, dans une douleur infinie, mutuellement donné.

Pour l'instant, Laurence se surprend elle-même – mais après tout, elles sont déjà allées bien plus loin qu'elles ne l'avaient jamais osé. Tandis que sa fille la relance, lui demande quoi faire, c'est sans doute la première pensée cohérente qui lui vient à l'esprit : elles ont osé, elles ont dévié de la route tracée pour elles au couteau par Igor, elles marchent à côté, et sans lui. En tout cas, pour l'instant.

« Écoute, Steph... Écoutez-moi, toutes les deux. On va au bout, voilà ce qu'on fait. Je vais déposer plainte. On va aller chez les flics. Maintenant. Et vite, parce qu'il doit vous chercher...

– Maman, tu... Non, il va te...

– Non, attends, écoute, ne dis rien : c'est décidé, on n'a pas le choix, et ça suffit, je veux que... Bon, on fait ça. Tu me dis que vous êtes à côté de l'église. Le poste de police est près de la mairie, pas loin, pas sur le trajet du bus – c'est là qu'il va vous chercher, ou alors il va aller au lycée, il ne faut pas que...

– Maman...

– Bon. Allez à pied vers la mairie, tout de suite. Je vous retrouve sur la route, si vous arrivez avant moi, attendez-moi, on y va toutes les trois, d'accord ? Je vais tout raconter, ils seront bien obligés de réagir, ils vont l'arrêter...

– Maman ! »

Stéphanie a presque crié, Laurence est surprise par le ton de sa voix.

« Quoi ? Tu ne veux pas ? Tu vois une autre sol...

– Si, maman, bien sûr que si. C'est ce qu'on doit faire, tu as raison, mais... C'est pas ça... On aurait dû... Oh, maman, je ne sais pas comment... »

Le téléphone est arraché des mains de Stéphanie, c'est Nathalie qui le lui a pris, Laurence entend soudain sa voix, à la limite de l'hystérie, et ses mots la crucifient.

« Maman, ce que Steph veut te dire, c'est qu'il... C'est qu'il nous viole, tu comprends ? Depuis des années, depuis toutes petites, tout le temps... »

Douleur énorme, vertigineuse, absolue.

« On te racontera tout, on t'expliquera tout, tu... Maman, viens, rejoins-nous, maintenant, vite...

– Qu'est-ce que tu… Non, pardon, pardon, mes bébés. Je… Tenez le coup, allez, allez-y. J'arrive. Vous m'appelez si… Quoi qu'il… J'arrive. »

Laurence est en état de choc. Écrasée par la culpabilité qu'une longue thérapie n'effacera jamais tout à fait, elle se demandera bien plus tard si, à cet instant, elle a découvert la réalité dans toute son horreur ou si elle l'avait toujours sue, au moins inconsciemment, et ne pouvait, désormais, plus l'ignorer. Mais là, en reposant doucement le téléphone, les yeux dans le vide et la bouche ouverte sur un cri qui ne sort pas, elle tremble, elle pleure, et dix, cent scènes, dix et cent bouts de phrases de ses filles lui montent au cerveau, y creusant un fossé qui s'emplit de honte et de remords : elle aurait pu, elle aurait dû voir ; elle aurait dû entendre. Ses filles essayaient de lui parler : « On dirait un mari jaloux, hein, maman ? » « Papa sait bien qu'on est devenues des femmes, ne t'inquiète pas pour ça… » Il y en a eu tellement, mon Dieu, de ces alertes…

Cette fois où elle était rentrée plus tôt que prévu, tombant sur ses filles et son mari au salon, elles semblant remettre leurs pulls, lui assis là, une couverture sur les genoux ; elle avait tout de suite pensé qu'il les avait battues, il leur avait déjà infligé ce genre de punition, oui, c'est vrai – et le soulagement visible dans les yeux de ses filles, comme la promesse d'être provisoirement délivrées des coups… Elle l'avait questionné, il l'avait emmenée dans son bureau, loin d'elles deux, et lui avait baratiné une explication fumeuse à propos de l'émission qu'ils regardaient, sur la sexualité des adolescents – oui, il ne t'a pas parlé d'une bêtise et d'une sanction ce jour-là, ma grande, mais bel et bien de sexualité… Il a prétendu leur avoir donné une « leçon de vie » en leur apprenant à ne pas se dévoiler devant n'importe qui, à ne pas aguicher… Et tu l'as cru, connasse, tu as demandé aux filles, après, si c'était bien vrai, et elles te l'ont confirmé, donc affaire classée, hein? Sauf que… combien de fois as-tu déçu tes filles, terriblement?

Trois ou quatre minutes se sont écoulées. L'image de Nath et Steph marchant toutes seules sous la pluie, bouleversées et terrorisées, vers le commissariat, s'impose de nouveau à Laurence, tombant comme un rideau en fer sur le chapitre «J'aurais dû» et la ramenant brutalement à la réalité: foncer, y aller – cette fois, maman ne vous décevra pas.

Elle se lève, doit se tenir un instant au bureau tant ses jambes flageolent, un mal de ventre phénoménal la fait grimacer. Elle respire, ramasse son sac, son portable – encore une dizaine d'appels d'Igor, restés sans réponse, pourvu qu'elle ait le temps de les rejoindre, pourvu que la police les croie et fasse ce qu'il faut, parce que sinon… Allez, ça va marcher, il faut que ça marche: elles ont déjà été trop loin de toute façon – vérifie qu'elle a ses clés de voiture.

Elle sort du bureau, oubliant son manteau, s'avance vers les ascenseurs, croisant quelques collègues qui la dévisagent – elle est livide et en sueur, et la peur tord ses traits, même si elle n'en a pas conscience –, puis elle se ravise, fait demi-tour et va prévenir son chef, M. Pourol. Pourquoi y pense-t-elle, elle ne se pose pas la question sur le moment, mais elle me dira un jour qu'elle avait dû vouloir s'obliger encore un peu plus, s'interdire tout renoncement.

Elle frappe et entre dans la foulée, son visage hagard effraie Pourol, comme il en témoignera par la suite.

« Monsieur Pourol, désolée, je… Euh… Je dois partir, c'est une urgence absolue… Mes filles… Je vais au commissariat…

– Que… Laurence, attendez, calmez-vous, vous êtes toute… Que se passe-t-il ?

– Je… Je ne peux rien vous dire. Il faut que je m'en aille, là, tout de suite. C'est grave.

– Mais vous ne… Vous ne devez pas prendre votre voiture dans cet état, c'est impossible, je… Oh, et puis merde. Ne bougez pas : je vous emmène. »

C'est un homme bien, Pourol, elle le savait déjà – sans lui, elle serait encore secrétaire, et à cause de ce qui s'était passé ces derniers temps, elle aurait sûrement fini par se faire virer. Mais là, elle se souviendra qu'elle l'entendait pour la première fois dire une grossièreté, et avoir été sidérée par sa réaction – le voilà qui se levait, passait son blouson et avançait d'un pas décidé vers elle, la prenant par le bras. Elle ouvrait la bouche pour protester, mais il ne lui laissait pas le choix, lui disant doucement : « Je vois bien que c'est grave, et vous n'êtes absolument pas en état de conduire. Je vous emmène, c'est un ordre. »

De ce qui s'était passé ensuite et du trajet, Laurence ne garderait que quelques images floues : Michel Pourol beuglant dans le couloir, tout en la tenant par le bras, qu'il sortait et qu'il fallait prendre ses appels, puis l'ascenseur, direction sa voiture à elle. Il l'avait fait monter côté passager et avait pris le volant.

« Donc, au commissariat ? Le central ?

– Oui… Euh… Il faut se dépêcher : mes filles sont seules, elles y vont aussi, elles sont à pied, pas loin… »

Il avait froncé les sourcils, mais n'avait rien demandé. Il dirait plus tard qu'il la connaissait suffisamment pour savoir que le moment était capital, et que, même sans cela, elle était dans un tel état – il avait bien cru qu'elle allait s'évanouir –, qu'il l'aurait de toute façon compris : « OK. Je fonce, accrochez-vous. » Et il avait foncé, sans même qu'elle s'en rende compte.

Pendant ce trajet d'une vingtaine de minutes, Laurence, totalement effondrée – je pense qu'un expert dirait « en pleine décompensation » –, s'était mise à parler. Elle n'en aurait aucun souvenir immédiat, cela ne lui reviendrait qu'en lisant la déposition écrite de Pourol, qui l'avait écoutée sans jamais l'interrompre, concentré sur sa conduite rapide, et de plus en plus ahuri au fur et à mesure que Laurence déroulait son histoire, une histoire de celles qu'on lisait dans les journaux sans comprendre comment ça avait pu durer aussi longtemps, comment ça ne s'était pas su, pourquoi la femme ne se plaignait pas, n'avait parlé à personne, n'avait pas appelé les flics. Laurence, qu'il suivait depuis si longtemps sans jamais avoir rien vu, qui ne se plaignait de rien – il la trouvait déjà tellement courageuse, travaillant dur et élevant ses enfants, avec un mari qu'il avait à peine aperçu, mais dont il savait tout de même qu'il ne travaillait pas –, lui expliquait maintenant, sans même y prendre garde, comment il tenait les unes par rapport aux autres, son omniprésence, ses vérifications constantes, les violences physiques, bien sûr, mais aussi les violences mentales, la jalousie maladive envers toutes les trois, les demandes insistantes, en boucle, de justifier des faits qu'elles ne pouvaient pas justifier tant ils étaient anodins, dérisoires, jusqu'au milieu de la nuit, lumières allumées, l'état de loque dans lequel elle se trouvait quand il fallait partir au travail le matin, son souci constant de ne donner aucune prise à ses engueulades, de ne pas exciter sa jalousie… L'unique fois, tiens, où Simon, un collègue, était venu la chercher parce que sa voiture était en panne, ce qu'il avait vu par la fenêtre car elle le lui avait évidemment caché, les trois jours qu'il avait fallu pour l'apaiser, les coups reçus, les appels téléphoniques qu'elle et ses filles devaient lui passer, à heures fixes, tous les jours, aux pauses, au déjeuner, en quittant le travail – la terreur des filles quand le bus était en panne, ou la batterie d'un téléphone à plat, les menaces et la certitude qu'il allait les mettre à exécution, sa panique, et enfin ce que Nathalie et Stéphanie venaient de lui confier, l'horreur, la plus pure des horreurs, il couchait avec elles, il les violait, il violait ses bébés…

Laurence avait monologué sur un ton presque uniforme, ne s'interrompant parfois que pour adresser des SMS à ses filles, confirmant qu'elle approchait, que tout serait bientôt fini, lisant les leurs, «Sois prudente, on y est, on t'attend à côté»; mais là, sur cette dernière terrible révélation, elle avait fondu en larmes, des torrents qui la secouaient de partout…

Michel Pourol n'avait rien pu dire, il s'était abstenu de prononcer la phrase qui lui était venue à l'esprit à mi-parcours, «Vous auriez dû m'en parler», comprenant qu'elle n'avait tout simplement pas pu et qu'il ne ferait que l'accabler un peu plus; il avait posé une main sur son épaule, en lui disant qu'elle faisait ce qu'il fallait, que tout serait bientôt terminé, qu'il était désolé, et qu'elle pouvait compter sur lui – en se sentant coupable de n'avoir que ces banalités à lui proposer…

Laurence pleure encore à chaudes larmes quand la voiture, enfin, pile devant le commissariat. La nuit est tombée. Le bâtiment est énorme, dans l'obscurité et sous la pluie. Pourol lui tend un mouchoir sans rien dire, elle le remercie, s'essuie le visage, respire un grand coup, cherchant déjà ses filles dehors – on n'y voit pas à trois mètres, à part des silhouettes.

En reconnaissant la voiture de leur mère, Nathalie et Stéphanie sont sorties de l'ombre et avancent dans les phares en essayant de se protéger de la pluie ; arrivées tout près, elles se figent soudain en apercevant deux silhouettes dans la voiture, un homme au volant. Laurence et son chauffeur improvisé ont le même réflexe, ils sortent à la volée pour qu'elles les voient. Lui leur crie : « C'est moi, Michel Pourol, n'ayez pas peur. Votre mère était bouleversée, je l'ai conduite... »

Laurence court vers ses filles, elles ouvrent leurs bras ensemble et s'étreignent violemment, comme si elles ne s'étaient pas vues depuis des jours et des jours. Resté en retrait, Pourol entend « Oh, maman... », et elle qui répète en boucle « Mes petites, mes petites... ». Pour la première fois depuis que Laurence a fait irruption dans son bureau, il a un sourire ému : il est sacrément beau, l'amour de ces trois-là...

Il referme la voiture, se rapproche d'elles et leur propose doucement : « Venez, on y va... » Laurence relève la tête et proteste, il a déjà fait beaucoup, pas la peine de... Il réplique d'une voix ferme : « Je n'ai pas conduit comme Fangio pour rester dans votre voiture ou sous la pluie ! Je vous accompagne », et il les pousse doucement, aussi soudées qu'au chalumeau, vers l'entrée du commissariat. Ils montent, curieux groupe tout abîmé, les quelques marches du perron, s'arrêtent devant l'entrée monumentale. Laurence regarde ses filles, leur murmure : « J'aurais dû le faire depuis longtemps... » Et elle ouvre grande la porte.

Sorte de blockhaus en béton construit comme exprès en zone dite «sensible», le commissariat central est immense, avec un hall à l'avenant, énorme salle ronde garnie de bancs. Au fond, derrière un guichet, des policiers sont en train de parler à une dizaine de personnes en même temps. Une autre dizaine attend, éparse, qu'on veuille bien l'écouter, et d'autres policiers, en uniforme ou en civil, traversent l'espace d'une porte à une autre, l'air affairé; Laurence, Stéphanie, Nathalie et Michel Pourol clignent des yeux, la lumière est blanche, très crue.

Pourol désigne un banc à ses «protégées»: «Allez vous asseoir là. Je vais demander quelqu'un...» Elles obtempèrent, toujours soudées, impressionnées par l'espace et le lieu, de nouveau tendues à l'idée de ce que, dans un instant, elles vont dire, de ce qu'elles vont, elles l'espèrent toutes les trois, déclencher.

«Pourquoi vous ne m'avez pas...» Assise entre ses deux filles qui se serrent contre elle, Laurence leur murmure cette question en redoutant presque leur réponse. Stéphanie prend la parole, sa sœur se contente d'acquiescer, comme souvent: «On a essayé, maman. Plusieurs fois. Mais on ne pouvait pas te... Au début, il répétait que c'était secret, que ça te tuerait, qu'on nous placerait... Et puis on a grandi, on s'en parlait la nuit, après... Et on ne savait pas quoi faire, on pensait... Moi, je pensais que tu ne nous croirais pas, on est tellement... sales, tu sais? Je pensais que tu ne m'aimerais plus...»

Laurence, les larmes revenues, resserre son étreinte autour des filles: «Pardon. Je n'ai pas su comprendre... Mais je vous aime, et je vous aimerai toujours, quoi qu'il arrive. Vous êtes mes...» Elle s'interrompt net, soudain brutalement envahie par cette saloperie de peur glacée.

Là-bas, à l'entrée, au milieu des allées et venues et du brouhaha ambiant, la grande porte s'est à nouveau ouverte, un homme est entré, le visage fermé, dur, il balaye la salle du regard. Laurence ne sait pas comment, mais Igor est là. Il les a trouvées.

Au même moment, il les voit. Il plonge à distance ses yeux dans ceux de sa femme, et marche vers elle, son visage n'exprime rien, rien du tout, lisse, neutre – Laurence la connaît, cette expression-là, elle sait que les colères les plus terribles suivent immanquablement, comme la fois dernière, quand il avait découvert que Nathalie, bravant son interdiction, avait créé un compte Facebook et y avait comme « amis » des filles, mais aussi des garçons de sa classe. Les gifles à toute volée, avec en toile de fond l'obsession habituelle d'obtenir de sa petite fille l'aveu de turpitudes sexuelles imaginaires, avaient dégénéré en scène de folie, il avait pris un couteau et fait mine de piquer Laurence, qui s'était entaillé la main en essayant de l'attraper…

Cette fois-là déjà, elle était allée à l'hôpital, avait demandé un certificat médical, au cas où… Mais elle ne s'en était pas servi, sa main ne saignait plus, et sa peur était encore la plus forte.

Comme maintenant. Littéralement morte de trouille en le voyant avancer, Laurence se dit qu'elle est folle, qu'elle regrette, qu'on ne va rien dire du tout et ressortir immédiatement – malgré elle, à toute vitesse, elle est déjà, comme toujours, en train d'échafauder un mensonge pour expliquer leur présence ici : les filles se sont fait agresser dans le bus, elles en sont descendues, et…

« Maman ! » a murmuré Nathalie. Les mains des deux petites se sont crispées dans les siennes : elles l'ont vu et à leur tour, la peur les transforme en statues de bois.

Une autre voix, un chuintement plutôt. Stéphanie : « C'est moi… Il appelait sans cesse tout à l'heure… Pardon : j'ai décroché et je lui ai dit qu'on venait ici… »

Mais c'est la fois de trop pour Laurence. « Il nous viole. » Elle n'oubliera jamais ces pauvres mots. Elle se traite de connasse, elle DEVAIT savoir : l'interdiction de tout maquillage, de tout vêtement un peu joli ou à la mode, l'obligation pour les filles de tout lui dire, de tout lui montrer, chaque SMS reçu, les séances de tortures mentales pour faire avouer, à elle, les baisers, les amants, et ses putains de déclarations de principe, qui, elle l'entrevoit maintenant sans le comprendre encore, ont contribué à ce qu'elle ne soupçonne jamais l'indicible : on ne couche pas avant le mariage, on doit offrir sa virginité à son mari, pour l'instant les études, le plaisir attendra, ne soyez pas comme votre mère qui me trompe à tout moment, ne soyez pas des putes, vous aussi, comme vos copines – jamais, jamais, elle n'aurait pensé que… Salopard.

Elle se lève, il est devant elles, les filles comblent l'espace vide qu'elle laisse sur le banc en se serrant l'une contre l'autre. Elle est là, toute droite, toute blanche, tremblant de tous ses membres, monument de courage devant cet homme qui les a tellement meurtries, et elle tend le bras, bien droit, paume à la verticale : « STOP. C'EST FINI. JE SAIS TOUT. »

Il fronce les sourcils, Igor. C'est bien la première fois qu'on tient tête au Maître, ça le désarçonne un peu, son mauvais rictus revient pourtant très vite lui fendre le visage, il va l'insulter, sa main remonte malgré lui et malgré le lieu, Laurence, cette salope, avec son bras tendu à la con, mais qu'est-ce qu'elle croit, que ça va l'empêcher de reco… ?

Une main ferme se pose alors sur son épaule, le fait pivoter : il se retrouve face à Franck Louis, le policier du guichet.

Elle ne s'en est pas rendu compte, Laurence, mais elle a crié et tout le monde s'est retourné, y compris Michel Pourol, qui, là-bas, achevait d'expliquer brièvement le peu qu'il savait, violences, tyran, inceste. Voyant la scène, il a tout de suite compris, désignant le petit groupe à l'agent de police : « Merde, monsieur, ce doit être lui. Il faut... » Franck avait vu, lui aussi, et, outre qu'il venait d'entendre cette histoire grave, criminelle – il comptait se charger de la première audition de la mère et, si elle confirmait les faits, un officier prendrait aussitôt la suite –, il avait derrière lui deux ans de quart, dont la moitié de nuit : il ne fallait pas lui faire un dessin, l'homme allait frapper. Franck Louis avait littéralement sauté par-dessus l'abattant du guichet et foncé vers le type.

« Bonjour, monsieur. On se calme, hein ? Vous êtes... ? »

Terrorisée au point qu'elle vient de faire pipi dans sa culotte, Laurence assiste une fois de plus à cette métamorphose dont elle a si souvent amèrement souri avec les filles : face au policier, Igor reprend instantanément son visage « extérieur », celui pour-les-gens-qui-ne-devaient-rien-savoir...

« Tout va bien. Je suis le mari de madame. Je m'inquiétais pour elle et pour mes filles, elles n'étaient pas rentrées. Je...

– Bon, parfait. On va voir ça, monsieur, d'accord ? Madame, vous allez venir avec moi, et vous, monsieur, vous allez vous asseoir là-bas, d'accord ? »

Franck désigne un banc à l'opposé dans la salle.

« D'accord, oui, bien sûr, mais je ne sais pas ce qu'elle peut vous dire, je peux lui parler avant, peut-être, quand même ? »

Il sourit. Laurence, même si elle l'a vu tout jouer, n'en revient pas. Entre-temps, Michel Pourol les a rejointes.

«Non, non, monsieur, votre femme va d'abord me parler à moi, c'est la procédure, OK?

– Ah... Bon, d'accord. Vous venez, les filles, alors?

– Non. Elles, elles restent là, d'accord, les filles? Elles restent avec ce monsieur, et vous, vous allez là-bas et vous attendez tranquillement. Point final.»

Franck a haussé le ton, l'homme acquiesce et se dirige vers le banc qu'il lui a désigné. Mais le policier a eu le temps de voir sur son visage une expression de haine terrible, lorsqu'il a brièvement regardé Pourol.

«Bon, monsieur, fait Franck à ce dernier, j'emmène madame pour l'entendre. Vous, restez avec les filles, s'il vous plaît. Ne vous inquiétez pas, je préviens les collègues, ils vont le surveiller. Vous avez de la chance, ça ne sera pas long, il n'y a pas beaucoup de monde, je pense qu'un officier vous recevra rapidement. Allons, madame, détendez-vous maintenant, il ne peut rien vous faire. Venez...»

Franck emmène Laurence, lui fait franchir le guichet, la laisse attendre un instant, le temps d'aller voir le collègue du guichet voisin, auquel il parle brièvement en désignant Igor, assis à distance, puis il la précède dans un petit couloir et la fait entrer dans un minuscule bureau où tiennent à peine une table jonchée de papiers, un ordinateur et deux chaises. Il la fait asseoir tout en s'excusant de l'exiguïté des lieux, et lui lance, avec un sourire rassurant:

«Bon, madame, je crois que vous avez des choses à me dire...»

Assis à côté des deux petites, Michel Pourol se détend un peu, mais sans quitter du regard le père, assis en face, sur un banc. Il pense avoir fait ce qu'il fallait, se remémore tout ce que lui a dit Laurence dans la voiture… Oui, il a fait ce qu'il fallait. Il appelle sa femme pour lui expliquer qu'il sera en retard et pourquoi – et aussi, il ne se le cache pas, pour qu'elle lui passe ses enfants ; il ressent soudain un besoin urgent de leur parler, et de leur dire qu'il les aime…

Les filles sont silencieuses, toujours blotties l'une contre l'autre, évitant soigneusement, elles, de lever les yeux. Elles se parlent à voix basse, tête baissée. Puis l'une sort son téléphone de sa poche, y lit un message qu'elle montre à sa sœur, y répond, puis entame une conversation par SMS.

Pourol, qui vient de raccrocher, tout heureux – sa femme l'a félicité, c'est idiot, mais ça lui a mis les larmes aux yeux, fatigue et baisse de tension venant –, sourit en voyant leur manège. Quoi qu'elles aient vécu et subi, elles restent, heureusement, des gamines, presque encore des enfants, et cela lui donne de l'espoir : elles s'en remettront, elles ont une vie à vivre, une vie normale…

Il se demande à quelle copine elles racontent ce qui est en train de se passer, ou peut-être tout autre chose, pour ne pas y penser, puis jette un nouveau coup d'œil vers le banc où se tient le mari. Igor ne les regarde plus, il pianote lui aussi sur un téléphone portable, et… Nom de Dieu !

« Montrez-moi ça, les filles ! »

Elles sursautent, Michel Pourol s'en veut, mais dans le même temps, il leur prend le téléphone des mains, et lit, incrédule, le message entrant qui s'affiche sur l'écran :

« Je ne la comprends pas. Mais vous, ne dites rien. On va parler avec elle. Tout ira bien, on va rentrer à la maison et vivre normalement, je vous jure. Je vous aime tant, et maman aussi. Je ne vous en veux pas, pas de punition. Mais il faut rien dire, pas faire mal à maman… »

Il leur rend le portable sans un mot, se lève, leur demande juste de ne pas bouger. Il se dirige vers le policier auquel Franck Louis parlait tout à l'heure et lui signale le problème, puis retourne auprès des filles. Le policier s'approche d'Igor, et manifestement il l'engueule. Igor finit par lui tendre son portable, puis se lève et le suit. Il va se rasseoir plus loin, de l'autre côté de la salle, tout près des guichets – près du policier, qui le surveille.

« Monsieur ? »

C'est la plus jeune, pense-t-il, Nathalie, mais il n'en est pas sûr, elles se ressemblent beaucoup.

« Que… Qu'est-ce qui va lui arriver, je veux dire… À mon père ? Il va aller en prison ? »

Michel n'en croit pas ses oreilles. On dirait que cette fille plaint le bonhomme, qu'elle a peur pour lui !

« J'espère bien ! Ta mère m'a un peu raconté ce que vous subissez… C'est un crime ! Alors, bien sûr qu'il va aller en prison ! »

La petite a l'air meurtrie, sa sœur aussi, il se reproche aussitôt la brutalité de sa réponse, quel con, ce sont des gamines, leur vie éclate, et c'est quand même leur père, lui, Michel, n'a jamais eu à connaître personnellement l'inceste, qu'est-ce qu'il sait des tempêtes qui hurlent sous le crâne de ces enfants ? Il a vu des émissions sur cet enfer, comment disaient-ils, déjà, « emprise », « conflit de loyauté »… Stéphanie le lui prouve, d'une toute petite voix :

« On sait bien que… On espérait vraiment que ça arrive, que ça s'arrête. Mais… On peut pas demander juste ça ? Que ça s'arrête ? C'est mon père, je ne veux plus qu'il fasse… ses trucs… Mais il va souffrir à cause de nous, et nous, on voulait pas forcément ça… »

Michel se met à genoux devant elles, leur prend une main à chacune, les regarde droit dans les yeux, le visage grave : « Les filles… En réalité, je n'en sais rien, j'ignore ce qui va se passer au juste. Mais je VEUX vous dire les deux seules choses qui comptent, ce soir, cette nuit, demain : d'abord, TOUT dire, absolument tout, vous vider, vous lâcher. Et ensuite, que RIEN n'est de votre faute. En face, il y a un homme, un adulte, fort, avec un cerveau, qui savait ce qu'il faisait, et que c'est interdit, et que, merde, c'est mal, vous comprenez ? Il n'y a qu'un fautif, et c'est lui, tout seul. Vous n'avez rien fait de mal, rien du tout, jamais. D'accord ? C'est lui qui vous en a fait, et il ne vous en fera plus. Vous comprenez ? »

Elles acquiescent, mais il voit bien qu'elles sont malheureuses. Il leur tapote les genoux, se lève, s'étire, se rassied tout près d'elles.

« Bon, et vous êtes en quelle classe, sinon ? J'espère que vous avez de bons résultats ? »

Tandis qu'elles répondent, d'abord timidement, puis un peu plus détendues, un peu plus souriantes, et qu'il enchaîne, passionné comme jamais par les cours de deux lycéennes, il prend conscience que même si leur vie d'avant ce soir est terminée, même si le calvaire prend fin… Elles n'ont pas fini de souffrir.

Pendant ce temps, Laurence parle. Elle reste sidérée et admirative, du fait qu'il a suffi à Franck, tout à l'heure, de quelques mots, quelques gestes, pour renvoyer l'autre… C'était si simple… Elle aurait tellement dû venir avant…

Pourtant, probablement parce qu'elle est en pleine décompensation, probablement aussi parce que pour la première fois en vingt ans, elle se sent en sécurité, elle ne dit, au début, que ce qui l'a convaincue de venir – et encore : par un de ces tours de passe-passe mentaux qui ne se maîtrisent pas, qu'on tentera d'expliquer par la suite, bien plus tard, elle… Oui, elle minimise. Dans un premier temps, elle n'évoque même pas les violences physiques les plus récentes, elle s'abrite, oui, on peut le dire comme ça, elle s'abrite derrière une notion, des mots entendus à la télévision. Un expert évoquera plus tard « un mécanisme de défense archaïque, une protection erronée, mais qui inconsciemment tend à éviter au sujet de sombrer dans une dépression encore latente », mais pour l'instant, ce que Laurence ressent, c'est simplement qu'elle dit ce qu'elle parvient à dire.

Franck n'est ni un idiot ni un débutant, alors il laisse venir, quitte, au bon moment, à la bousculer juste ce qu'il faudra pour que l'essentiel sorte. Il ressent la peur de cette femme, son malheur, le drame de cette famille dont il a vu le chef. Il sait que ce qu'elle dira est la vérité. Et il regrette déjà, une fois de plus, de n'être pas l'officier de police à qui il ira, juste après, faire lire la déposition, enclenchant l'enquête à proprement parler – ou mieux, tiens, celui qui flanquera tout à l'heure le méchant en garde à vue…

Pour l'instant, il tape son procès-verbal, avec deux doigts et très vite : il sera simple, c'est une première audition, mais efficace.

> Nous, Franck Louis, BRIGADIER-CHEF, en fonction QUART à X,
> Agent de police judiciaire en résidence…
> Étant au service,
> Entendons la personne ci-après désignée, qui, sur interpellations successives, nous déclare :

SUR SON IDENTITÉ

«Je me nomme RENGZA Laurence…

[…]

SUR LES FAITS :

Je me présente à vous ce jour pour dénoncer les faits suivants. Je suis mariée depuis vingt ans avec M. RENGZA Igor. Dès le début de notre union, mon mari s'est montré violent avec moi. Quand je parle de violences, je parle surtout de violences psychologiques. En fait, mon mari est une personne extrêmement jalouse. Quand j'oubliais de lui expliquer quelque chose, il me frappait, des gifles en général ou des coups de pied pour savoir la vérité. Ces violences physiques n'avaient pas lieu tous les jours, mais seulement quand il avait des soupçons, d'ailleurs infondés. Ces violences ont cessé progressivement, pour être remplacées par des brimades. Il me rabaissait constamment, en parlant de mon physique ou de mon comportement. Ces violences physiques ont cessé totalement il y a six ans maintenant. Néanmoins, il me menaçait régulièrement de violences en plus des brimades.

QUESTION : Avez-vous déposé plainte pour ces faits de violences à l'époque ?

RÉPONSE : Non, mais j'ai en ma possession un certificat médical concernant une coupure à la main. Il m'avait menacé avec un couteau que j'ai saisi pour me protéger et qui m'a entaillé la main. C'était en 2009.

QUESTION : Pourquoi venir dénoncer ces faits aujourd'hui ?

RÉPONSE : Parce que personnellement, j'aurais pu tout supporter, mais maintenant, il s'en prend à mes

filles. Ma fille Nathalie m'a parlé de se suicider il y a quelques jours.
Pour répondre à votre question, elle a 16 ans.
QUESTION : Comment s'en prend-il à vos filles ?
RÉPONSE : Il les espionne, il regarde chaque jour leur correspondance téléphonique et leur demande de s'expliquer. Il veut qu'elles soient toujours joignables. Elles n'ont pas le droit d'avoir une minute de retard.
QUESTION : Bon, madame, en fait, vous dénoncez un père attentif ?
[MENTION : Constatons que Mme RENGZA est en pleurs et tremble énormément, et nous indique refuser d'aller « plus loin ». Essayons de la réconforter, lui apportant un verre d'eau. Spontanément :]
RÉPONSE : Non. En fait, mon mari viole mes deux filles, monsieur. J'allais venir déposer plainte pour ses violences, je leur ai téléphoné pour le leur annoncer, et c'est là, tout à l'heure, qu'elles me l'ont avoué. Elles m'ont dit des viols, je suis formelle. Elles m'ont dit que c'était depuis longtemps, depuis qu'elles sont toutes petites…
Mon mari se trouve actuellement à l'accueil du commissariat. Mes deux filles s'y trouvent aussi, avec un ami.
Je désire déposer plainte contre mon mari pour les viols commis sur mes filles et les violences commises sur nous trois.
Disons mettre fin à l'audition et nous rendre à l'accueil de l'Hôtel de Police, il est 19 h 20.

Laurence est à la fois vidée et bouleversée, tassée sur sa chaise, pendant que Franck finit de martyriser son clavier.

Il lève les yeux, lui adresse un sourire, lui tend un stylo pour signer sa plainte, en même temps qu'une boîte de mouchoirs en papier qui est posée sur le bureau et doit servir souvent :

« Allez, madame, c'est bien. Vous avez fait le plus dur. J'ai déjà prévenu un OPJ, il va vous recevoir maintenant, vous entendre plus en détail, et vos filles aussi, je vais aller les chercher – ainsi que votre mari... »

Elle a encore très peur. Mais elle se mouche, elle sourit timidement, épuisée. Et elle signe, sans relire.

ÉPILOGUE

Laurence et ses filles ont été longuement entendues le soir même, à deux reprises chacune, sur plus d'une dizaine de pages – elles ont, cette nuit-là, tout raconté.

Igor a été placé en garde à vue – il attendait et n'avait pas tenté de fuir. Il a nié, au début, puis reconnu des rapports sexuels avec ses filles, depuis leurs 12 ans environ, mais consentis selon lui. Il a été présenté à un juge d'instruction deux jours plus tard, mis en examen pour atteintes sexuelles et viols sur mineures de moins de 15 ans par ascendant, et placé en détention provisoire.

Les faits de violence n'ont pas été poursuivis, dans le cas de ses filles parce qu'ils faisaient partie des moyens de contrainte inclus dans les viols, et dans le cas de leur mère parce qu'on les a oubliés...

L'instruction a duré une année, les experts ont relevé les traumatismes majeurs des enfants et la perversité du mis en examen, par ailleurs intelligent et pleinement responsable de ses actes – on a énormément parlé d'emprise, cette notion de domination morale, jusqu'à l'écrasement, qui broyait la famille et faisait de sa femme et de ses filles ses choses, modelables à volonté en fonction de ses envies.

Laurence a dû s'expliquer, à plusieurs reprises, durement parfois, sur le fait de n'avoir rien vu de ce que ses filles subissaient – elles deux, d'ailleurs, avaient des questionnements sur ce point. On l'a crue. Sauf peut-être… elle-même. Aujourd'hui, même si elle a appris à vivre avec, elle traîne cette gangrène terrible, celle que toutes les victimes connaissent, leur pire ennemie, je crois : la culpabilité. Elle essaie d'en guérir, soutenue par une psychothérapie.

Pendant des semaines, elle et ses filles ont sursauté chaque fois qu'elles entendaient des pas dans le couloir de leur appartement, chaque fois que l'on sonnait chez elles – elles ignoraient tout de la procédure, ne savaient pas si Igor allait rester enfermé, ou bien s'il pouvait ressortir, et si oui, quand…

Elles ont fini par penser qu'elles souffraient suffisamment pour aller voir un avocat et lui demander de les assister : c'est là que j'ai fait leur connaissance, et qu'au-delà, ou à l'intérieur, de la relation si particulière qui unit un avocat à ses clients, surtout dans un tel contexte, on est devenus progressivement un peu amis – je me suis aussi occupé du divorce, pas bien compliqué…

J'ai essayé surtout, comme le supérieur hiérarchique de Laurence l'avait fait avant moi ce soir-là, d'extirper cette fameuse, cette sinistre culpabilité de la tête des filles, que j'ai rencontrées « coupables », vraiment, d'avoir fait jeter leur père en prison – comme si souvent… Et je crois que, petit à petit, nous y sommes, tous ensemble, parvenus.

Elles ont supporté les lenteurs de l'instruction, supporté les expertises, les nouvelles auditions – elles ont refusé la confrontation un temps envisagée, parce que dans leur cas, ça n'était plus très utile, malgré la position de leur père…

Parce qu'elles ont dû supporter, aussi, les résultats des investigations techniques sur le téléphone portable et l'ordinateur de ce père-là, et les dizaines de photographies qui s'y trouvaient, d'elles avec lui, lorsque les actes avaient lieu, et ce, depuis le début. Il n'y avait plus grand-chose à dire, lorsqu'on parvenait à les regarder.

Un an et demi après la plainte, Igor a été reconnu coupable de l'ensemble des faits qui lui étaient reprochés, qu'il reconnaissait enfin désormais. Il a été condamné à la peine principale de seize années de réclusion criminelle, outre un suivi socio-judiciaire de dix ans, ainsi qu'à dédommager ses victimes, toutes – des sommes assez importantes pour ses filles, et une plus faible pour leur mère –, mais j'étais particulièrement heureux de cette condamnation-là.

Elles avaient brillamment affronté ce premier procès, même s'il les effrayait beaucoup ; elles ont encore mieux affronté le second, car Igor avait fait appel.

Il a de nouveau été reconnu coupable en appel, sa peine principale est passée à dix-huit années de réclusion – mais la véritable victoire, c'est que Nathalie et Stéphanie se fichaient que sa peine soit diminuée ou augmentée : elles savaient désormais, je crois, que cela ne leur appartenait pas. Et n'avaient plus ni haine ni crainte, étaient capables de dire le bien qu'elles continuaient à penser de lui, leur père, et même le fait que, de ce point de vue, elles l'aimaient encore ; tout en racontant, une dernière fois, ce qu'il leur avait fait, et que de ce point de vue-là, elles ne l'aimaient pas.

Ce sont deux jeunes femmes splendides, qui désormais vivent leurs vies sans entraves, aux côtés de leur mère encore pour un moment – je parie qu'on n'arrivera pas facilement à les séparer…

Puisque vous lirez ce récit, Laurence, les filles, et que je vous l'ai dit autant en privé qu'aux deux audiences, face aux jurés…

Vous forcez mon admiration, et vous êtes trois femmes exceptionnelles – vraiment.

Je vous souhaite une belle vie.

UNE HEURE

« LA COUR VOUS REMERCIE, MONSIEUR L'AVOCAT GÉNÉRAL. L'AUDIENCE est suspendue, elle reprendra à… Maître Mô ? 13 h 30… ? Parfait, 13 h 30. »

La cour et les jurés se lèvent, les personnes dans la salle aussi, petit brouhaha et bruits de chaises raclant l'estrade et, je suppose, des commentaires à voix basse des réquisitions qui viennent d'être prises à l'instant dans un silence profond, longuement, durement, par un avocat général de talent qui a choisi de requérir avec beaucoup de gravité. Il a demandé à la cour de condamner l'accusé à vingt et un ans de réclusion criminelle, demandant aussi que cette peine soit assortie de deux tiers de période de sûreté et que l'accusé soit aussi condamné à un suivi socio-judiciaire d'une durée maximale à la sortie, sous peine du maximum légal d'emprisonnement supplémentaire en cas de non-respect. Il a, enfin, demandé en plus à la cour de prononcer une mesure de rétention de sûreté.

Je reste assis, je fixe la feuille sur laquelle je viens de noter tout cela. J'ai peu de temps, et il s'écoule déjà. Il est midi et quart.

L'accusé a commis deux viols aggravés en état de récidive légale ; il en avait commis deux autres, mineur. Il encourt une peine de réclusion criminelle à perpétuité, je m'apprête à plaider pour lui.

À cet instant, ma panique monte, ce qui me fait trois problèmes majeurs : la maîtriser ; gérer le fait que malgré l'horreur de ses crimes j'ai énormément d'affection pour cet homme ; et l'impression soudain aiguë que je suis strictement le seul de la salle, à part lui-même, à croire qu'il n'est plus et ne sera plus jamais dangereux.

Je sais que je vais vivre, une fois encore, avec les particularités supplémentaires de ce dossier, l'heure que tous les pénalistes redoutent le plus, l'heure exécrable, angoissante, affolante, épuisante, qui précède ce qui est pourtant l'essence de mon métier : se lever et plaider pour l'homme que j'assiste.

L'heure pendant laquelle nous passons tous alternativement à toute vitesse de la plus pure démence à la froideur la plus totale – et retour…

Là, j'ai plutôt envie de vomir, il va falloir domestiquer la peur. Mes confrères parties civiles m'y aident en venant blaguer, me remerciant de penser à eux qui vont aller boire une bonne bière et manger des frites, me souhaitant un très bon appétit – ils ont plaidé ce matin, c'est terminé pour eux, et ils savent parfaitement que je vais passer cette heure seul dans la salle à me pressurer le cerveau et à avoir peur, sans avoir la plus petite envie d'ingérer quoi que ce soit à part de la flotte au robinet des chiottes…

Je leur souris timidement, je n'ai pas trop le sens de la repartie, là, le simple fait de bouger les lèvres me donne l'impression qu'elles se craquellent.

Ils partent, l'escorte m'a demandé si je restais et si les policiers devaient fermer la salle, j'ai demandé qu'on ne m'enferme pas, dit que je restais. Leur chef du jour, qui me connaît depuis longtemps, me fait un sourire – « Comme d'habitude, maître, hein, pas plus de six heures ? Allez, bon courage». Ils ont emmené la personne que je défends, fermé les portes de l'accès aux geôles, fermé les portes de la salle, le bruit des conversations s'éloigne, je suis seul, silence; il est midi vingt-deux.

Je m'attendais bien sûr à des réquisitions lourdes, impossible qu'elles ne le soient pas dans cette affaire, et je m'attendais aussi à devoir essayer de me battre contre la période de sûreté; en revanche je n'ai absolument pas vu venir les réquisitions relatives à la rétention de sûreté, mesure rarissime à ma connaissance et que j'affronte en tout cas moi pour la première fois de ma vie. Comme si je n'avais pas assez à faire avec mon but ultime, ce que je veux, du plus profond de mon âme, depuis bien avant cette putain d'audience: je VEUX, parce que je crois que c'est JUSTE, je veux une peine qui puisse être lourde – nous espérons depuis longtemps vingt ans, Halim et moi –, mais qui contienne et garde de l'espoir et lui permette de finir de devenir un homme véritable. Je ne veux pas de mesure de sûreté, je veux que sa future sortie ne dépende que de lui, chaque jour, je veux qu'il fasse ses preuves au quotidien sans que cela lui soit impossible, même pendant une durée limitée – j'en suis à penser qu'il se pendra, sinon…

Allez, du calme. D'abord, boire un grand coup de flotte et aller fumer ma dernière clope, j'ai du temps. Respire. Faire le vide. Lève-toi et marche, sors un peu, va prendre l'air.

Je suis en chemise, blanche, forcément, déjà trempée, tant pis, je ne m'habille pas; j'attrape mon paquet de Camel et sors, livide comme il faut – quatre jours que nous sommes tous enfermés dans cette salle aveugle à la lumière jaune, détenus, en fait, je cherche la Lumière? La lumière me fera du bien. Je bloque la porte du couloir latéral avec un stylo après l'avoir laissée entrouverte, d'expérience je sais que si elle claque je resterai comme un con en chemise loin de mes notes et du dossier jusqu'au retour de tout le monde, une catastrophe ; mais j'ai besoin de fumer et de cette pause.

Le père d'Halim m'attend dehors, pauvre père fracassé, pauvre fou qui sait qu'il a en grande partie fabriqué un monstre et que la culpabilité ronge jusqu'à l'âme ; il est seul, son visage est totalement fermé, comme toujours ; il voit ma tête quand je franchis l'entrée solennelle de la cour, il voit ma pâleur et, je crois, perçoit le halo de nervosité qui m'entoure, alors que je m'insère une cigarette entre les lèvres et jette un œil au beau ciel gris – je pense à l'instant en ironisant que « c'est un beau jour pour mourir », comme disaient les Indiens d'Amérique avant un combat sans espoir… Il s'approche, pose une main sur mon bras, là je vois qu'il a pleuré, encore, sans doute sous le coup cette fois des réquisitions, qui ont tant évoqué la monstruosité de son fils et ont si peu parlé du nouvel homme qu'il était. C'est dégueulasse et irrespectueux, mais je voudrais tant là maintenant qu'il aille se faire foutre loin, qu'il me foute la paix et disparaisse, j'ai tellement peu besoin de l'entendre à nouveau me dire que c'est lui qui devrait être jugé d'abord – même si c'est en partie vrai et en partie ce que je vais plaider… Il pose une main rapide sur mon bras : « Maître… Je voulais juste vous dire : quel que soit le résultat, même si vous êtes mauvais, même s'ils lui mettent ces peines : je sais maintenant qu'on a bien fait d'aller vous chercher. » Il me regarde pour la première fois, m'adresse un sourire tout mince, si triste ; et il s'en va. J'en reste sur le cul, à nouveau plein de tendresse pour ces gens, cette famille broyée. « Salut, pauvre frère… Il FAUT que…

Merde, stop, après, pause là, arrête. » Je souffle la fumée, je regarde le soleil, j'inspire de l'air entre chaque taffe. Midi vingt-sept. Je me vide le cerveau, une minute. Je l'oblige à dormir. Je sais que c'est le dernier instant de répit avant de plaider, cette fois, qu'après je vais le mobiliser à plein régime, avec plein d'hormones contrariées qui vont venir lui donner plein d'ordres différents en même temps : je me domine, je me vide, je suis debout dans le froid et je ne pense à rien.

Il est… midi trente-cinq. Je sursaute, tout redevient urgent, moins d'une heure, alors que là, à l'instant, bordel, je ne sais même plus comment s'appelle mon gars… Si, Halim. Bon, d'accord, je ne sais plus rien et je n'ai plus de temps : il faut rentrer et gratter, maintenant, il faut, il FAUT, que je trouve le déroulé, que je n'oublie rien, surtout, et surtout pas les expertises, ils se sont tellement bagarrés entre eux, les experts, il faut…

Dernier coup d'œil au ciel, dernière aspiration de fumée, je descends deux marches pour écraser ma cigarette dans le caniveau, je me retourne vers ce grand bâtiment en béton froid, je soupire, je rentre.

La salle me semble plus sombre et moite que jamais, il y a là, éparses, les robes et les notes de tous les avocats, les dossiers de ceux qui ont déjà plaidé sont comme éventrés, en bordel, le mien, étalé sur le pupitre et le banc de droite, est encore parfaitement coté, sagement empilé, je vais le dévaster maintenant, je ne peux pas m'épargner deux ou trois lectures, deux ou trois passages, je veux le témoignage de la mère, je veux les experts psychiatres, notamment le rapport de Zagury, particulièrement limpide et dont la déposition en visioconférence, c'était quand déjà, avant-hier, non, hier, oui c'est ça, hier, a été très forte, pleine d'humanité – et puis impossible de faire l'impasse, il l'avait déjà expertisé dans la première affaire et avait, sous certaines conditions, écarté le risque de récidive, il a donc été très attaqué par tout le monde, mais ne s'est pas démonté, et il l'écarte encore et de plus fort maintenant, ce putain de risque, il y a une page entière que je veux lire je l'ai noté en gras dans mes notes d'audiences, il faut...

Je m'assieds, tout le dossier est à ma droite, un peu loin, devant moi un paquet de feuilles vierges, mon feutre fin et un paquet de feuilles souillées de mon écriture tordue de gaucher, mes notes d'audience, soigneusement numérotées, de un à vingt-quatre cette fois-ci – la dernière page est presque vierge, j'ai noté en grand «21 et 2/3 sûreté ET PS» (période de sûreté) et en gros «NON!» –, c'était tout à l'heure, juste à la fin des réquisitions.

Ces notes, c'est tout le procès. Tout ce qui s'y est dit, qui pouvait intéresser la défense de mon client. Tous les moments, tous les témoins, toutes les questions qu'il m'a semblé devoir écrire pour m'en souvenir, au fil des demi-journées qui y sont alignées, «mercredi matin, jeudi après-midi, vendredi matin...». Aux assises, seuls les parties et le président ont lu le dossier écrit, les centaines de cotes qui le composent, rassemblées lors de l'enquête policière puis de l'instruction: il faut les connaître sur le bout des doigts avant l'audience pour pouvoir interroger les témoins, les experts, l'accusé, les victimes, pour pouvoir contrer les éventuelles contradictions, réparer les éventuelles omissions, demander la lecture de telle ou telle pièce qui n'aurait pas été reprise à l'audience... Mais donc, à la fin du procès, au moment de plaider, maintenant, il faut le jeter aux orties: tout ce qui y figurerait qui n'aurait pas été dit à l'audience n'existe plus, ni les deux assesseurs professionnels ni les jurés n'en auront jamais connaissance, seul compte ce qui a été dit à l'audience elle-même, devant eux, par les parties, par les témoins, par les experts ; ils iront délibérer avec tout cela uniquement en tête, rien que cela – et l'un de mes rôles est de tout rappeler sans me tromper et sans rien omettre qui puisse aider Halim, parce qu'après quatre jours très denses et même avec des notes, personne ne se souvient de tout, la mémoire reconstruit certains témoignages qu'on peut interpréter différemment – l'avocat général l'a fait tout à l'heure, le président a froncé les sourcils en même temps que moi, il a dit qu'un témoin de personnalité avait accablé la « duplicité habituelle » d'Halim, alors que non, ce n'est pas vrai ; il en a parlé comme d'une réputation d'école que lui n'avait jamais constatée, nuance, évidemment, je l'ai noté, je le redirai si j'y pense tout à l'heure, ce n'est pas si important.

Pour l'instant je dois structurer mes arguments pour arriver à conclure à ce que je veux, sur la seule base de ces putains de vingt-quatre pages (et bien sûr de mon immense talent qui me semble actuellement pouvoir tenir dans une molécule de sueur qui sont mes Tables des Dix Commandements – ça tombe bien, je m'apprête à fendre la mer Rouge des peurs des neuf personnes qui doivent, absolument, décider de ne pas éliminer Halim...

Il est midi quarante. « Ferme bien ta gueule maintenant et vas-y, on n'a plus le temps. »

Je fais depuis longtemps de la même façon, depuis quatorze ans environ (j'ai vingt-quatre ans de barreau au moment où je plaide cette affaire), c'est-à-dire depuis la fin des dix premières années, quand j'ai enfin commencé à pouvoir réfléchir en plaidant et, surtout, à « m'entendre plaider», à entendre les petits bruits des changements de position et des bruissements de feuilles, par exemple, qui prouvent que l'attention est un peu perdue, ou à l'inverse ressentir le silence total d'un moment capital, de ceux au cours desquels chaque mot, chaque intonation de voix, compte absolument... À ainsi «voir» l'impact de mes mots sur les jurés et à pouvoir réagir si je fais fausse route, suis chiant, n'explique pas assez ou m'éloigne trop... Enfin, en principe...

Je note en très gros sur ma première feuille l'essentiel absolu: tous les prénoms et noms de toutes les parties, les grandes dates, aussi: c'est la page «un» de ma plaidoirie, qui restera toujours visible quand je serai debout et fera qu'il ne soit jamais, jamais, à aucun moment, possible que j'hésite sur un prénom, celui de la mère d'Halim par exemple, ou le nom d'une victime, ou l'année de l'un des faits – je connais le dossier par cœur (ce n'est pas une image, je connais des pans entiers de dépositions au mot près, et l'histoire de cette famille mois par mois mieux que ses membres eux-mêmes!) mais, debout, la peur donne parfois de curieux blocages, et ma crédibilité repose aussi sur le fait de savoir les annihiler, de n'avoir aucun «trou»: ma feuille «pense-bête» est là pour ça, un coup d'œil si besoin et je dirai le prénom qui, sinon, m'échapperait sur l'instant sans même ralentir...

Écrites en très gros, ces données brutes: je ne fais plus l'erreur du débutant qui ne sait pas encore que lire une feuille à deux mètres si l'on y a écrit normalement est impossible une fois debout...

Et puis, pas toujours mais très souvent, surtout lorsque les faits sont reconnus comme ici et ne souffrent pas de discussion, je bâtis un plan qui sera chronologique, trois parties majeures : avant, pendant, après. Je me suis souvent torturé, intellectuellement, sur le caractère simpliste de ce déroulé, mais l'expérience m'a appris qu'il est le meilleur moyen de garder un fil malgré les nombreuses digressions que l'oralité va me faire faire, et aussi de ne rien oublier de trop important – je rédige peu, c'est la nécessaire condition de ma liberté de parole, au sens propre, liberté de dire tout ce que je voudrai comme ça me viendra ; mais l'un de mes putains de devoirs sacrés, en contrepartie, est de ne rien oublier de majeur – enfin, je crois…

J'ai les mains moites, maintenant, les aisselles déjà trempées, je prends ma vraie première feuille blanche, trace un trait horizontal au milieu – je n'ai pas ma première phrase, je ne sais pas avec quoi je vais tenter de les attraper tout de suite, alors je laisse en blanc pour l'instant ; mais j'attaque la seconde moitié, en débutant par la personnalité et ce que je dois et veux en dire, quand Halim, un jour pas si lointain, est né, pour le malheur des femmes qui tout à l'heure devront faire l'effort énorme de m'entendre le défendre…

Là encore, l'habitude vient au secours de ma panique : je couche sur cette feuille et très vite les suivantes, de façon fébrile désormais, presque hystérique, dans une sorte de transe à laquelle je ne connais aucun équivalent, les mots importants, les bouts de phrases, les idées-forces que je veux développer ; je n'ai pas besoin de développer par écrit, juste de mettre là le bon mot pour me rappeler sur le moment d'aborder tel point qui me semble crucial, tel élément de compréhension – pour le développer, j'aurai ma mémoire et ma connaissance du dossier et de ce que le témoin, l'expertise, la photographie auront « dit » à l'audience. Normalement.

J'ai le dos cassé sur les feuilles, le silence est total, tout écrire de cette façon à nouveau, avec comme appui essentiel mes notes d'audience, me permet aussi de me gérer, de replonger dans la vie d'Halim, dans ses sentiments, et d'exclure ma peur qui continue à monter. Tout écrire de cette façon, je le sais, permet aussi de cantonner mon orgueil et l'envie que j'aurais de briller à un seul but : ne le faire que si ça peut le servir, expliquer un pan de son âme complexe et le rendre accessible – et convaincre.

Plusieurs fois je fais un bond, il me faut telle cote, tel procès-verbal, telle déclaration, tout le dossier a été subdivisé par catégories mais l'audience a un peu malmené son ordonnancement, alors je me jette dessus sans lever les yeux, en restant concentré sur ma trame, c'est primordial, mais ça je veux le lire, il faut donc que je le retrouve, je fouille comme un dément dans les deux piles du dossier, « pourquoi ce putain de témoignage de sa copine n'est pas dans ma cote "perso-proches", merde où je l'ai… » Ah ! je tiens la pièce qui tremblote dans ma main, j'ai surligné déjà ce passage incroyable et atroce où elle apprend les faits et croit pourtant encore en lui, je le lirai, je veux le leur lire à nouveau – j'en suis à ma feuille trois (seulement puisque je ne pose dessus que les idées majeures, sans rédaction), sur la fin des éléments de personnalité, je note en bas de page en gros « témoignage Sophie – LIRE », place le procès-verbal à la suite en y notant un 4, et prends la feuille blanche suivante, 5…

« Et c'est dans cet état, cassé, mal construit, évidemment a-nor-mal, qu'Halim se lève, le… (jour du drame), et, très vite, sait, sent, dans le plus profond de toute cette haine tapie en lui et que personne n'a su déloger encore, qu'il va violenter, qu'il va faire mal, qu'il va attaquer et démolir… »

J'ai noté *in extenso* cette transition, je sais que j'en dirai une autre tout à l'heure, je sais qu'une phrase écrite ne sonne pas de la même façon quand on la dit, plus tard, c'est tout sauf un concours d'éloquence, mais ce n'est pas grave, et avoir noté cette phrase-là me rassure, surtout à un moment qui sera forcément l'un des plus durs, un de ceux où je ne dois pas, sous peine de mort, y compris d'ailleurs à mes propres yeux, heurter les deux femmes qui m'écouteront, encore une fois, raconter leur calvaire et surtout comment il a été possible qu'il survienne, l'un de ceux où *a priori* je leur parlerai, à elles, pour leur expliquer tout le bien que je pense de l'incroyable dignité avec laquelle elles ont supporté l'audience, où j'ai prévu de leur expliquer, comme aux jurés avec elles bien sûr, que défendre ce n'est jamais souiller, que tenter d'expliquer un passage à l'acte (qui ici était tellement inéluctable à mes yeux…) ce ne sera jamais nier leur souffrance, et que si j'affirme qu'Halim ne voulait pas un acte sexuel mais un acte de violence et d'avilissement absolu (expertises; Fengler l'a dit; elle est où? Là… «Le viol est d'abord, très souvent, une violence de domination, un acte de soumission violent, procédant d'une perversion de conception des rapports humains infiniment plus en tout cas, presque toujours, que d'une perversion sexuelle au sens propre…» – Noté «LIRE»), si j'affirme qu'il ne voulait pas les broyer elles mais «les femmes» et, pis, «sa mère», pour autant je ne suis rien, moi, pour leur ôter quoi que ce soit de leur terrible statut de proie, que je serais indigne de le faire à tout point de vue…

Je continue à écrire, je continue à suer, je tremble, je ne veux, il ne faut rien cacher, rien contourner, la façon même dont les faits se sont déroulés, sur plein de plans, me donne raison – ses difficultés réitérées d'érection, par exemple, acquises et qui disent aussi que la sexualité n'était pas le mobile, paradoxalement ou pas du tout paradoxalement...

«Putain»; autant tout me vient comme de l'eau débordant d'un fleuve, autant je peux citer ici ou là des passages entiers du dossier, autant la Grande Peur commence à m'envahir, pendant que mon poignet gauche se met à me faire mal et que les feuilles s'accumulent. Peut-être là que ces deux femmes meurtries ne pourront plus entendre, peut-être que je ne suis que de la merde face à cette tension, peut-être qu'elles réagiront violemment, je... J'ai relevé la tête, avalé ma salive, je me remets à réfléchir comme une chaudière tourne en plein hiver, ça craint, ce n'est pas le moment – je regarde: 13h05. «Putain, je vais être trop court!»

Je dois redoubler d'efforts, le plus important reste à venir, cet «après» où je dois forcément parler sanction, peine, «dangerosité», terrible ennemie... Je rebaisse la tête, je relis mes notes dont j'ai déjà raturé la moitié, soit parce que transcrites à nouveau sur mes nouvelles feuilles, soit parce qu'abandonnées comme inutiles ou non majeures, et je continue: «Vous savez comment on l'arrêtera, comment il se retrouvera, pour la deuxième fois de sa vie, en garde à vue...» MERDE!

Je m'interromps à nouveau, en proie à une de ces paniques supplémentaires totalement connes et parasites, mais je suppose que le cerveau a lui aussi besoin de son lot de déjections: «Il n'en a, et pour cause, fait que deux, de gardes à vue, dans sa jeune vie...», on dit quoi déjà, «seconde» ou «deuxième», du coup, réfléchis, connard, c'est pas vrai... Merde je sais plus là... Bah, on s'en fout ce sera noyé dans... NON! RÉFLÉCHIS! On ne s'en fout pas, tout est important, ne baisse aucune garde, réfléchis, du calme… À peu près, dans le cerveau, perdant trente précieuses secondes de plus… Je respire à fond, je pose mes paumes sur le pupitre, je me calme. C'est « seconde », s'il n'y en a que deux. Je souris, me traite de connard. Je note « seconde ».

Je recommence à noter en aérant le plus possible tout ce que je veux dire sur cet après, avec l'énorme et formidable récit, notamment, puisque je l'ai vécu et même que j'en suis partiellement l'artisan, bordel, de la façon dont c'est arrivé, finalement, après tant d'efforts de moi, de la famille, divine petite sœur, et d'Halim lui-même, ce miracle survenu en détention : comment, après toutes ces années, alors qu'il la haïssait comme je n'ai jamais vu aucune haine, alors qu'il connaissait encore par cœur, à 25 ans, les numéros de téléphone des foyers où sa mère avait trouvé refuge, appris sous la contrainte de son père quand il avait 10 ans, et qu'il ne l'avait jamais revue depuis, comment cette belle femme vieillie et brisée à qui on avait volé ses gosses pour faire de son fils un violeur condamné mineur, puis un détenu passé par tous les mitards de France et refusant contre vents et marées toutes ses visites – et toutes ses remises de peine –, comment elle était venue pleurer dans mes bras un soir au bureau, comme j'avais exhorté Halim à accepter cette fois les rencontres, comment la première avait failli dégénérer en meurtre au parloir familles, comment son père, mon double, mon frère, toujours dans cette haine invraisemblable de toute une vie, avait failli s'opposer à ce que je reste… Mais comment, surtout, oui, le miracle s'était produit, comment Halim avait fini par l'écouter, puis, un jour, enfin, lui parler. Ouvrir la bouche et déverser enfin sa haine, son incompréhension de l'abandon, de la tromperie, du mensonge, des femmes, de lui… Comment enfin, un autre jour, il y avait maintenant presque deux ans, il lui avait dit, en larmes, dans les bras de sa mère, secoué de hoquets comme un enfant qu'il pouvait enfin être, avoir compris ses horribles erreurs.

Comme elle s'est ruée ce jour-là dans mon cabinet pour me le dire, bouleversée, folle de joie: «J'ai retrouvé mon fils!»…

Je pleure. L'émotion, les nerfs. Je pleure comme mon Nord pleut. J'ai un souci tactique, ne pas plaider avec de la morve au nez, je ne trouve pas ces merdes de mouchoirs en papier. Mais au fond ça me détend… un peu. Il est 13 h 15, il me reste toutes les expertises et mes demandes sur la peine, je dois terminer, maintenant.

Ce débat d'expertises est complexe, il y en a eu sept et trois le trouvent dangereux, les autres désormais plus, notamment parce que ce que le docteur Zagury avait pronostiqué, lors de la première affaire, en substance «pas de risque de récidive SI ce garçon construisait enfin sa relation avec sa mère, et toute sa famille», ce qui, pour notre malheur aujourd'hui, ne s'était alors pas accompli avant les faits, mais était désormais advenu.

Je n'en contournerai aucune, mais je finirai par la sienne – «LIRE», vous connaissez, maintenant –, qui est incroyable, et constitue, aussi épaisse qu'elle soit, l'avant-dernière de mes «feuilles» de plaidoirie.

Sur la dernière, je dois noter la fin – il y a un peu de bruit, la poignée de la porte officielle de la salle tourne, des gens sont revenus, il me reste à peine quelques minutes, je suis en nage mais je sais que j'ai bientôt fini; j'insère mon couplet sur la rétention de sûreté, à l'aide d'un article trouvé sur Google dans mon portable tout à l'heure ; j'axe énormément contre la période de sûreté, je n'en veux pas, il faut absolument qu'il continue à pouvoir avancer dynamiquement dans sa construction, ça passe par l'espoir, donc refus de ce « gel » de l'espoir qu'est cette période où aucune récompense n'encourage…

C'est bon. À peu près. J'espère. J'ai tout raturé sur mes notes d'audience, mais je sais parfaitement que ça ne veut pas dire que je n'ai rien oublié. J'ai envie de relire, à vrai dire il aurait fallu, il y a tant à dire pour un tel enjeu ! Des voix là-bas, la poignée de la porte fonctionne, le public, les familles des parties civiles sont revenus, s'installent, brouhaha, panique, je n'ai pas ma dernière phrase, celle que je remplace finalement toujours par une autre mais que j'ai tant besoin de noter, là, maintenant, ça y est j'ai peur, encore – je croise le regard de l'une des deux victimes, la plus durement touchée, je n'y lis aucune colère, aucune haine, mais… Et il faut, je le fais toujours, que j'aille là, de l'autre côté de son box encore vide, où il attend avec son escorte, parler rapidement à Halim – j'aurais voulu fumer, aussi, je ne pourrai pas, tant mieux, ma langue collera moins à mon palais en début de plaidoirie, ça aussi je le sais…

« Ça va ? N'oublie pas ta robe, quand même… » Un des confrères de la partie civile, sympa (mais qui a « requis » tout à l'heure « une lourde peine », toi je te dirai trois mots tout à l'heure si ça vient bien…), qui repart et me fout la paix. À ce moment-là tous savent, et en plus il a raison, je suis en chemise trempée, ça ne se fait pas… Je panique de plus belle. Et je n'ai ni mon entame ni ma conclusion, c'est pas vrai… 13 h 25.

J'attrape ma robe et tout en la reboutonnant file vers le couloir, je vais voir Halim menotté dans la petite pièce où l'escorte le retient, je lui cache, de façon assez surhumaine mais je lui dois ça, mon stress total, je lui demande si ça va, il hoche la tête, il me serre la main sans dire un mot, des deux mains à cause des menottes. J'avale ma salive en le regardant, en pensant quelque chose comme «dieu que tu vaux la peine, mais dieu que j'ai la trouille...»; je lui dis rapidement qu'il aura la parole en dernier, que je le laisse dire ce qu'il voudra ou rien, comme il voudra – ce n'est que très rarement le cas, j'en parle avant avec l'accusé très souvent, mais je connais sa culpabilité terrible vis-à-vis de ses victimes, je sais qu'il ne peut rien dire qui les accable, lui ou elles.

Je repars dans le couloir, je suis terrifié, je dois faire un effort physique pour avancer vers la salle des assises. Un flic me lance «Allez, excellent, comme d'hab'», ou un truc gentil d'encouragement similaire – je n'ai pas entendu, je grimace un pâle sourire. Rituel. Je respire, remets bien droite ma bavette, me passe les mains sur le visage, remonte mes chaussettes, renifle.

Je suis dans un état de concentration totale, il faudrait que le palais s'écroule pour que je sorte de ce que j'ai à dire – et encore... Allez.

Je reviens dans la salle au moment où le président, à l'autre bout, y passe une tête. Il m'interroge à distance du regard, je lui fais un «trois» avec les doigts, il acquiesce et repart. Trois minutes, accordées, il est 13h30, tout le monde est là, ça bruisse un peu puis moins puis plus.

Avant de me rasseoir, je me tourne vers la famille d'Halim; tous ont les yeux brillants, tous, y compris cette mère et ce père incroyables, dont des rapports d'expertises psychologiques disaient dans le premier dossier les cassures béantes, les douleurs infinies, le massacre… La petite sœur d'Halim, celle qui au tout début de tout dans cette affaire broyante est venue me chercher, m'adresse un sourire tout pâle, mais un sourire. J'essaie de le lui rendre, peine perdue.

Je m'assieds, je mets par terre tout ce qui, sur la table, n'est pas mon unique tas de notes finales – dossier, papiers, bouteille d'eau ; rituel là encore mais j'ai besoin et de place, et d'austérité, et de l'absence la plus parfaite du moindre obstacle entre eux, les jurés et la cour, et moi. Du moins je le vis comme ça.

Je suis totalement épuisé et plein d'une énergie farouche et froide, tout à la fois, j'ai le visage marqué, je le sais. Je regarde ma première page et je trouve à peu près comment commencer, ça vaut ce que ça vaut mais c'est la vérité.

Sur la dernière page, je note : « Vous allez terminer la plus belle œuvre que des hommes soient capables d'accomplir. Vous allez, tout à l'heure, terminer de faire grandir un homme. »

Autant qu'on puisse l'être, réfléchissant à toute vitesse pour tout repasser en revue, la bouche sèche, le mal dans les os, mais autant qu'on puisse l'être, je suis prêt.

Le silence est presque total, quelques chuchotements. J'ai les mains sur les cuisses, je regarde mes chaussures sans les voir, des vagues en furie dans la tête, parfaitement immobile, la sueur me coulant dans le dos et le long des bras.

Il est 13h40.

La sonnerie retentit et me fait sursauter, l'huissier crie « LA COUR ! », tout le monde se lève, les jurés et les magistrats reviennent chacun à leur place, en silence. Chacun arbore un visage grave, pendant que j'avale encore compulsivement un peu de salive.

Cette fois ils sont là, cette fois je ne peux plus reculer, cette fois ça va être à moi, je n'ai pas précisément cette putain de première phrase, mon cerveau fait une ultime plongée tout au fond de mon ventre et trouve peut-être. Je suis un peu tassé sur mon banc, mes pauvres notes encadrées par mes mains bien à plat à nouveau, le silence est total, le président regarde à sa droite et à sa gauche si tous ses jurés et toutes les parties sont bien là, et dit: « L'audience est reprise. Vous pouvez vous asseoir. » Brouhaha, à nouveau, ténu mais je n'entends plus rien, je ne me rassieds pas, toujours cet effort-là de moins à fournir... Puis si, d'un bloc, tout droit, raide comme, oui, la justice. Silence de plomb, je le regarde, il me regarde, tout le monde me regarde: « Maître Mô, vous avez la parole pour la défense d'Halim S. »

Je voudrais bondir à la barre, attraper mes feuilles comme on s'empare d'une hache, je voudrais être un grand avocat, je me dis Attends, je ne sais plus rien, Merde il est né quand déjà? Si, je sais, attends deux secondes... Je fais cet effort physique incroyable, extraordinaire à cet instant, de me lever, douleurs aux jambes; lentement, je prends mes feuilles, je sors du box, tête baissée, je fais trois pas vers la barre, je pose mes feuilles de façon à toutes pouvoir les voir en même temps sur le pupitre à ma droite, un peu loin de là où je veux me tenir, au centre de la salle, à trois mètres de mes juges, je dis avec une voix toute rocailleuse qui n'a pas servi depuis une heure, je dis « Merci, monsieur le président... », pas très fort... J'y suis. Je ne dis encore rien, je prends toute l'attention, je relève la tête et les regarde tous un par un, vite mais vraiment, que tous me voient et que je les voie tous, je ne suis plus rien du tout à cet instant, il n'y a plus de Maître Mô ni de rien d'autre sauf que je suis l'avocat, JE SUIS L'AVOCAT DE CET HOMME. Vide. Silence absolu. « Maintenant. » Je prends ma respiration.

« Monsieur le président, mesdames de la cour, mesdames et messieurs les jurés... C'est un hasard, bien sûr ; mais peut-être pas seulement. Le hasard veut que je sois né le même jour, exactement, que le père d'Halim. Et ça ne peut pas être seulement le hasard parce que, voyez-vous... C'est bien un fils que je vais défendre maintenant. Et, et c'est infiniment plus dur, je le sais... C'est bien un fils... C'est votre fils, notre fils, que je vais vous demander de juger... »

Je vous raconterai peut-être une autre fois cette affaire elle-même, l'histoire d'Halim, qui m'a tant malaxé le cœur. Là ce n'était pas mon propos direct, alors je vous indique seulement que j'ai plaidé, m'a-t-on dit, une heure et cinquante minutes. À l'issue de quoi, malgré ma sueur, la sœur d'Halim est venue me prendre dans ses bras, sans un mot – un moment, un de plus, que je n'oublierai jamais.

Après cinq heures de délibéré, la cour et le jury l'ont condamné à la peine de vingt et une années de réclusion criminelle. Sans aucune mesure de sûreté. Je resterai son avocat jusqu'à sa libération.

Je dédie ce texte à mon confrère et ami (et un peu petit frère, aussi...) Julien, l'une de mes très belles rencontres de métier et de cœur – je pense qu'il sait pourquoi.

À BIENTÔT, MA PUCE, FORCÉMENT

ELLE S'APPELLE SANDRINE, PAS QUESTION DE NE PAS DIRE SON VRAI prénom. C'est une de mes rares vraies amies filles, je veux dire par là sans aucune arrière-pensée. Avoir la chance de la rencontrer et ne pas devenir son ami serait une ineptie : elle a tout. Elle est belle, elle est drôle (et quand elle rit de bon cœur, ce qui lui arrive souvent, elle guérit deux mille dépressifs d'un seul coup), elle est intelligente, elle est généreuse, et ce qui la caractérise le mieux à mes yeux est son absolue gentillesse : connaissez-vous une seule personne, autour de vous, que vous n'avez jamais entendue dire de mal de quelqu'un, jamais entendue se plaindre non plus ? Moi oui, grâce à elle.

Elle a même fini par rencontrer le bonhomme lui aussi parfait, lui aussi un ami, David, qui lui ressemble tellement, même si lui est un colosse au crâne rasé qui ressemble aussi à Monsieur Propre – je l'ai vite surnommé comme ça et c'est resté, ça la met en joie et ça lui donne un prétexte pour lui faire un bisou consolateur quand je le chambre avec ça.

Oh, au tout début, inutile de le nier, je l'ai d'abord aimée pour son physique – j'étais jeune avocat, je croisais souvent une bombasse pleine de sourires pleins de belles dents dans l'immeuble qui abritait mon cabinet, faut pas déconner non plus, et je les lui rendais ses sourires, hein, on n'est pas de bois.

Elle était secrétaire dans un autre cabinet, d'avocates, proche du mien. La mienne, devenue aussi amie avec elle (je vous le dis, impossible de faire autrement), avait convenu avec elle d'un tour de rôle dans le ramassage du courrier pour aller le déposer à la Poste, et c'est à travers ce petit rituel de 17 heures, au détour de l'offre d'un thé ou d'un café, qu'on a commencé à se fréquenter – ça m'a toujours gonflé de porter le courrier, mais quand c'était son tour et qu'il fallait lui apporter le nôtre, curieusement je montais facilement à la place de ma secrétaire, que ça la faisait sourire...

Cinq minutes avant, rapidement, pour qu'on puisse papoter en buvant un café.

C'est inexplicable comme ça, vu mon charme incroyable et sa parfaite joliesse, mais je pense qu'on a assez vite compris qu'il ne se passerait jamais rien d'amoureux entre nous – il faut dire qu'elle avait un mec à l'époque, le seul avant David, je crois, et qu'elle était aussi du genre fidèle, honnête et voulant une vraie Histoire d'Amour, pas une coucherie provisoire – et moi à l'époque je... Bon, bref, elle avait compris que je ne serais pas ça. Ça nous a vite fait rire encore plus, du coup, que tout l'immeuble jase de nos petits rendez-vous – j'étais flatté à mort pour ma part, je ne démentais jamais, faut pas déconner...

Bref, la vie est ainsi faite qu'on est devenus de vrais amis, intimes et durables. C'est comme ça que ça avait commencé, je voulais m'en souvenir, là, maintenant.

Je voulais vous parler d'elle... Et je veux te parler, ma puce. On en a fait, des conneries, hein, ma belle? On a ri aux larmes des tas de fois, rien que pour ça tu mérites le paradis...

Tu te souviens de la façon dont tu m'as présenté David? 3 heures du matin, vous étiez torchés, bon restau en ville et boîte derrière je crois, et vous avez vu de la lumière aux fenêtres de ma baraque, en passant, et tu t'es dit «pourquoi pas», sans savoir que ton coup de sonnette allait ruiner les heures de tentative de séduction que je venais de passer avec une jeune dame, alors assise à mes côtés et résistant encore… Et tu as débarqué – lui ne voulait pas, pas aussi fou que toi, je ne l'avais jamais vu! Mais toi oui, et tu avais bien fait – si ça se trouve la belle m'aurait dit «non» de toute façon, et quelle fin de soirée, hein? Sauf ce moment où, quelques heures plus tard et après je pense deux ou trois bouteilles de plus, tu as soudain voulu nous prouver que tu pouvais parfaitement faire le cochon pendu à l'une de mes fenêtres, et que tout à coup nous n'avons plus vu que tes semelles, étant donné que le reste de ton corps se balançait à l'extérieur, dans le vide… Il a couru plus vite que moi, toi tu riais comme une folle, lui était déjà amoureux comme je l'ai rarement vu, et il t'a ramenée chez moi d'un seul coup de bras puissant, mais il tremblait après – et toi tu riais, parce que je crois que tu étais très heureuse et que tu avais voulu son sauvetage…

Enfin, on a rebu un coup quand même – mais cette fois j'avais fermé les fenêtres, quand même aussi (et la jeune femme était partie, se disant sans doute qu'elle n'avait rien à faire dans un asile, merci encore, hein…).

Vingt ans qu'on se connaît, c'est pas rien…

Lorsque j'ai monté mon deuxième cabinet, mon associé cherchait une secrétaire, alors évidemment je lui ai parlé de toi. Tu as eu envie de quitter ton boulot pour nous, et tu es venue; je ne m'étais pas posé la question de savoir ce que ça ferait de travailler avec toi, si ça pourrait nous gêner ou pas, et j'avais bien fait : ça s'est mis en place si naturellement, tout de suite – personne, parmi les trois employeurs que je t'ai connus, n'a jamais mis en cause une seule fois ta compétence professionnelle, t'amenant parfois (souvent !) à être plus exigeante que l'avocat pour qui tu bossais – encore une qualité, je sais bien, mais tu peux rougir tant que tu veux, c'est un fait. Je sais que tu reçois les compliments avec bonheur mais que tu ne les crois jamais vraiment, et je peux bien te le dire : tu as tort, dans ton cas personne n'a jamais eu besoin de faire semblant.

Et puis, avec toi, avec moi, avec ma secrétaire adorée, avec bientôt les deux collaborateurs qui nous avaient rejoints, le cabinet grandissant – ceux que tu surnommais et allais surnommer à vie « les bébés » –, on partageait une philosophie de travail assez simple : être sérieux ne veut pas dire se prendre au sérieux, bosser sérieusement n'exclut jamais les fous rires…

Il y en a eu, hein ? Tous les jours, tu dis ? Oui, maintenant que j'y réfléchis… Tu te souviens de la fameuse bataille d'eau ? Je savais que vous rentriez à peu près tous en même temps de la pause déjeuner, pour une fois je n'avais pas pu venir, je vous guettais plus ou moins à la fenêtre, du coup, armé du seau d'eau de la femme de ménage (encore une amie si je ne m'abuse, Dalila ?) rempli à ras bord… Oui c'est très con, mais j'ai encore mal au bide de rire en pensant à toi et Aurélien trempés en bas, totalement sidérés – et à votre revanche, une fois montés, qui m'avait obligé à me retrancher dans les chiottes, devant la porte desquels vous étiez tous embusqués avec vos récipients… Il a bien fallu que je sorte – vous aviez juste oublié que dans les toilettes il y a aussi l'eau courante : j'ai ouvert, on s'est regardés, et on s'est balancé notre flotte à bout portant, en pleine tronche, en pleurant de rire comme deux gamins, puis ça a dégénéré en «bagarre individuelle générale» – Jeanne, acculée contre le mur du fond, qu'on a finalement trempée à deux, le mur qui en a gardé la trace des années…

J'ai reçu mes clients en chemise mouillée ce jour-là, tu me faisais tes sourires à la con à chaque rendez-vous…

Je garde de ces années-là non seulement un sourire qui fait chaud, mais encore la certitude qu'on est passés tout près du cabinet idéal, même si la vie a fait qu'il n'est pas resté, celui où les gens nous aimaient parce qu'on était bons et travailleurs, bien sûr, mais pas seulement; parce qu'on prenait du vrai plaisir à tout, aussi – j'en ai reparlé aux bébés récemment, logique: ils ont les mêmes regrets doux…

Et cette fois où ta mère, greffière au palais, qui avait exactement la même voix que toi au téléphone, ce que j'ignorais, m'a appelé avec ton portable car tu étais souffrante? Oui, j'ai décroché en disant «Salut grosse vache!», oui tu aurais répondu «Salut grand con», et non pas comme ta maman «Euh… Je suis la mère de Sandrine…», et oui, ça te mettait en joie de savoir que je m'étais senti très mal par la suite – ta mère aussi d'ailleurs, elle n'a jamais manqué de me le rappeler dans son bureau…

La vie a filé, tu es partie ailleurs (quand tu me l'as annoncé, tu te souviens, on était à un mariage et passablement saouls, j'ai pleuré, tu étais toute désolée, on a fini par sourire…), j'ai quitté le cabinet pour fonder l'actuel, tout ça – mais on a toujours continué à se voir, avec David, et ma femme qui t'adorait aussi, évidemment; à faire des soirées ensemble, surtout celles l'un chez l'autre, les anniversaires notamment – énormes… Et puis les travaux, aussi. On a acheté nos lofts en même temps, et des deux côtés il y avait du boulot, on en a passé quelques-uns des week-ends « perforateur-champagne », hein ? Douze heures non-stop pour les chambres des enfants, parce que mes beaux-parents venaient à Noël et qu'il fallait terminer : à chaque fois que j'y vais, tous les jours donc, je regarde les voûtains en briques à 4 mètres de haut et je revois David sacquant dedans en tenant le perfo de 11 kilos d'une seule main, et toi avec la perche et le rouleau de blanc, t'escrimant comme une dingue sur ces briques blanches, le tout dans un nuage de poussière, d'odeurs de peinture et de vapeurs de Ruinart… On a fini à temps pour que je puisse recevoir ma famille, mais on ne tenait plus debout…

Vous couvriez nos enfants, arrivés entre-temps, de cadeaux, ils vous attendaient comme le Messie – et avec David, on avait eu depuis plusieurs années l'idée de se challenger, comme disent les précieux, sur nos cadeaux à nous, les plus énormes, les plus chers, les plus beaux – ça vous faisait râler gentiment, nos conjointes, on en rajoutait d'autant plus…

Cette autre fois-là, c'étaient les sabres laser, plus vrais que nature, des trucs de collection qui valaient une fortune… Ta tête vers 3 heures quand les petits, réveillés par nos hurlements, ont fait irruption dans le salon alors que tu venais de basculer au-dessus du canapé en repoussant nos attaques de sabres, au milieu des éclairs rouges et bleus – et des cadavres de bouteilles, un peu aussi, faut dire…

Je crois que c'est cette fois-là qu'on fêtait ta rémission ?

Oui, ça me revient maintenant, pour une raison évidente d'ailleurs : au départ tu n'avais pas voulu venir, parce que tu étais chauve comme un œuf, résultat de la toute dernière chimio ; tes cheveux avaient mis plus de temps à repousser que les fois précédentes, tu avais peur de faire peur aux enfants ! On t'avait convaincue quand même, et comme on avait eu raison – d'abord parce que c'était une des meilleures soirées qu'on ait passées à quatre, on « niquait le cancer » tous les quarts d'heure, tu te souviens ? Ensuite parce que, c'est incroyable à dire vu ton immense féminité, mais tu étais toujours aussi parfaitement belle sans cheveux ! Je suppose que la nature, qui avait aussi permis que tu développes cette merde, t'avait en prévision dotée d'un crâne parfait... On dit ça ? Oui, on va lui donner cette petite excuse-là...

Tu avais lutté un an et demi, tu en avais chié comme une perdue, malgré une peur terrible, que David lui aussi avait tant peiné, parfois, à endiguer, mais tu avais gagné, la vie était belle finalement, d'autant que malgré l'opération tu avais pu préserver l'intégrité de ton corps...

Ça a duré combien ? Une bonne année, presque deux, non ? Mes souvenirs de cette période sont un peu flous, je sais que tout était reparti comme avant, ton incroyable joie de vivre y compris – malgré les contrôles très fréquents auxquels tu étais astreinte, malgré la peur, dont tu disais avec humour qu'au moins à chaque fois tu appréciais d'être soulagée, malgré les médicaments désormais intégrés à ta vie –, que tu entendais bien vivre à fond, plus que jamais avec Monsieur Propre, je le sais – si je ne me trompe pas, vous commenciez à parler doucement de savoir à quoi ressemblerait un petit être vivant qui serait un savant mélange de la Belle et de la Bête...

C'est là que se situe ta soirée d'anniversaire que je n'ai jamais vue, celle où j'étais arrivé un peu tôt pour aider, et où David avait eu la somptueuse idée d'ouvrir un magnum rien que pour nous deux « en attendant », de sorte que lors de l'arrivée des autres j'étais déjà à moitié aveugle? Ou bien celle où j'ai défié David, autre surnom «Musclor», au vélo d'appartement, vers 6 heures du matin, comme un abruti, alors qu'on t'avait offert ce soir-là un punching-ball géant, un certain «Black Mamba», je m'en souviens, et qu'on s'était tous éclaté les mains en tapant dessus pour le faire tomber, ce qui était impossible...? Je ne sais plus, je les mélange toutes un peu: à chaque fois c'était si bon, de t'entendre rire et de rire avec toi...

Ou la mienne, où on a trinqué un peu trop fort, ta coupette t'a explosé dans l'œil, et où, avec David, dessaoulé aussi vite que moi, on t'a bloqué la paupière et emmenée fissa à la salle de bain pour t'enlever tous les petits bouts de verre en t'empêchant de cligner... La trouille a été telle, ce soir-là, qu'on a tous les deux fait un malaise, lui et moi, après... Merde, c'est un don chez toi de faire peur à ceux qui t'aiment, des fois, hein...?

Quand la cochonnerie est revenue la deuxième fois, tu n'avais pas eu le courage d'appeler pour le dire, toute à ton désespoir, c'est David qui m'a appelé. Il était très malheureux lui aussi, vous aviez cru en être quittes, tous les deux, mais souvent on dirait que la gentillesse absolue est un tel cadeau qu'il faut payer le prix fort...

Tu t'es battue à nouveau, plus durement encore cette fois. Mais d'abord c'était une récidive, le mot est lourd de sens, ensuite tu ne pourrais pas préserver ton corps, on te l'a dit très vite – par précaution, cette fois, on «taillerait large», histoire de ne rien laisser de noir en toi...

Tu as de nouveau gagné, mais on s'était un peu moins vus tout de même, tu ne voulais tellement pas paraître diminuée devant tes proches, petite orgueilleuse. C'était devenu plus compliqué de rire ensemble, tu étais aussi beaucoup plus fatiguée que la première fois, les traitements, tous, étaient nettement plus lourds. Tu étais souvent épuisée, trop pour accepter les propositions de rencontre des veinards inconscients et égoïstes qui voulaient encore profiter de toi, ou pas toutes en tout cas…

David nous demandait de te maintenir le moral au téléphone, je continuais à déconner comme avant, à ne jamais manquer par exemple de te reprocher de creuser le trou de la Sécu, ou bien si ça ne t'ennuyait pas trop d'aller chez tes parents, désormais retraités loin dans le Sud, au soleil, pendant qu'on se crevait au boulot… Tu riais souvent, et on parlait beaucoup plus sérieusement souvent, tu parlais de tes peurs et de ton immense lassitude, je t'encourageais, je me disais persuadé que cette fois tu avais tué ton cancer, comme d'autres y étaient parvenus – et cette fois on y a tous bien cru, il y a quoi, quatre ans ? Vous avez de nouveau vécu une année heureuse, presque normale, avec David, je me souviens d'un voyage à Barcelone qui t'avait émerveillée, de ton rire revenu avec tes cheveux, que tu portais plus courts désormais – « moins de boulot de coupe si ça recommençait », disais-tu, tu étais comme ça, ma belle, je le sais, en tapant ces mots je t'entends et tu es là…

C'est revenu encore.

C'est revenu encore et cette fois encore plus gravement, à plein de titres. Ça s'était un peu généralisé, tu avais mal, il fallait désormais alterner des soins intenses, un peu de « repos », puis repartir encore… Tu as fait le choix d'aller vivre chez tes parents, qui étaient prêts à être à tes côtés en permanence, Madame la fille unique gâtée-pourrie – aussi parce que tu ne pouvais désormais, par moments en tout cas, plus rester seule dans la journée,

David travaillant bien sûr et devant, lui, rester à Lille pour des raisons familiales.

Tu es partie là-bas.

Et je te disais que ce retour de la maladie était plus grave à beaucoup de titres, parce que ça a aussi compliqué toute éventuelle rencontre, tant c'était loin – oh, Sandrine, je ne vais surtout pas me plaindre ici, ce serait indécent, tu m'engueulerais et tu aurais raison, mais je m'en veux vraiment de ne pas y être allé, vingt fois on se l'est dit, et on s'est laissé faire par les contraintes, les enfants, les horaires, le boulot, tes propres souhaits aussi quand tu nous disais que non, pas en ce moment, trop fatiguée, trop mal… Bien sûr qu'on aurait dû venir depuis longtemps, bien sûr que tout le reste était de la couille en barre, mais voilà, on est cons jusqu'à ce que la vie nous le mette sous le nez, parfois…

Moi ou ma chérie, on t'appelait, on s'envoyait des messages, je voyais un peu David qui nous tenait au courant – ces derniers mois, tu ne répondais plus beaucoup d'ailleurs, hein ? On trouvait le moyen de se dire que tu ne devais pas avoir envie, pauvres de nous ! J'ai su depuis par ta mère que tu n'arrivais plus depuis longtemps à taper correctement un SMS, et aussi que tu n'avais aucune envie qu'on te voie alitée et intubée à l'hosto, ou avec la peau qui partait tant les dernières chimios étaient devenues intenses… J'ai su depuis par David que vous aviez réussi à passer encore quelques jours au soleil, cet été, mais qu'il devait te porter à la piscine quand tu parvenais à avoir envie d'y être, si faible…

Je suis une merde. Je n'ai rien mesuré, et comme en fait je ne suis pas si idiot en principe, je crois que je n'ai pas voulu me confronter à ça, et que c'était commode d'avoir des contraintes, au fond… Mais ça on ne se le dit qu'après, n'est-ce pas...? Je vivrai avec le profond regret de n'être pas venu, au moins une fois, quand tu étais sur pied et parlais encore, pour rire, encore et toujours, avec toi; et toi, je te connais, tu m'excuseras, tu me diras sûrement que tu étais la première à m'en dissuader, ce qui est vrai mais que nous savons tous deux être en fait parfaitement faux. Je t'autorise tout à fait, pour une fois, à ne pas être gentille… Tu souffrais, et je n'ai pas fait cet effort, n'en parlons plus ou je vais me gifler.

Lundi, Anne, une autre amie commune, laisse un message sur mon téléphone, mais David m'avait prévenu deux jours plus tôt que ça n'allait pas bien, que tu avais dû pour la xième fois quitter la maison de tes parents pour être hospitalisée dans une clinique toute proche, n'étant plus soignable et ne pouvant surtout plus être soulagée à domicile de tes douleurs.

Il m'avait dit aussi, en larmes, que tes médecins lui avaient balancé que tu allais mourir, ils ne savaient pas quand, mais sans rémission possible désormais. Ton colosse vacillait, mais m'expliquait encore qu'il fallait tenir bon, pour toi, qu'à toi ils ne t'avaient rien dit, que toi tu pouvais et devais encore y croire, qu'au moins on te laisse ça… Je n'ai pas trouvé beaucoup de mots pour l'aider à se tenir encore debout… Il fonçait en tout cas vers toi séance tenante, en bagnole comme d'habitude, enquillant ses dix heures de conduite de nuit pour te retrouver au réveil – il me tiendrait informé dès que possible…

Le message me dit que ta mère a appelé Anne pour qu'elle batte le rappel des très proches, de «ceux que Sand' aime vraiment», et Anne me dit que ta mère ne l'a pas exprimé comme ça, mais qu'elle avait l'air de dire qu'il ne te restait pas beaucoup de temps – qu'il ne nous restait, à tous, pas beaucoup de temps. Cet appel de ta mère, Sand', a été l'un des plus beaux cadeaux de ma vie.

Cette fois on ne tergiverse plus, on n'y pense même plus, merci la Raison revenue. On s'organise, on fait renvoyer des audiences ou mon adorable collaboratrice les prendra comme elle pourra, ON S'EN FOUT, enfin ; on trouve un vol, une bagnole à louer et un hôtel, mes parents viendront garder les gosses, je viens te voir avec ma femme, ton amie aussi, en même temps que deux autres copines, et Anne et son mec, mais on ne se demande pas quel signal ça t'enverra si jamais tu parviens à nous voir, tant pis. On veut te voir. On veut que tu nous voies.

J'ai David au téléphone, on vient jeudi, il me confirme que c'est la fin, même s'il n'y croit pas une seconde ; il pleure, il m'explique que soudain tu ne parles plus, que tu es sous machine et sédatée jusqu'à l'os, te « réveillant » parfois mais à peine, il trouve encore la noblesse de me dire qu'il ne sait même pas si tu auras conscience de notre venue et que même, peut-être, comme on n'a pas pu se démerder pour être là avant jeudi…

Je l'insulte tendrement et je marmonne un truc pour dire que mes bras sont grands ouverts pour deux, mais que si ça doit n'être qu'un à y serrer, je serrerai plus fort. On se voit jeudi, tiens le coup d'ici là mon frère, ce serait trop…

Jeudi, après tout le cirque rituel bagnole-avion, j'arrive enfin à garer la voiture de location pas loin de la clinique – les autres en ont une autre mais ne sont pas encore là, on saura tout à l'heure qu'ils se sont trompés et cherchent la chambre de Sandrine dans l'autre hôpital de la ville... Depuis tôt ce matin, on n'échange pas trop, avec Madame Mô, non, la journée est grave, on le sait, chacun repense aux bons moments et se demande comment il va te trouver, comment tu vas être, si seulement, putain de merde, si seulement tu es encore vivante, il faut bien la dire cette horreur d'hypothèse – mais on n'en parle pas à voix haute, quand on a peur on devient superstitieux.

On se paume un peu mais on finit par trouver le bon bâtiment; ma chère et tendre m'a dissuadé de venir avec des fleurs, elle a bien fait, on vient avec rien du tout et pour une fois c'est bien comme ça. On trouve la porte de la chambre, on se regarde, je souffle, les larmes me viennent déjà rien que d'être dans un de ces maudits couloirs d'un de ces maudits bâtiments, ma femme fronce le sourcil: on s'est bien dit, on n'est pas des cons, que si on avait la chance que «notre» Sandrine soit consciente, pas question d'être tristes, pas question de pleurer, on ne vient pas ajouter à tes peurs et ta douleur, on vient joyeusement revivre un bon moment, encore, avec toi...

Je frappe, on entre, j'ai un premier choc. Sandrine est allongée dans un lit d'hôpital, une grosse machine à côté qui tourne sans bruit. Il y a là, au fond – c'est une grande chambre –, ses parents, qui sourient en nous voyant mais dont l'appréhension est palpable, et David, qui lui sourit franco, et son fils, et leur meilleur copain, que j'ai souvent vu en soirée. Ses parents ont peur, et pas seulement pour la vie de leur fille, ils ont peur parce qu'elle ne sait «officiellement» pas qu'elle va mourir bientôt, qu'ils ne savent ni si elle l'a compris – elle ne parle plus –, ni si nous voir ne va pas la choquer terriblement, en mal, lui faire comprendre que c'est la fin. Ils ont pris ce risque pour nous permettre de la revoir, et à elle de nous revoir, je ne leur en serai jamais assez reconnaissant…

Mais ce qui me frappe, alors que Sandrine semble dormir, c'est que mon imaginaire l'avait pensée décharnée, amaigrie au moins, ou bien livide, bref, modifiée, je pensais comme un con ignorant qu'à un tel stade au moins, son cancer se voyait – et non. Rien. Bien sûr elle est chauve, sa dernière chimio était si épuisante que pour ses parents c'est cela qui l'a conduite directement ici ; et elle a un tube fin dans le nez ; mais son visage est toujours exactement le même, son teint aussi, elle est même un tout petit peu maquillée, j'ai juste l'impression fugitive que ses doigts sont un peu plus fins, mais sinon on dirait vraiment qu'elle dort, belle comme d'habitude, et même en paix… J'en reste stupéfait, même si je ne le montre pas trop, je crois.

Je fais des sourires à ses plus proches en même temps que des bises, sa mère m'embrasse longuement et me remercie d'être venu, on parle tous à voix basse mais presque normalement, je demande des nouvelles, des explications, j'ai même brillamment osé un « ça va ? » à son père, que je connais moins, mais oui espèce de gros connard ces gens sont en train de veiller et de perdre leur fille unique deux semaines après ses 44 ans et l'amour de sa vie est en train de lui humecter les lèvres pendant qu'elle est inconsciente, elle va mourir et personne ne peut rien faire d'autre que de souhaiter qu'elle ne souffre pas, mais sinon ils vont tous très bien…

Je me retourne encore, je regarde Sandrine – et, comme eux, je suppose, en fait, je n'y crois pas, c'est impossible, qu'elle ne va pas partir en fait, elle peut encore guérir.

Mais je sais que non, c'est juste que c'est incroyable, au sens propre.

Sa maman et David m'expliquent, pendant qu'elle « dort » encore, mais que des petits signes deviennent progressivement plus fréquents, un bras qui tressaute, une paupière qui cligne : elle est sous traitement lourd géré par la machine pour qu'elle ne souffre pas, mais qui du coup la rend presque constamment inconsciente ; ils ont pris la décision, en accord avec les médecins, de couper la machine aujourd'hui, il y a une bonne heure déjà, pour autant de temps que Sandrine tiendra si ça marche et qu'elle reprenne conscience, pour justement qu'elle soit consciente, qu'elle ouvre les yeux et puisse nous voir, qu'elle puisse nous entendre… Ah ! mes putains de larmes reviennent à la charge en entendant cela, forcément… Sa mère m'explique qu'il faut du temps pour qu'elle sorte du coma, et qu'elle ne devrait pas souffrir à nouveau tout de suite, les produits massivement injectés en elle mettront du temps à se barrer et, encore ce matin, elle savait manifester sa douleur, en plissant le front…

Alors on attend, en parlant aussi de plein d'autres choses, j'essaie de faire le clown, par exemple sa maman me dit que mon épouse, qu'elle ne connaissait pas, est très belle, ce qui est vrai, je lui réponds que je n'allais pas non plus choisir de la merde, ahahah, elle fait semblant de s'offusquer, on échange tous comme on peut, en réalité je pense tous un peu effarés d'être là de cette façon – et pendant ces bêtises Sandrine bouge de plus en plus, elle vient manifestement doucement à nous. Il va encore falloir une heure environ…

Puis elle ouvre les yeux, le colosse qui lui sert d'amoureux est le premier qu'elle voit, un temps déguisé en fabricant de porcelaine quand il lui demande à l'oreille si elle veut de l'eau, puis pour lui tenir le verre au bord des lèvres…

Elle est encore sonnée, on le voit, elle referme souvent les yeux et son regard roule un peu, c'est la morphine, mais elle arrive souvent à surnager, je me demanderai après au prix de quels efforts – mais pas pour l'instant, pour l'instant sa tête pivote lentement sur l'oreiller parce qu'elle a perçu qu'il y a d'autres gens que tout à l'heure, et son regard arrive sur moi, qui me tiens à deux mètres comme un moine, un sourire figé sur la gueule pour dire de …, et elle me voit – et son visage s'anime et une expression hyper violente d'incrédulité totale s'y affiche, elle s'est presque redressée, grands yeux, bouche ouverte, là tant pis mes larmes coulent et je lui dis que ben oui c'est moi je suis là, tant pis pour elle il va falloir me subir, on a vu de la lumière on est venus, putain fais pas cette tête on dirait que tu me détestes… Et en même temps, je souris sans rien faire pour cette fois, juste parce que la stupeur passée, elle aussi l'a esquissé, son joli sourire – à moitié seulement, et elle est retombée lourdement sur l'oreiller en fermant les yeux, épuisés, je pense ; mais je n'ai pas rêvé la scène, je me tourne vers tout le monde et, oui, elle s'est bien passée, je le vois dans tous les yeux…

J'ai cette image, celle de son visage à cet instant, en moi, constamment, depuis.

On a pu se voir, on s'est souri. Elle était contente. Je suis tellement heureux d'être venu…

Les autres sont arrivés ensuite, nous ont fait rire avec leur histoire de mauvais hôpital, Sandrine est revenue à la conscience des dizaines de fois pendant les trois heures qui ont suivi, on lui parlait, on riait, on s'est remémoré chacun devant elle les scènes que j'évoquais tout à l'heure, et bien d'autres encore, chacun avait les siennes ; elle surnageait, ouvrait les yeux, nous regardait tour à tour, réclamait souvent de l'eau que David prenait un soin infini à lui donner, presque goutte par goutte ; il y avait des silences, aussi, on était tous profondément émus, pleins de regards, chacun à un moment a aidé à la redresser un peu ou lui a pris la main, elle serrait si faiblement qu'il fallait demander à sa propre peau d'ouvrir des connexions anormales pour le sentir, mais elle essayait – au prix de quels efforts, avec quelles pensées terribles de nous voir tous là en même temps… J'espère, je crois, qu'on ne lui a pas laissé le temps ni l'énergie de trop y penser…

On est descendus fumer, les garçons, à un moment, on a essayé de maintenir le colosse debout, lui qui l'était depuis si longtemps sans nous, enculés que nous sommes…

On a beaucoup parlé avec ses parents, dehors aussi, puis on est revenus, on lui a un peu raconté nos enfants – y avait pas trois mois qu'elle nous demandait encore une photo…

Elle entendait ou écoutait avec plus de difficulté, se tortillait un peu plus dans son lit, la douleur revenait lentement je pense, elle avait du mal à respirer, et vingt fois elle a essayé, levant très lentement un bras pour ramener ses doigts dessus, de virer son tube nasal – qu'à chaque fois David ou l'un de ses parents lui replaçait tout doucement, non ça il ne faut pas, tu en as besoin… Puis on a décidé d'un regard qu'il fallait repartir, il faisait nuit maintenant et il était hors de question d'attendre encore, pour que la machine qui la soulageait recommence à le faire…

On lui a posé les lèvres sur le visage, chacun notre tour, on a mis du temps, j'ai serré David dans mes bras, il allait prendre la suite de sa belle-mère en dormant là, au chevet de sa belle, mais forcément si seul… Mais le roc disait au gravillon que je me suis senti être que ça allait aller, qu'il fallait filer…

J'étais presque dehors qu'il m'a rappelé, par mon prénom, un peu fort ; je me suis retourné et j'ai vu Sandrine qui me regardait et soutenait l'un de ses bras avec l'autre, un effort surhumain, je pense, juste pour faire ce petit signe qu'on connaît tous, ce bye-bye avec la main qui salue doucement de haut en bas, pour dire au revoir… Je lui ai rendu, cette fois j'étais au bout de mes sourires de commande, mais j'ai eu le temps de voir le sien, de sourire : il y était, déjà ; et il était sincère, je le sais ; et il était triste, je suis certain qu'elle avait compris qu'on ne se reverrait pas, et peut-être même, misère, qu'elle avait peur, mais à cet instant-là je n'ai pas lu de peur sur son visage : ce sourire, malgré tout, il était aussi un peu heureux, je vous assure que c'est vrai.

Et comme moi je ne suis qu'un homme pas très courageux, je me suis retourné et je suis vite sorti, et on est vite descendus avec des gens tristes ou gais dans un grand ascenseur, des vieux et des petits enfants, je ne sais plus trop, on est sortis de cet immeuble et j'ai chialé enfin toutes les larmes de mon corps comme jamais, tourné vers un buisson qui lui ne me regardait pas.

Ainsi s'est-on revus, finalement, Sand'. Tu étais incroyable, et de ce jeudi qui devait être si sombre, je ne retiens pourtant que ta lumière, celle qui m'a rempli du sentiment violent d'être à ma place, d'être là où ta mère, avec laquelle tu étais si fusionnelle, avait parfaitement compris qu'on devait tous être, et que tu le souhaitais certainement…

Avais-tu conscience que, malgré ton immense fatigue, malgré cette usure qui te rongeait du dedans, à plusieurs reprises tu as péniblement remonté un bras vers l'échancrure de ton pull, pour le remonter un peu parce qu'il te dégageait légèrement l'épaule ? De la pudeur, à ce moment-là, j'ai peine à y croire – mais on l'a tous vu, je peux te le dire maintenant, on s'est regardés en souriant, genre « on ne la changera pas »... Et je crois que pour nous ça signifiait surtout que tu savais parfaitement qu'on était vraiment devant toi...

David m'a prévenu de ta mort, trois jours plus tard, dans ses bras. Il m'a dit qu'ils avaient remis la machine en route après notre départ et que tu n'étais plus vraiment sortie ensuite de cette inconscience qu'elle te fabriquait...

Je suis revenu pour ton enterrement, dans ce qui est, je pense, devenu ton village, là-bas loin, au sud – pas pour toi ni pour moi cette fois, pour les tiens, pour pleurer avec eux ; il y avait les bébés, ces deux jeunes avocats que tu avais vus grandir et qui t'aimaient tant, eux aussi...

Tu as vu ? Cette fois j'ai eu beau faire le con, au fond de l'église, rien n'y a fait, on pleurait tous, pas moyen de s'arrêter...

J'y suis allé pour soutenir David et tes parents, mais toi tu t'en foutais cette fois, puisque tu es morte.

Comment une femme comme toi peut mourir, aussi injustement, comment concevoir que la vie t'ait forcée avant à tant de combats, à tant de peines... ? J'ai envie de m'excuser pour elle, Sandrine, de te demander pardon tant c'est forcément une erreur...

Je ne crois, tu le sais, ni au paradis ni à l'enfer, je crois qu'il n'y a rien après la mort et que nous retournons juste à la poussière, c'est tout, et que c'est même pour ça qu'il faut se presser de vivre, de rire, de chanter, de voir, d'honorer ses amis et de les prendre dans ses bras...

Pourtant, cette scène, te revoir si vivante, si ressemblante à ce que tu étais, te voir vaincre ta faiblesse juste pour nous, pour parvenir à nous faire vivre ce jour-là… Je n'oublierai jamais.

Et du coup…

Oh, tu n'es assise à la droite d'aucun dieu, tu n'existes plus dans aucun prétendu royaume. Sauf en nous. Je me dis que si tu avais si totalement disparu, ton visage ne me sauterait pas aux yeux à l'instant, je n'esquisserais pas un sourire en visualisant le tien et en entendant ta voix, je ne pourrais pas revoir en boucle ton total étonnement en me voyant, cette tête que tu as eue qui nous aurait tant fait marrer autrement…

La vérité est que oui, par ta magie et la grâce de cette journée incroyable qui m'a totalement retourné les tripes et l'âme, oui, bien sûr, tu es vivante en moi – comment pourrais-je t'écrire, sinon? Je sais déjà que de temps à autre on se parlera, que je verrai tel ou tel épisode de ma vie avec tes yeux à toi, en me demandant ce que tu en aurais pensé – et peut-être bien que tu me le diras…

Ton paradis existe et tu y es, heureuse, à l'intérieur de David, de ta mère, de ton père, de tes amis, de moi. Oui je le sais, que tu es heureuse, arrête de nous faire pleurer, imbécile: je viens encore de te voir sourire.

Alors… À bientôt, ma puce. Forcément.

UN DERNIER MÔT

Lors de l'enterrement de Jean-Yves Moyart, sa femme Marianne a pris la parole pour lire le texte que Maître Mô aurait pu écrire. Les mots lui sont venus, la veille au soir de la cérémonie: «J'ai toujours fait plus court que lui, mais c'est mieux que l'inverse, non?»

Il est 4 heures… J'ai dormi cinq heures, je m'améliore.

Une clope, un café. Je monte vers mon bureau dans la pénombre… Je suis le gardien de ce havre, les petits dorment, je veille sur eux, j'adore ça. Ce monde me semble à ma portée.

J'ouvre mon ordi, j'allume une deuxième clope… Je vais faire un tour sur les actus et dégainer la première blague, c'est bon de se dire que les autres riront en se levant, lorsqu'ils commenceront leur journée, j'aurais déjà fini la première moitié de la mienne…

Samedi 20 février, il est 5 heures maintenant, j'ai quelques heures devant moi, avant d'aller au cabinet… pas de week-end pour les braves. De toute façon, j'ai déjà prévu une frite Sensas pour les petits quand je rentrerai… Faire la cuisine et le bonheur n'ont jamais été aussi simples, et depuis quand les saucisses se mangent-elles avec des légumes?…

Il faudra bien qu'un jour je dise à maman que mon premier texte s'intitulait « Annie »… et remercier au passage mes parents de m'avoir donné la vie, je l'aime bien ma vie, je la fume, je la mange (par les deux bouts)…

Je dormirai quand je serai mort, j'en suis convaincu.

Ah oui, et répondre aussi au énième message d'Élisabeth et Jean-Michel, les premiers généreux d'entre nous…

Ne suis-je pas après tout leur gendre préféré, et je crois bien qu'on se ressemble un peu, avec Mamounette, dans l'exubérance…

Ce petit matin est calme encore, je suis seul avec moi-même ; il vaut tous les sacrifices. Oh, je n'en fais pas beaucoup, d'ailleurs…

Et si j'ouvrais mon courrier : tiens, la pile me semble avoir pris encore quelques centimètres ; je démarre, une enveloppe de 2018 encore fermée, mmmmhh, non, commençons par autre chose…

Les impôts ! Virement en votre faveur, 1 485 euros ! Je vais l'encadrer, celle-là. Merci, Dalila, vingt ans que tu bosses pour moi, ou à me casser des statuettes à prix d'URSSAF non réglées ; remarque, c'est un juste retour des choses…

Allez, une petite clope, un café, il est froid, il fait froid, brrrrr…. Les photos défilent sur l'écran de mon ordi… Mes petits, ils changent en restant les mêmes… Tiens, elle est belle, cette photo, je vais la poster sur Twitter, franchement, pour une fois que je raconte ma vie, personne ne m'en voudra. Je me demande bien ce qu'ils deviendront, mes trois Mô… Je ne me fais pas de souci, je l'ai toujours dit, ils ont la beauté de leur mère et l'intelligence de leur père…

J'ai un peu de mal à respirer, ce matin. Faudrait que j'appelle ma Juju, je ne suis pas très présent pour ma petite sœur qui se fait tant de souci pour moi. Je crois bien d'ailleurs qu'elle s'en fait depuis qu'on est tout petits – ma sœur plus jeune de quatre ans, qui n'a eu de cesse de me protéger, de dissimuler mes frasques pendant que je lui dispensais mes cours sur la façon d'apprendre à embrasser les garçons. Ma petite Juju, petite sœur… Promis, je t'appelle très vite.

N'empêche, moi aussi je suis un rempart contre les cons, les ignorants, les médiocres.

Éric, Jimmy, je vous ai sauvé la peau dans une autre vie… Vous aimeriez bien sauver la mienne mais vous oubliez toujours que je suis le fils de Dieu… ce n'est pas faute de vous l'avoir répété, à vous et à Valérie et Marie, vos chères et tendres.

Mes amis, vous êtes les fidèles parmi les fidèles, bons, gentils et tendres ; vous me rejoindrez dans le temple des Justes.

Il est 9 heures, j'ai fini mon paquet de clopes. Un jour, il faudra quand même que je diminue… Je ne suis pas parfait, les amis, voilà que je tremble maintenant. Claire, Lionel, je me souviens de mon arrivée à L'Isle-sur-la-Sorgue, dans le soleil et la chaleur du Sud… je crois que j'étais un peu envieux de votre beauté, de ta sagesse, Claire, de ta naïveté, mon Lio. Mais vous comptez tellement pour Marianne que je vous prends comme je vous aime.

Ses fidèles amies aussi, d'ailleurs, Isabelle, Agnès et les autres… dommage qu'elles soient toutes magistrates, mais je reconnais que celles-là sont moins coincées que les autres…

Il est bientôt 10 heures, je descends me chercher une dernière clope. J'en profiterai pour répondre à mes plus proches, qui ne cessent de m'écrire ces derniers jours… Jeanne, Margaux, Pauline, Stéphanie, Robert, Julien, Éric, Gildas, Ludo, Christophe, Geoffroy, Jean-Baptiste, Christian, Sophie…

J'aimais à penser que j'étais votre mauvaise conscience, votre trublion, l'agitateur de vos pensées, celui qui vous obligeait.

Je ne vous oublie pas, les autres, Éric et Lydia, Jean-Philippe, Xavier, et les amônymes, ceux pour qui je ne le suis pas, ne m'en veuillez pas, j'ai le souffle court mais mon cœur est grand.

Il est 10 heures.

Et si j'allais me coucher quelques minutes, toucher du doigt le ciel bleu de la Grèce au travers du gris de mes yeux couleur du Nord… Allez, un dernier petit message parce que vraiment j'en ai une bonne à vous raconter : soyez prévenus, amis malades, d'une maigreur insupportable, depuis quelque temps, ce ne sont plus sur mes fesses que je m'assieds mais sur mes couilles, énorme(s), cette impression…

Prenez votre temps mes amours, je dois tout recommencer là-haut et j'ai une suite à écrire.

p.o. Maître Mô

REMERCIEMENTS

Je tiens à remercier, par ordre d'entrée dans ma vie, quelques-unes des personnes sans lesquelles ce livre n'existerait pas :

Hugo Renard, mon « frère choisi », qui a toujours pensé que j'étais un type bien… et qui en est un.

L'unique – et brillant – avocat pour lequel j'aie jamais travaillé, maître Robert Lepoutre, qui, en m'enseignant tout le reste, a bien voulu laisser le stagiaire que j'étais « faire du pénal » à l'envi.

Rasbaille, qui m'a appris qu'au XXIe siècle on pouvait ne pas écrire pour soi seul.

Christian Artaud, qui me l'a patiemment démontré.

Marie, qui a bien voulu faire partager ses histoires à mes côtés – et lire les miennes.

Et mes lecteurs, en particulier Mussipont, Aliocha et mon confrère Éolas, qui ont bien voulu me faire lire à d'autres.

TABLE

**L'exemplaire que vous tenez entre les mains
a été rendu possible grâce au travail de toute une équipe.**

Couverture et conception graphique : Éric Pillault
Mise en page : Cursives
Révision : Emmanuel Dazin, Jean-Luc Demizieux et Isabelle Paccalet
Photogravure : Axiome
Fabrication : Marie Baird-Smith
Commercial et marketing : Pierre Bottura
Relations Libraires : Jean-Baptiste Noailhat
et Damien Nassar
Presse et communication : Isabelle Mazzaschi
avec Axelle Vergeade
Les Arènes du savoir : Pierre Bottura avec Marc Blactot,
Laura Darmon, Adèle Hybre, Guillaume Lollier
et Clémentine Malgras

Rue Jacob Diffusion : Élise Lacaze (direction), Katia Berry
(grand Sud-Est), François-Marie Bironneau (Nord et Est),
Charlotte Jeunesse (Paris et région parisienne), Christelle Guilleminot
(grand Sud-Ouest), Laure Sagot (grand Ouest), Diane Maretheu
(coordination), Charlotte Knibiehly (ventes directes)
et Camille Saunier (librairies spécialisées)

Distribution : Interforum

Droits France et juridique : Geoffroy Fauchier-Magnan
Droits étrangers : Sophie Langlais
Accueil et librairie : Laurence Zarra
Animation : Sophie Quetteville
Envois aux journalistes et libraires : Vidal Ruiz Martinez
Comptabilité et droits d'auteur : Christelle Lemonnier,
Camille Breynaert et Christine Blaise
Services généraux : Isadora Monteiro Dos Reis

Cet ouvrage a été produit par un imprimeur certifié Imprim'vert.

Achevé d'imprimer sur les presses
de l'imprimerie Corlet
à Condé-en-Normandie (Calvados) en septembre 2021.

ISBN : 979-10-375-0508-8
N° d'impression : 21090702
Dépôt légal : septembre 2021